清末民初文獻叢刊

舟車所至

（上册）

〔清〕鄭光祖 輯

朝華出版社
BLOSSOM PRESS

圖書在版編目（CIP）數據

舟車所至 : 全2册 / (清) 鄭光祖輯. -- 北京 : 朝華出版社, 2018.8
(清末民初文獻叢刊)
ISBN 978-7-5054-4292-4

Ⅰ. ①舟… Ⅱ. ①鄭… Ⅲ. ①游記－中國－清代 Ⅳ. ①K928.9

中國版本圖書館CIP數據核字(2018)第151625號

舟車所至（全二册）

作　　者　[清]鄭光祖

選題策劃　楊麗麗　尚論聰
責任編輯　趙　倩
特約編輯　孫　開　秦錦霞
責任印制　張文東　陸競贏
封面設計　劉敬偉

出版發行　朝華出版社
社　　址　北京市西城區百萬莊大街24號　　郵政編碼　100037
訂購電話　（010）68996618　68996050
傳　　真　（010）88415258（發行部）
聯系版權　j-yn@163.com
網　　址　http://zhcb.cipg.org.cn
印　　刷　藝堂印刷（天津）有限公司
經　　銷　全國新華書店
開　　本　880mm×1230mm　1/32　　字　　數　228千字
印　　張　28.5
版　　次　2018年8月第1版　2018年8月第1次印刷
裝　　別　精
書　　號　ISBN 978-7-5054-4292-4
定　　價　215.00元（全二册）

出版前言

中國自一八四〇年鴉片戰爭以來，傳統的農業文明在西方的堅船利炮轟擊之下徹底被顛覆，有擔當的知識分子苦苦追尋，思索社會改革的途徑。從最初的『師夷長技以制夷』到『民主制度，天下之公理』（梁啓超語），他們發現要『强國富民』，首先要『開啓民智』，祇有民衆擁有了獨立思想和批判精神，國家纔能實現真正的强大。在此後一百年的時間裏（一八四〇—一九四九），思想者們從社會變革深入到國民性的改造，用每一部作品見證着中國近代化的遞變歷程。這是一個極其重要的時代，《清末民初文獻叢刊》正是收録了這一時期的作品，大部分書籍都是早期版本，有着極高的文獻研究價值。

清末的中國經歷了『三千年來未有之大變局』（李鴻章語），大清王朝面對西方列强的艦炮，表現得驚慌失措。尤其是鴉片戰爭，使『天朝帝國萬世長存的迷信受到了致命的打擊，野蠻的、閉關自守的、與文明世界隔絶的狀態被打破了』（《馬克思恩格斯選集》）。一批士大夫知識分子，尤其是在歐美諸國擔任使臣或者游歷的知識分子最先覺醒，着眼于對西方國家的考察，進而反省本國政治制度的劣勢，可以視作『啓蒙』的端倪。如曾擔任駐英公使（兼任駐法公使）的郭嵩燾在《使西紀程》中以日記的形式記録了自己對歐西諸國的觀感，他在考察了英國的政治制度之後，發現英國政府官員收入超過三百磅者與普通老百姓一樣同等納税，他説：『此法誠善，然非民主之國，則勢有所不行。西洋所以享國長久，君民兼主國政故也。』他明確提出了『民主』，在國家的管理問題上，人民也有參與的權利。他在該書中所披露的西方政治、經濟、文化等領域優于大清帝國這一事實觸動了保守派的神經，立刻遭到保守派群起而攻之，進士何金壽彈劾他『有二心于英國，欲中國臣事之』，他家鄉湖南的民衆對他更是痛加詆毁，以至于滿城揭帖，誣蔑他『溝通洋人』，在這種群情洶洶的情況下，朝廷最後下旨將《使西紀程》毁版，從而使該書成了禁書。然而，書雖被毁版，却不能堵死民衆的傳播與閲讀的途徑，上海的《萬國公報》依舊連載該書，張佩綸曾説：『朝廷禁其書，而新聞紙接續刊刻，中外傳播如故也。』從某種意義上來説，啓蒙是時代的需要，盡管清政府發諭旨禁了該書，民衆乃至一些朝廷大員却依舊在私下閱讀，以便瞭解外部的世界。進步的社會是開放性的，任何企圖『閉關鎖國』的努力都意味着歷史的倒退，祇有開放，與整個世界文明保持同等的步伐，纔能實現真正的强國之夢。當大批知識分子走出閉鎖的國門，親歷了文明的洗禮之後，也就把啓蒙的智識帶回了中華大地。容閎的《西學東漸記》，梁啓超的《新大陸游記》，崔國因的《出使美日秘日記》等一大批作品介紹了海外諸國的政治、經濟、軍事、外交、文化。雖然這些作品在認識上仍然帶有時代的局限性，然而却是那時最爲珍貴的聲音。

另一方面，在學術上，中國文化母體内『經世致用』思想與資産階級思想相結合，也喚起了變革，以康有爲、梁啓超爲首的改良派試圖通過自上而下的革新以實現變革。康有爲的《新學僞經考》《孔子改制考》就是借經學之表論資産階級學説之裏的著作，康有爲的弟子梁啓超更是通過《新民説》一書提出國民性改造。與早期啓蒙者『師夷長技』的器物文明引進不同，梁啓超上升到形而上的精神領域，從文化心理上更加徹底地進行變革。梁氏是清朝末年到民國初年一個橋梁式的人物，被譽爲『輿論之驕子，天縱之文豪』，其影響力不但在學術領域，同時還在文學領域，他所倡導的『詩界革命』得到了譚嗣同、黃遵憲、丘逢甲等人的響應，黃遵憲的《日本雜事詩》，丘逢甲的《嶺雲海日樓詩鈔》都體現了這種主張。這一主張要求反映新的時代和新的思想，用『我手寫我口』（黃遵憲語）的方式直抒胸臆，對長期占詩壇主流的擬古主義、形式主義產生了巨大的衝擊，解放了寫作者的心靈和頭腦。

與社會變革同步的是早期對西方思想著作的翻譯，這裏面影響最大的是嚴復，他翻譯的《天演論》《社會通詮》等書直接孕育了民國一代的知識階層。魯迅、胡適等人在文章中都曾提到《天演論》對他們思想所產生的震撼。與嚴復略有不同的另一位翻譯家是林紓，他的譯作雖然參差不齊，但却在更細膩的心靈層次對讀者產生影響，許壽裳曾回憶，他和魯迅都熱衷于林譯的小說，如《巴黎茶花女遺事》《黑奴籲天録》《迦茵小傳》等作品。

辛亥革命之後，進步社會思潮成爲主流，比之清末思想啓蒙者『求存』的追求，民國以來的知識階層深入到了更加細微的肌理，一方面呼喚社會變革，另一方面進行點滴的建設，革命并不能使所有的一切一蹴而就，在更加深廣的領域，事物的改變是由微觀而宏觀。通俗地説，比之于革命，建設的意義更大。如《中國商業史》《中國教育史》《中國倫理學史》《中國哲學史大綱》《中國小説史略》等一大批作品都是進行系統的梳理與建設的理論作品。其中，以胡適和魯迅二人的影響最大，他們的作品一紙風靡，從而成爲新文化運動的主力人物。

《清末民初文獻叢刊》收録的文獻大致上可以分爲三個階段，其中龔自珍、張之洞、魏源、郭嵩燾、薛福成等人的作品可視爲『早期啓蒙』，康有爲、梁啓超、黄遵憲、嚴復、林紓等人的作品可視爲『中期啓蒙』，胡適、魯迅、蔡元培等人的作品可視爲『晚期啓蒙』。當然，這種劃分并非嚴格意義上的，大部分啓蒙思想者隨着時代的變化，其思想在不斷進步。縱觀整個近現代史，可以發現，要求變革不是在某一個領域，由某一類人發起和完成的，而是全社會的要求。

變革，已經成爲全社會的共識。

從清末民初的文獻中，我們能够發現一種豐富性。這些作品涉及政治、經濟、軍事、教育、外交、宗教、心理、情感等方方面面，從内而外地净化着中國兩千年以來的封建積習。它不衹是對社會的改造，更是對人心靈的重塑；它首重國家社會之建設，同時亦重靈魂心智之唤醒；它是宏大的，也是微觀的；它是嚴肅莊重的，也是活潑靈動的；這些作品結構精巧，思想内容深刻，擁有濃厚的人文主義色彩，對推動社會主義建設，實現中國夢有重大意義，是近現代中國一百年來最宏富的智識與情感的寶藏。因此，整理這些文獻作品，無論是出于資料保存的目的，還是爲圖書館提供資料副本，都有不可估量的意義。

特定時代下的文獻，當它一旦形成（既指草擬，創作的完成，也指其成爲一個載體），就不可再複製了，也就意味着它將面對消亡。對于文獻資料而言，越接近歷史事件發生的時代記録，越具有研究價值。文獻本身具有不可再生性，它衹會消亡，而不會增多。盡管文獻本身的文字可以保留下來，并進行傳播，却失去了當時的時代氣息。當時的作品可能在技巧上，文字的成熟度上不及當代，但它所負載的信息，創作者的情感都反映了當時的歷史，也就是説，它具有不可替代的歷史意義。

影印的版本有三個特點，第一是擁有文獻的『原始性』；第二個特點是『未經改動的』；第三個特點是『歷史的原貌』。所謂『原始性』，也就是説，它是第一手資料，而非轉述的，回憶形成的；『未經改動的』，是指未被篡改、刪節、挖補的；『歷史的原貌』是指在影印製作過程中，完全依照文獻的原來模樣……這樣製作出版的作品，無异延續了文獻的壽命。

近現代思想史上的一個最重大的思潮就是『開放』，從林則徐的『開眼看世界』到蔡元培的『兼容并包』，都是在倡導一種開放式的胸襟。而《清末民初文獻叢刊》最有魅力的部分就是『開放』這一主題，衹有融入到世界文明發展的進程中，中華文明纔能歷久彌新。

《清末民初文獻叢刊》編委會

二〇一七年四月十四日

凡例

一、《清末民初文獻叢刊》（以下簡稱『叢刊』）爲影印本，舉凡所用之底本，均爲該書之早期版本。有清末刊本，亦有民國印本。

二、《叢刊》均依底本影印，未予删改，僅代表作者個人觀點，不代表官方立場；原刊本有誤，不予校改，以保留文獻之原貌。

三、《叢刊》所用之底本，因時日久遠存在漫漶的情況，均進行了修復；底本闕文、印刷不清，均保留原貌。

四、爲讀者閱讀之便，《叢刊》中之舊底本目録未標記頁碼者，編了目次；原底本有頁碼和目録，未予重複編目。

五、爲保持文獻的原始風貌，影印本保留了原書書影（原書爲多册，則保留第一册書影）、扉頁等信息。所用底本無相應信息者，則不予妄添，以免錯訛。

目録

道光二十三年季秋鐫

舟車所至

青玉山房藏版

舟車所至總序

天地四方男子之所有事人僅囿於一鄉一邑而不知四海九州之大可乎然但知四海九州之大而不求諸四海九州之外則其陋同也夫地宇之廣博人物風土之異同昆蟲草木鳥獸之繁變禹貢職方爾雅山海經非不可稽第工於考古或未可與談今彼從軍行役倘諳風俗於窮荒賈客舟工且廣見聞於異域我儕讀書明理而不克周知能無滋愧況今

聖天子聲名洋溢薄海內外莫不尊親尤當於舟車之所至廣收博採彙成卷帙俾覽之者雖重洋大漠若或親之庶幾哉男子之志也余也管斑特見已著前書逸事搜羅踵增雜遝今又將他人

之記載或錄其全或摘其要得數種先付之梓冀後之有所續焉
可耳
道光二十三年歲次癸卯中秋日靑玉山房居士自記

舟車所至目錄

維西見聞　安陸余慶遠
西藏紀聞　輯諸書敘錄
容美紀游　棃溪顧　彩
海國聞見　同安陳倫炯
中山傳信　吳江徐葆光
採硫日紀　武陵郁滄浪
臺灣使槎錄　北平黃叔璥
海島逸志　漳州王大海
海錄　嘉應楊炳南

寧古塔紀畧

吳江吳振臣著　加評

寧古塔在大漠之東過黃龍府七百里去京師四千里與高麗之會寧府接壤乃金阿骨打起兵之處雖以塔名實無塔相傳昔有兄弟六個各占一方滿洲稱六爲寧古個爲塔其言寧古塔猶華言六個也有木城兩重係 國朝初年新遷於此（去舊城六十餘里）內城周二里許只有東南西三門其北因有將軍衙署故不設門內城中惟容將軍護從及守門兵丁餘悉居外城外城周八里共四門南門外臨鴨綠江漢人各居東西兩門之外

我父漢槎公遭丁酉（順治十四年）科場之獄遣戍寧古塔以次年八月

出塞我母葛孺人日夕悲哭必欲出塞省視而以舅姑在堂兩女稚弱不敢顯言我祖燕勤公微知之以我父孤羈天末旣無贖罪之資而又孑身無可倚恃我母旣毅然肯行哀而壯之遂爲料理出塞計以大姊許字吳郡俊三楊公長子岵瞻二姊就崑山李氏姨撫育庚子順治十七年冬自吳江起行遣家人吳御及沈華夫妻同送我母出塞於次年二月初五日到戍所

康熙三年十月十四日寅時生余命名振臣以祖庚辰崇禎八年甲科而余甲辰生也小字蘇還取生還故里之意且以蘇屬國相況字曰南榮

康熙八年十二月二十九日生三妹

十三年十月二十四日生四妹

初居外城東門外有茅屋數椽庭院寬廣周圍木牆沿街留一柴門近窗牖俱栽花樹餘地種瓜菜家家如此（爲無買處故必自種）後因吳三桂造逆調兵一空因令漢人俱徙入城余家乃移住西門內有東西大街人於此開店貿易從此人烟稠密貨物商販絡繹不絕居然有華地風景

余父惟館穀爲業負笈者數人諸同患難子弟爲陳昭令葉長民孫（毓宗毓章）許丙午沐中貞田景園及呂氏昆季

余二歲時（康熙四年）值隆冬副都統因大將軍病發令箭遣余父及錢德惟年伯立刻往烏喇（即吉林在寧古塔西北七站松花江邊）雪深四尺又無牛車

帳房賴孫許兩家協力相助乃得起行初六日黎明登車山草盡爲雪掩艱苦萬狀且一車所載不過三百觔牛料人糧重百觔人口復坐其上除被褥之外一物不能多帶行至百里人牛俱乏又賴湖州錢方叔復借一牛車兩僕吳御沈華始免徒行之苦幸至第三日將軍復命飛騎追回黨再前行兩日至烏雞林雪深及丈人牛皆凍死矣

康熙七年邏車國其人名老羌人冠至黑龍江黑斤等處搶貂皮鋒甚銳其國在大洋東相去萬里所產多羅絨漆器最精人皆深眼高鼻綠睛紅髮意亦俄羅斯部落抑或紅毛諸國從西轉東而至其猛如虎善放烏鎗有西瓜砲量敵營遠近在數里外點火順風水適到敵營而發遇者必

死滿洲人皆畏之將軍上疏告急即奉部檄流人除旗下年踰六旬者其餘一概當役選二百名服水性者爲水軍習水戰又立三十二官莊屯積糧草令一到將軍即遣人請紳袍有官職爲戍者到署面諭云養汝輩幾年念汝輩俱有前程差徭不以相累今邊警出意外　上命急公現有水營莊頭莊丁三件事隨汝等意自任一件三日後具覆是即我法中之情時聞令諸公皆相向流涕將軍亦爲悽然將軍又云惟認工可代於是各認工命父認太常寺衙門此二月初三日事也山陰祁奕喜李兼汝楊友聲宜興陳衛玉蘇州楊駿聲同年伍謀公皆當水手以二月十一日往烏喇二三年後余家無力認工邏車國亦講和復得部文俱以紳袍例優免認

工往烏喇戍者亦遣回寧古塔惟官莊之苦至今仍舊每莊共十人一爲莊頭九爲莊丁非種田卽隨打圍燒炭每人名下責糧十二石草三百束豬一百觔炭一百觔石灰三百觔蘆一百束凡家中所有悉爲官物衙門有公費皆取辦官莊余窗友陳昭令者父極相善因在官莊萬無出身之日爲言於將軍稱其精通滿漢文理將軍卽用爲官莊撥什庫總三十二莊後復兼管筆帖式事辦事勤能不數年遂得實授八品筆帖式後將軍調愛渾隨行又數年陞山西太原府陽曲縣縣丞蓋流人無選內地事部憑忽到同流者皆以晝錦相賀昭令喜極轉生憂慮乃赴部問明時熊賜履爲冢宰以爲八品筆帖式不宜選縣丞當得彼地驛站章京卽留

憑不發詔令叩頭固請終不可得大概久沈淵底無升天之望其可悲悼如此

余五歲始就塾讀毛詩七歲康熙九年鎮守巴將軍聘我父為書記兼課其二子長名額生次名尹生余及固山烏打哈隨學巴公長子晝則讀書晚則騎射各攜自製小箭一二十枝每人各出二枝如聚五人共箭十枝豎於一簇遠三十步以次而射射中者得箭每以此為戲

余曾於六月中簷下遘一蛇長三四尺以小刀斷為三四頭刻接連又斷四五復即如故行更速再斷之每段用木夾擲牆外有懸於樹上者始不能連後有識者云評此言不足信此即續弦膏弓弦斷處

以此膏續之膠固異常雖用之積久他處斷而續處不斷乃無價寶也甚爲惜之

余十四歲父爲定姻葉氏女葉本四川重慶府巴縣籍女祖甲午順治十一年解元任雲南大理府理刑忤吳三桂遭戍在寧古塔爲鎮府推重女父之晉字明德均已物故女兄愷字長民癸亥康熙二十二年奉赦長民送兩大人骸骨歸蜀仍來入籍奉天有四子長名珍文丙子北闈次名珆文太學生三名璽文奉天府學生四名璿文此係患難親戚兒輩不可忘也

當我父初到時寧古塔地極苦寒自春初至三月終日夜大風如雷鳴電激塵埃蔽天咫尺皆迷七月中有白鷺飛下便不能復飛

起不數日即有濃霜八月中即下大雪九月河盡凍十月地裂盈尺雪一到地即成堅冰雖白日照灼不消初至者必三襲裘久居則重裘可禦寒矣至三月終凍始解草木尚未萌芽近來漢人疊至日就和暖大異曩時滿洲人云此暖是蠻子帶來可見天意垂憫流人回此陽和也

南門臨鴨綠江江發源自長白山江以南皆高麗地（以江爲界）其人衣冠皆古制白沙漫草相望只里許寧古塔則雲樹參天無故禁往來每於十月奉令到彼買鹽（取給於高麗會寧府去寧古塔七百里）并貨易牛馬紙筆扇鐵稻米等項稻米至寧古塔每升須銀二三錢惟讌客用之

寧古塔西南地名紅旗街與高麗接壤頗近海今亦設官府此處

出海參爲第一

西門外三里有石壁臨江長十五里高數千仞名雞林哈答古木蒼松横生倒插白梨紅杏參差掩映端午左右石崖下芍藥遍開至秋深楓葉萬樹紅映江邊江中多魚鮮肥實異他處標記於左

發祿形似縮項鯿滿洲人喜食之夏間最多余少時喜釣每於晡久持竿垂釣頃刻便得數尾而回

哈什馬生江邊淺水石子下者上半身似蟹下截似蝦長二三寸亦鮮美可食　今上祭太廟必用此物

鱘鰉魚　青魚　鯉魚　鯿魚　鯽魚此皆江中所最多者也

冬來河水皆氷厚四五尺夜間鑿一竅如井以火照之魚輒聚其穴下以鐵叉取之每得大魚　上常於冬至前後遣人取魚亦以此法

有僧名靜今亦江左人因事戍此建一觀音閣於石壁下夏秋時遷客騷人多游焉

石壁上別有一朗岡即寧古塔鎮城進京大路一百里至沙嶺爲第一站有金之上京城臨馬耳河宮殿基址尙存殿前有大石臺有八角井有國學碑僅存天會紀元數字餘皆剝蝕不可辨識禁城外有蓮花石塔微向東欹塔之北有石佛高二丈許又有荷花池長數里

東門外三里有村名覺羅即我　朝發祥地也自東而北而西沿城俱平原曠野榛林玫瑰一望無際五月間玫瑰始開香聞數里余家采爲玫瑰糖土人奇而珍之有菓物標記於左

衣而哈木克草本紅藤生雜草中實如小楊梅而無核味絶佳

烏綠栗橄欖綠皮小核味甘而鮮

歐栗子似櫻桃味甘而酸皆木本小樹

黎雖小味極美　葡萄與黎做酒色味俱佳此二種內地所無者也

山査大而紅亦爲糕　榛子可爲腐　松子可爲糕余因食慣其腐與糕不以爲珍

人參草本方梗葉似秋海棠對節生六七月開小白花八月結子似天竹子生深山草叢中高他草尺許土性鬆若朽爛樹葉掘數尺不見泥取參以八九月閒者最佳生者色白蒸熟輒帶紅色紅而明亮者其精神足爲第一等今之醫家俱以色白者爲貴名爲京參又謂其土不同故有此二種則謬凡掘參之人一日所得至晚便蒸次早曬於日中乾後有大小有紅白非地之不同總因力之足與不足也故土人貴紅而賤白蒸參之水復以參梗葉同煎成膏味亦同參子煎湯難產者服之即生參爲補藥勝劑但本地服之不效余父初到其地參價甚廉竟如我鄉桃李以參半觔煎服反瀉半日不知其何以進中土

而能補益也

東山名商陽哈答極高峻在對江石壁插於江中水極深魚極多此山最深遠向出參與貂今則盡矣惟松樹最多松子取之不盡再東三百里名衣朗哈喇今設土城有官守與金時五國城相近今五國城畧存其形而已

又東北五六百里爲呼兒哈其人剃頭男子帶環者少所産貂鼠爲次惟黃狐黃鼠魚肉乾最佳

又六百里爲黑斤其人留髮梳髻耳垂大環四五對鼻穿小銀環所產貂皮爲第一富者多以鵰翅蓋屋貂皮爲帳爲裘元狐爲帳狐貉爲被褥

又六百里爲非牙哈其人亦留髮男婦不著褲耳垂大環鼻穿小環所産貂皮署次以樺皮爲船止容一人用兩頭槳如出海捕魚則負至海邊置水中遇風便歸此三處皆在沿海

以上三處總名爲烏稽韃子又名魚皮韃子因其衣魚皮食魚肉爲生其人皆無官約束爲人愚而有信義有向店家賒綢緞蟒服者店主擇黑貂皮一張爲樣約來年照樣還若干至次年却能如約即有他故亦必托人寄到相去千里又非有舊其能守信義如此又勇不畏死一人便能殺虎　今上愛其勇賜以官爵土人不知歲月不知生辰死以片棉裹尸下棺以木架插野置棺架上俟棺木將朽乃入土烏稽乃樹林陰翳之稱

每歲五月閒以上三處人乘査哈船江行至寧古塔南關外泊船進貂將軍設宴并出戸部頒賜進貂人袍帽靴韈挺帶汗巾扇子等物各一捆賜之每人名下擇貂皮一張元狐全黑者不可多得一歲不過數張以之進呈餘聽彼貿易所賜之扇彼不知用漢人以零星物件易之其人最喜大紅盤金蟒袍及各色錦片粧緞其所衣魚皮極軟熟可染其人喜五色糯米珠并銅錢響鈴縫於衣旁行動有聲彼此稱呼曰安答其地不產五穀所產標左

魚　貂皮　元狐　黃狐　海騾　黃鼠

水獺

石砮近混同江江中所出相傳松脂入水千年所化有紋理如木質紺碧色堅過於鐵土人用以礪刃名昂威赫卽古肅

愼氏所貢楛矢是也余父攜歸示諸親友王阮亭載之池北偶談中五色石如瑪瑙用以取火絕佳

凡減等流徙者賜之爲奴如是數年令從呼兒哈遷至寧古塔又遷至奉天又二年則令入都　此三處今名衣扯譯爲新滿洲賜以官爵亦不知貴將軍嘗謂有爵者曰今有官職須習禮儀一體上衙門次日有官職者約同齊到有戴笠者有負叉袋者有跣足者見者無不大笑將軍命坐即以叉袋墊地而坐雖衣大紅蟒袍其叉袋仍負於背不稍去以便於買物也後命進京有不願者聽歸本土一日數百家聚於郊外送別哭聲震天男婦相抱親嘴唧唧有聲以此作別其時如此近於都中見之大非昔比禮貌言談幾與滿漢不稍異矣

北山離城十里重巖疊嶂古樹叢密內城人家俱於此樵采城之西北十餘里名額富里又六十里即舊城臨河河內多蚌蛤出東珠極多重有二三錢者色有粉紅有天青有白非奉　旨不許采取禁極嚴有兒浴河得一蚌剖之得大珠徑寸藏歸是夕風雨大作龍繞廬舒爪入牖攫其珠去風雨乃止評此必無之事殆聽傳聞記之耳其西則一朗岡名木丹沙嶺村莊頗多江之南有索兒河溪噶什哈必兒汀此處水極深上有崇崖插天其地背陰日光不到雖亭午亦不甚明爽然一至夜轉有光上照石壁皆紅土人甚異之一日漁人捕一青魚大盈車載以入城江右人徐定生以青布一疋易之魚首煮熟剖得紅色珠大如彈丸紅光猶寸許鬻之得百金後至

京人某王府償二千金自後石巖昏黑無光矣評此亦必無之事姑照錄之以存原

本江中往來用獨木船名威呼

凡各村莊居者滿洲多而漢人少出門不齎路費經過之處隨意止宿人馬俱供給少陵所謂馬有青芻客有粟也如兩人遠出年幼者服事年長者三人同行則最幼者服事其稍長者亦公然坐而不動土語標左

稱等輩曰阿哥或呼名　年高者曰馬發朋　友曰姑促　父曰阿馬　母曰葛孃　大伯曰昂邦阿馬　叔曰葛克赤　子曰濟　女曰义而漢濟　甥曰濟須郎哈　夫曰畏根　妻曰义而漢　男人曰哈哈　女人曰赫赫　兄曰阿烘　弟曰多

嫂曰阿什　姊曰格格　妹曰那　小厮曰哈哈朱子　了頭
曰义而漢朱子　好曰山音　不好曰夛黑　吃飯曰不打者
夫　吃肉曰烟立者夫　吃酒曰奴勒惡米　吃燒酒曰阿而
吃惡米　讀書曰必帖黑呼辣米　射箭曰喀不他米　書曰
必帖黑　筆曰非　墨曰百黑　紙曰花傷　硯曰硯洼　金
曰愛星　銀曰蒙吾　錢曰濟哈　水曰目克　木曰木　土
曰爨烘　火曰托　炭曰芽哈　有曰畢　無曰阿庫　是曰
音喏　不是曰洼哈　富曰拜央　窮曰呀打　人曰亞馬
坐曰突　立曰衣立　行曰弗立米　走曰鴉波　睡曰得多
蜜　去曰根吶蜜　來曰朱　要曰該蜜　不要曰該辣庫

小曰阿郎格　大曰昂邦　買曰烏打蜜　賣曰溫𡁠蜜　兩曰央　錢曰郎喀　一曰曷朮　二曰朱　三曰衣朗　四曰對音　五曰孫查　六曰佞我　七曰那打　八曰甲工　九曰烏示　十曰壯　百曰貪吾　千曰銘牙　萬曰土墨　貂皮曰色克　人參曰惡而訶打　箸曰乂不哈　碗曰麻樂　調羹曰差非又曰匙子　火聯子曰鴉他庫　袋曰法拖　手帕曰封枯

流人間有逃歸者人過之亦不告有追及者諱云自返亦不之罪大率信義爲重路不拾遺有古風今則不能矣　土人最善描踪凡人畜經過雖已去數十里視草地皆可尋踪但一經雨過便失

之矣所產之物俱異他處左標於

烏臘草出近水處細長溫軟用以絮皮鞋內雖行氷雪中足不知冷皮鞋名烏臘土諺云寧古塔三樣寶指人參貂皮烏臘也

火絨生木癭中取之蟊剝色微黃可以引火其臭頗香

香瓜極香甜夏日盡飽無破腹之患

蜂蜜土人不知養蜂或於枯樹中得蜂窠其蜜無數漢人教以采取煎蠟之法始有蜜有蠟遇喜慶事漢人自製蠟燭滿洲效之然無賣者

人無破腹之患不獨食香瓜爲然卽冬〻月食油膩及飲冷水亦然所以各處流客無不服水土者我父素羸弱到彼精神充足故其水人稱爲人參水地極肥饒五穀俱生惟無稻米其餘四月播種八月俱收穫農隙入山采樵牛車載同足來歲一年之用雪深氷凍而滑則不用車用扒犂似車無輪駕牛行氷地速而穩暇則采

寧古塔紀畧

松子或開窰燒炭或伐大樹作器用無瓦器其盞碟盆盎澡盤之屬俱以獨木爲之油用蘇子油似吾鄉之紫蘇子也亦有蔴油稍貴無燭點糠燈其製以蔴梗爲本蘇子油查及小米糠拌粘蔴梗長三四尺曬乾點火風吹不息凡飲食大小人家多做黄虀湯用調羹不用箸

人家房屋大小不等木料任用極大屋只一進或三間或五間或有兩廂俱用草蓋草名蓋房草極長細有白泥泥牆極滑可觀牆厚幾尺然冬間寒氣侵人覘之如霜屋內南西北接遶三炕炕上用蘆蓆蓆上鋪大紅氊炕濶六尺每一面長二丈五六尺夜則橫臥炕上一家人相與並頭共臥即出外留宿皆然櫥箱被褥之類

俱靠西北牆安頓有南牕西牕門在南牕之旁牕戸俱從外閉恐
夜間虎來易於撞進靠東壁間以板壁隔斷有南北二炕有南牕
即爲內房矣無椅杌有炕桌俱盤膝坐客來俱坐南炕內眷不避
無作揖打恭之禮相見惟執手送客垂手略屈腰如久別乍晤彼
此相抱復執手問安如幼輩兩手抱其腰長者用手撫其背而已
婦女以右手撫其額點頭爲拜如跪而以手撫額點頭爲行大禮
婦女輩相見以執手爲親拜亦偶耳除夕幼輩必到長者家辭歲
叩首受而不答等輩則同叩元旦城門必嚴列旌旗弓矢以壯威
武家家必於半夜賀歲如遲至午便爲不恭矣滿洲人家歌舞名
曰莽式有男莽式女莽式皆兩人相對而舞旁人拍手而歌每行

於新歲或喜慶之時　上於太廟中行男莽式禮
凡大小人家庭前立木一根即誠敬奉以爲神遇喜慶或疾病則
還願於木之下擇大猪不與人爭價就木下宰割請善誦者名叉
瑪向之念誦家主跪拜畢用零星腸肉懸木竿頭將猪肉頭足肝
腸收拾極淨大腸以血灌滿一鍋煑熟請親友到炕上炕上不用
桌鋪設油單一人與所熟腸肉一盤各自以小刀片食不留餘不
送人評今滿洲亦有食肉之例殆即本此如因病還願而病不能愈即將此木擲於
郊外以其無靈也後再有喜慶疾病則另樹一木奉之
有跳神禮每於春秋二時行之半月前釀米兒酒如吾鄉之酒釀
味極甜磨粉做糕糕有數樣皆用油煎必極其潔淨猪羊雞鵞畢

具以當家婦爲主衣服之外繫裙裙腰上周圍繫鐵鈴百數手執紙鼓敲之其聲鏜鏜然口誦滿語腰搖鈴響以鼓接應旁更有大皮鼓數面隨之敲和必西向西炕上設炕桌羅列食物上以線橫牽線上掛五色綢條意以祖先依其上也自早至暮日跳三次凡滿漢相識及婦女必盡相邀三日而止以祭餘相餽遺

清明塲墓富貴騎馬乘車貧賤者將祭品羅列炕桌上女人戴於頭上而行雖行數里不用手扶而自不傾側即平日米糧箱籠俱以頭戴評與琉球風俗相似

有疾病用草一把懸於大門名曰忌門雖親友探望只立於門外問安而去

遇婚喪喜慶等事無柬帖無鼓樂無男女儐相訂婚時父率子同媒往拜婦之父母次日女之父亦同媒答拜行聘名曰下茶俱用高桌（如吾鄉官桌）上鋪紅氊茶果綢緞布疋仍用盤放桌上多至數十桌貧富不等羊酒必需嫁時裝奩如箱匣鏡臺被褥之類亦置高桌上兩人扛之娶親用轎車仍掛紅綠綢婦人門只拜公姑無交拜禮如漢人請親戚扶新人行禮滿洲人家喜筵宴客飲至半酣時婦女俱出敬酒以大碗滿斟跪於地奉勸俟飲盡乃起生子滿月下搖車如吾鄉之搖籃其製以篩板圈做兩頭每頭兩孔以長皮條穿孔內外用彩畫并懸響鈴之類內墊薄板懸於梁上離地三四尺用帶縛定小兒使不得動哭則乳之不已則搖之口念巴

不力如吾鄉之嗄喏喏也

喪事將入殮其夕親友俱集名曰守夜終夜不睡喪家盛設相待侯殮後方散七七內必殯火化而葬其棺蓋尖而無底內墊麻骨蘆柴之類仍用被褥以便下火父母之喪只一年而除以不剃頭爲重

春秋二季將軍令兵丁於各門城上晨夕兩時吹笳聲聞數里冬至令兵於各山野燒名曰放荒如此則來年草木更盛又每歲端午後派八旗撥什庫一人率領兵丁幾名將合寗古塔之馬盡放於幾百里之外有水草處馬尾上繫木牌刻每人名至七月終方歸此時馬已極肥俱到各衙門內各認木牌牽回

四季常出獵打圍有朝出暮歸者有三兩日而歸者謂之打小圍秋間打野雞圍仲冬打大圍按八旗排陣而行成圍時無令不得擅射二十餘日乃歸所得虎豹猪熊獐狐鹿兎野雞鵰羽等物獵犬最猛有能捉虎豹者（趙雲崧簷曝雜記亦云如是可見不誣）虎豹頗畏人惟熊極猛力能拔樹擲人野雞最肥油厚寸許遼東野雞頗有名已迥不及此矣每一獵車載馬駝不知其數鷹第一等名海東青能捉天鵞一日能飛二千里又有白鷹蘆花鷹俱極貴重乃進上之物餘則黃鷹兎虎鵠子亦皆猛於他處有鵰極大而多但用其翎毛爲箭羽

每於三年將軍出示無論滿漢其未成丁者俱到衙門比試名曰

比棍以木二根高如古尺之五尺上横短木立將軍前照册點名令於木根下走過適如棍長者即註册披甲派差食糧如不願者每歲出銀六兩名曰當幫辛酉三月余比棍已合式將派差矣余父言於將軍乃止

是歲烏喇將軍忽遣人邀余父將以爲書記兼管筆帖式及驛站事務訂於九月中合家遷往烏喇頗以爲喜會七月內還鄉　詔下乃已八月十八日爲余娶婦葉氏氏賢而孝兩大人甚愛之遂理歸裝飲餞無虛日皆相持哭失聲不忍別

九月二十日起行將軍遣撥什庫一人兵丁八名護送又發勘合撥驛車二兩驛馬二匹及飲食等項按驛供給更換親戚之內眷

送至一郎岡而別親友及門俱送至沙嶺聚談徹夜至曉分手我父哭不止策馬復追二十餘里再聚片時而回患難交情如此之深也

次日經過石頭甸子石質相聯不斷南北闊三十里東西長三百餘里其底皆空玲瓏車馬行動有聲氷泮後石下流澌潺湲亦一奇也

第二站至黨而漢鰲臘

第三日進大烏稽（古名黑松林）樹木參天槎枒突兀皆數千年之物綿延橫亘千里不知紀極車馬從中穿過且六十里初入烏稽大樹皆數抱環列如門入則洞然不見天日惟秋冬葉落則稍明凡進

烏稽者必各解小物懸樹上以贈神明余父帶有同年鎮江張升季年伯骸骨并其女還姐歸鄉車馬至此忽不前鞭之亦不行余父覺有異乃下馬向空再拜默禱即行動如初無不驚異因念古人建立壇壝必種松栢爲神所憑依今知其非虛渺矣樹林中多峻嶺巉喦石徑高低難行其上鳥聲伊啞不絕鼯鼪狸鼠之類畧不畏人微風震撼即如波濤洶湧颼颼颾颾不可名狀余父同內眷由大路行余則同護送諸人由側路打獵所獲頗多是夕宿嶺下帳房臨澗澗水淙淙然音韻極幽聞兵丁取大樹皮二三片濶丈餘放於地上即如圈篷船儘可坐臥拾枯枝炊飯并日間所得獐鹿燒割而啖其餘火至曉不絕迨夜半忽聞聲似山崩地裂乃

多年枯樹忽然摧折也令人心悸

第四站至昂邦多紅

第五站至拉發穿過小烏稽（即上樹林之稱）三十里情景亦相似

第六站至厄黑木

第七站名泥濕哈十里渡松花江（此江亦源長白山下通黑龍江墨爾根愛輩等處總歸於混同江入海）至烏喇（有船廠造大船上下往來諸處故又名船廠）有將軍鎮守即前寧古塔將軍調此與余父有書記之約者也留數日更換勘合如前護送又行

第八站至蘇通

第九站至衣而門

第十站至雙羊河
第十一站至一巴旦
第十二站至大孤山
第十三站至黑而素
第十四站至野黑
第十五站名棉花街四十里至烏遠堡卽柳條邊垂楊數百里係前朝所種以隔中外今仍有章京守此盤詰往來亦要害地也
又十五里至開原縣
又五十五里至高麗站
又十五里至鐵嶺縣

又六十里至𨷦路站
又七十里至奉天府時奉天將軍卽丁酉刑部江南司問官當時
極憐我父之才聞我父將至遣人到柳條邊迎候及至奉天遂留
半月餘亦更換勘合照前護送起行
六十里至老邊站
四十里至𣵽流河
四十里至白旗堡
七十里至二道井子
五十里至小河山站爲廣寗縣
十五里至廣寗站

三十里至閭陽驛
四十里至石山站
三十里至大陵河
四十里至錦州府
六十里至高橋站
六十里至寧遠州
六十里至東關站
六十里至凉水河站
八十里至山海關卽秦之長城第一關也城高而厚南至海四十
里北面大山極高峻城則隨山高下而築關門向東外有一嶺出

闗者稱為悽惶嶺入闗者稱為歡喜嶺嶺下有孟姜女廟是夕宿於嶺下兩大人各述當時出闗景况今得到此眞為歡喜也次日進闗氣象回別又七日至京師與親友相聚執手痛哭眞如獲再生也

寧古塔山川土地俱極肥饒物產皆美鮮食之外雖山蔬野蔌無不佳妙皆無所屬任人自取其紳士在彼者俱照中國一例優免與尚陽堡流徙者不同蓋

世祖皇帝念寧古塔地面苦寒特開此恩例凡流人至者或生理耕種各就本人所長而我父惟知讀書別無所能幸同社諸公皆至大位時時寄與周濟乃不窘乏回想窮荒冬則冰雪載道其深

丈餘其寒墮指裂膚令人不能受夏則又有哈湯之險數百里俱是泥淖其深不測邊人呼水在草中如淖者曰紅銹水人依草墩而行轉側或僻人馬俱陷所以無商賈往來往來者惟滿洲而已音信歲僅一至眞所謂家書抵萬金也後哈湯之上俱橫鋪樹木年年修理往來始多又幸有大馮三兄壬子拔貢在京考選教習音信賴不阻絕賜環之事固同社諸公如宋右之相國徐健菴司寇徐立齋相國顧梁汾舍人成容若侍御不忘故舊之德而其中足跰舌敝以成茲舉者則大馮三兄之力居多焉

嗚呼余家全盛時祖燕勒公以都憲掛冠爲一時名臣余父暨伯父宏人公闇夏公以詩文鳴江左先達稱爲延陵三鳳叔父顯令

公繼起同社及比之皇甫四君丁酉秋我父獲雋人方以得人爲
慶詎知變起不測以風影之談致使家門傾覆顛沛流離遠戍塞
外幸
皇天默佑荷戈二十三年百冷辟易疾疢不作所遇將軍固山無
不憐才待以殊禮邊徼子弟負耒傳經據鞍弦誦彬彬乎冰山雪
窖之鄉翻成說禮敦詩之地矣洎乎長白賦入
天心嗟歎溫詔下頒流人復歸本土玉門之關既入才子之名大
振手加額者盈路覩緒論者滿車一時足稱盛事而我父益自韜
晦虛懷待人孰意文人薄命遽焉捐館備歷艱辛而終未克食一
日之報彼蒼者天豈豐其名必嗇其福耶嗚呼哀哉余生長邊陲

入關之歲已爲成人彼地風土人情山川名勝悉皆諳習頗能記憶今年近六旬鬚髮漸白回思患難不啻隔世誠恐久而遺忘子孫不復知祖父之閱歷艱辛如此長夏無事筆之於紙以爲寧古塔紀畧時康熙六十年歲次辛丑七月也

附邊徼紀聞

康熙三十年前沿松花江而北三千里俱設城郭直至黑龍江而止（爲與俄羅斯東偏部落羅刹構兵也地名檬左）烏喇北七百里至孤兒郤（又名新城）有梅勒章京駐扎徧地皆沙與蒙古接壤最多牛馬羊駱駝

又北二百六十里至墨爾根木城沙地有都統鎮守

又北一千里至圖魁木城沙地有都統鎮守城外東北五十里有水蕩周圍三十里於康熙五十九年六七月間忽然烟火衝天其聲如雷晝夜不絕聲聞五六十里其飛出者皆黑石硫黃之類經年不斷竟成一山直至城郭熱氣逼人三十餘里只可登山而望今熱氣漸衰然數里之中人仍不能近　天使到彼查看亦只遠望而已嗅之惟硫黃氣至今如此人無有識之者西洋有火燄山臺灣淡水有硫黃穴同此

又北八百里至愛暈木城四周皆山城臨黑龍江有將軍鎮守界連老搶俄羅斯境索龍出人參貂皮此處貂皮毛麤不及黑斤矣

以上孤兒卻至愛暈一帶俱極寒冷六月收成七月即霜雪又非寍古塔烏喇可比也此皆極北之地至烏喇諸友所述者

朝鮮志

節錄朝鮮志 不著人名 原本

高麗與周所封箕子之地厥後或分或合置郡置府代有變更今分八道中曰京畿西南曰忠清東南曰慶尚南曰全羅西曰黃海東曰江源以上五道各抵一面大海西北曰平安西抵鴨綠江北接靺鞨東北曰咸鏡東抵豆滿江北接靺鞨八道中忠清慶尚全羅三道地廣物衆州郡雄巨最爲富庶俗尚詩書人才之出比諸道倍多平安咸鏡二道境接靺鞨俗尚弓馬兵卒精强

京都北鎮華山有龍蟠虎踞之勢南以江漢爲襟帶左控關嶺右環渤海

景福宮王之宮也 勤政殿受朝正殿 思政殿接引士大夫講論治道之所 康寧殿 交泰殿 含元殿 養心殿 丕顯閣夜引講官論難經史之所 麟趾堂 紫薇堂

淸讌樓 忠順堂在後苑王不忘朝廷揭此名堂寓敬順之誠 隆文樓 隆武樓

慶會樓池環深廣種芙蕖 欽敬閣閣中鑄銅山內設機巧定時刻其運神妙山四面陳豳風四時之景為敬天授時之象 報漏閣設機巧刻木為神像隨時擊鼓鳴鐘街市鐘鼓以此傳之 簡儀臺在宮城內臺植銅表設圭石視日影推二氣之盈縮 昌德宮西麓有瞻星臺觀天象察氛祲 資善堂世子講讀之所 仁政殿 宣政殿 匪躬堂 昌慶宮 明政殿 文政殿 仁陽殿 景春殿

通明殿 環翠亭 倫序亭 社稷壇 先農壇 先蠶壇

厲壇 宗廟 文廟 慕華館

各司 宗親府 議政府 忠勳府 儀賓府 敦寧府 義禁府

吏曹　戸曹　禮曹　兵曹　刑曹　工曹其餘七十餘司不悉錄

風俗崇尚信義篤好儒術禮讓成俗柔謹爲風

士大夫喪葬祭禮一依朱文公家禮父母之喪卒皆廬墓三年若有不謹者不齒士列其間或有啜粥終喪不食鹽菜或手自炊爨以供奠事

婚娶必通媒納采不娶同姓

士大夫皆立家廟四時必享忌日則子孫不食肉祭其主於寢堂六品以上祭三代七品以下祭二代庶人只祭考妣若嫡長子無後則衆子衆子無後則妾子奉祀旁親無後者祔祭嫡妾俱無子者告官立同宗支子爲後

士族婦女夫死則守節終身士大夫妻亡者三年後改娶若因父母之命或年過四十無子者許期年後改娶

每歲王祀先農躬耕籍田以供粢盛　王妃享先蠶養蠶於後苑以率女工

每歲季秋王行養老宴參宴者皆除一級孝子順孫義夫拜餉之王妃宴婦人於內殿拜餉節婦皆有賜物年百歲以上者歲賜米

堂上官以上年滿七十者功成父母妻堂上官妻並月致酒饌

二品以上年尊德邵者春秋賜宴謂之老英會

孝友節義烈女隨其行跡或賞職賞物或旌門復戶

清白吏見存者褒奬身歿者子孫亦皆錄用

戰亡人子孫亦存恤錄用
宗親大臣之卒舉哀輟朝遣官弔祭官庀喪事
因公在外身死者亦致賻
祭宗室雖秩卑期親以上亦皆弔賻
營葬侍講官及臺諫勿論品秩高卑一皆賻給遭親喪者亦如之
設歸後署備棺槨以周民間倉卒之需
敗常犯贓者婦人再嫁者書名三司其子孫不齒士類
五子登科者之親歲賜米歿則致祭贈爵
中文武科者賜恩榮宴其親存者則令所在官給酒樂以榮之名
曰榮親宴歿則設祭謂之榮墳中第一名者賜米

凡民因貧乏過期未葬者婚嫁失時者皆給資財飢寒孤獨者與
老而無托者亦給衣料
宏文館官員更日直宿王日開講筵宰相臺臣亦令輪參又有夜
對以盡羣下之情
官至一品年七十而係國家輕重者不許致仕賜教書几杖以優
之
堂上官實行二品以上職者視其秩追贈三代
士大夫及軍卒父母年七十則一子歸養八十則二子歸養九十
則諸子歸養
每歲夏月頒氷於宗親及文武堂上官堂上官年老在散者倍八

署病刑獄囚人並給

歷代及本國忠臣孝子烈女所行卓異者裒撰成書名曰三綱行實譯以方言廣頒中外使婦人小子無不曉解

國中設成均館及設養賢庫常養生員進士五百人累年居館力學篤行而屢舉不中年滿五十者敘職雖非生員進士通小學四書一經者亦升補於館東西四坊各有學舍教卿大夫子弟及凡民俊秀年八歲以上閭巷小童不得肄學者設童蒙教誨

州郡亦設鄉校皆倣成均四學之制觀察使巡到其邑師長儒生皆試講製課勤惰以勸懲春秋釋菜觀察使守令親行之又大饗儒生

成均館儒生每歲春秋議政府六曹諸館閣堂上官命題製述科次置簿優等者三人直赴文科覆試

成均館升補儒生及四學諸生每年六月定考官逐日製述或講論通考優等者五十人許赴生員進士覆試諸道亦然

世子逐日問安視膳與師傅賓客僚屬日三講論凡接師傅時下階迎送每月十五日會講必設大餉一書講畢則大設宴餉又有賜物

新除授京外堂下官職者參謁於議政府吏曹屬曹毋過十日

立崇義殿以前朝王氏之後主之給廩祿以奉其祀

前代新羅百濟高句麗王陵官禁田柴

歷代始祖及有功德及民者皆立廟降香祝令所在官春秋致祭
設厲壇於北郊漢城府官每春秋徧祀無主孤魂州郡亦如之
囚人冬月則給鋪席夏月則淨脩獄中洗漉枷杻使無寒凍薰蒸
之患又定醫官備藥物救之貧不能養獄者官給廩料
京外置常平倉穀貴則增價以貿布穀賤則減價以賣布以濟窮
民又置別倉當春貸民以贍耕種秋償其數以備來歲每年以爲
常若值水旱凶歉則在在設賑濟場以救之
郡縣每歲春秋行鄉飲酒禮又京外小民每里立鄉長家出米布
使鄉長掌之春秋設酒共會以申其好謂之講信凡有疾病患難
交相救護若有死喪備棺槨葬需以庇之

曾經三品職及臺諫侍讀官者子孫承蔭每歲正月試才補官無蔭者之子孫擇其俊秀許三品以上官保舉吏曹更試經書隨才補缺若不稱職并罪舉主

科舉每於子午卯酉年爲之設三場初場試論義二篇中場試表二篇終場策問會試則初場講四書五經能通者許赴中場試賦表記中二篇終場策問通考取之殿試則策時務以第高下若遇大慶及王親幸學官則有別舉

王時時親行釋奠或不時幸學與師儒講論或橫經問難或行大射禮或親策儒生

凡中科者殿庭唱榜御前賜酒賜花與蓋優人呈戲鼓吹前導三

日游街以榮之若幸學試取即日唱榜者拜賜鞍馬袍笏尤以爲榮聖節及正至王率世子百官行望　闕禮每遣使上表時王率世子百官行焚香四拜禮王親捧表跪授使者仍下庭鞠躬具黃屋儀仗以出祗送郊外赴　京使臣或賫奉
敕書回還之時結綵棚迎郊外一如
華使凡進獻禮物王親自檢視
宗親年滿十五入宗學受業每日抽籤講習讀以爲課勸
禮曹每月考講四學諸生所讀書
京外儒生逐日所讀及其師職姓名簿錄藏於禮曹每科舉後所訓儒生中及第三人或生員進士十人以上者加階

祭服朝服公服一依華制

每四時入節日及季夏土旺日鑽木改火

遺失小兒漢城府本邑保授願育人官給衣料

各道府州縣

京畿一府 忠淸道一州一縣 全羅道二州 慶尙道一府一郡二州八縣 江源道四府 平安道兩府一縣

各道古跡

畿內六 忠淸道五 全羅道三 慶尙道十四 江源道四 平安道四 黃海道二

各道山川

近郊十三畿內二十五忠淸道九慶尙道二十全羅道十三黃海道七江源道十二咸鏡道六平安道二十五

各道樓臺

近郊六畿內四江源道二十二慶尙道二十五全羅道十忠淸道六黃海道三咸鏡道二平安道十七

鴨綠江屬平安道在國西北西去遼東都司五百六十里其源出長白山至赤島東分爲三派一南流滙爲九龍淵名曰鴨綠江以其水色似鴨頭也一西流爲西江一從中流名小西江至黔同島復合爲一至水靑梁又分爲二一西流與秋江合一南流爲大江繞威化島至暗林串西流至彌勒堂復與伏江合爲大摠江入西海天下

三大水曰黃河長江鴨綠是也

薩水 屬平安道 源出妙香山 在寧邊府東一百三十里山極高大莫之與比 經安州北城下西流三十里與傳川江入海隋宇文述等伐高麗師渡薩水去平壤城三十里依山爲營因乙支文德詐降還軍至淸川江軍半渡文德追擊其後殺右屯衛將軍辛世雄隋軍敗沒所謂隋兵百萬化爲魚者此也

舟車所至

隨鑾紀恩　　長洲汪　灝著

康熙四十二年夏五月

皇上避暑於塞外兼行秋獮之典　皇太子　直郡王暨　諸皇子皇孫皆從公侯而下期門羽林之士翼　翠華而趨者悉按舊規各供乃職庶吉士臣　汪灝偕臣　查昇等特奉

旨隨行

五月二十五日黎明值微雨後涼風襲衿月鉤掛樹　乘輿發暢春園十二里清河橋十二里何家堰五里沙河城又名翠華城明成祖創建中間爲洪水所嚙世宗朝更築行宮於城費至數百萬

今橐樹傾圮久爲狐兔荆棘之叢十里鄭家莊渡河入昌平州界又十里抵湯山駐蹕焉山有二大小別其名在昌平東三十里皇太子引入觀溫泉在大門內砌以池泡沫從地底上騰珠光歷落探以手熱氣侵人查愼行進溫泉詩注云名勝志溫泉出昌平州西北二十五里之湯峪不知今乃在東南

御筆批示云此湯非舊有康熙二三年輔臣時收拾與病人甚有益昌平西北之湯峪泉仍在非志訛也

五月二十六日晨起陰雲四布天欲雨

上恐扈從者泥濘命仍駐蹕午刻開霽

五月二十七日

駕發小湯山從東北行三里西流九里聶山營二里灘莊俱順義縣境古狐奴縣西地田禾繡錯平削如掌太行山從河內來橫走數千里遙拱京師至是直行山麓雨勢迷濛雲氣靉靆半壓翠峯火輪避舍涼飊媚人最宜馳騁五里白狼河八里范家莊懷柔縣西境二十里橋子村登小崗望見縣城五里渡河至懷柔縣依山為固即唐時檀州也時微雨霑衣城湫隘不足駐遂冒雨行四十里過紅螺山為密雲縣城即後漢之傂奚後魏為招攜開元要略云密雲有障塞軍五千行宮在北門外中夜大雨如注水漲衝行幕駐蹕不行

五月二十九日晴以道阻泥淖仍駐蹕

五月三十日

駕發密雲東北八里冶山浮圖直插雲表二十里穆家圩五里張家莊三里沈莊十里超渡莊十里陳家莊十里石匣城自超渡東北行平原深隰中乍升乍降新溜漫流隨地飲馬石匣舊爲驛長安客話洪武中建土城嘉靖中增築石城勝朝常宿重兵以防不虞今則雉堞半摧樵牧嬉遊無非太平景象矣十里

大駕駐止腰亭鋪侍臣見口內山色嶢嶢共羨

上諭爾等愛此處山若到口外尤爲奇特明當見之又諭云口外原係荒涼地面自朕行開墾之令到處耕桑無殊內地矣

六月初一日

駕發腰亭鋪十里新開嶺十里老王店卽金史五行志所稱天王

谷也自腰亭以往山勢益深潮河川穿塞而來左之右之流不一派方輿紀略云潮河從塞外興州發源入古北口西南經密雲懷柔至牛闌山與白河合仰睇峯頭一綫明滅斗折蛇行跨山堙塹者長城也城爲明徐武寧王達築後戚少保繼光重脩之前過順義考夢溪筆談云州東北三十里有望京館東行少北十里餘爲古長城乃高齊天保年間築馳驅長途未及于荒烟中一問廢堞唯茲地言言崇墉高懸天末云由老王店十里潮河關有城又十里駐於柳林總兵官衙署柳林距古北口不數里潮河鎮抱喬木陰濃雖未出口已覺暑氣頓消

六月初二日駐蹕柳林巳刻大雨午後晴

六月初三日駐蹕柳林

六月初四日

駕發柳林幸兩間房三里古北口關關築於兩山合抱處重門深邃潮河急湍橫鎖關前出口後層崖夾峙一綫中穿河聲洶洶雷轟電激十餘里山勢全合跨山過嶺如下峻坂宋蘇頴濱轍詩亂山環合疑無路小逕迂迴長傍溪是也王沂公曾上封事云出古北口度得勝嶺又名思鄉嶺豈卽此耶二十里抵兩間房行宮此爲塞外避暑第一處一灣碧樹四壁青山嶺飛翠以催秋壑傾泉而迯夏臺殿渾樸不事丹青特存茅茨土階之風固已溫風不爍淸氣自生矣　東宮行幄在宮西入直之地在宮東南隅

十六月初五日雨駐蹕
六月初六日晴仍駐蹕
六月初九日
駕發兩間房赴鞍子嶺宮漏四下馬首殘星隨風欲落回首萬帳燈火熒熒類長虵陣勢涼颸侵袂挾纊猶寒彷彿大江以南十月氣候山勢較前更峭巉數十武即作一合抱形柳柳州宗元山水記云舟行若窮忽又無際足以相況人行崖間馬隨山轉一轉一變無不奇妙忽峭壁削成作宋人斧劈皴忽碎峯磊落作元人披麻皴飛泉噴薄有直挂樹梢者有斜射谿石者膏渟黛蓄清鑑鬚眉淺深見底大率瀨河自沙漠穿入塞垣一路行峽中蜿蜒無定

古人云三折成巴字非此無以肖之二十里度新開嶺又名青石梁峻嶺嶙峋丹梯百級置身煙霄俯視無極下嶺至馬圈地復平敞而處勢過高蓋天傾西北地缺東南漸北漸高惟高故寒視彼嶺嶠炎方從不降雪雲南臘月御單袷衣迥然別一天地古北口以外皆爲蒙古牧馬地

皇上威德四布遠近悉成皇莊禾苗漫野雨笠煙犁無非圖畫云去馬圈三里許又度一嶺名黃泥坂詭石怪木奇卉美箭陰森雜沓一望浩浩直至小答兒口外茅舍落落至是衡宇相望雞犬相聞數日經行樸棫亦供樵蘇至是喬松合抱老榦槎枒先是潮河川寥闊瀠灣將抵青石梁忽迷不可尋至是巨浸復來乃知盪鴹

處遠甚也又十餘里至鞍子嶺日向未午行宮在望是避暑第二處矣直廬在其左翼

上傳示夜光木木係老樹之根沙水浸漬日久徹如水晶終夜放光能燭細字

六月十一日赴　皇太子幄得見西蕃山金虎軀如鼠而虎頭毛香如沈香性靈而悍夜伺鴛鴦鴻雁宿時鑽入翅中嚙其項怒飛而墮則隨之下而食之或潛身松枝俟麋過躍而噬其兩角之介食其腦麋觸之不得征厄魯特日始得其種云

六月十三日見塞外蝴蝶大逕尺　皇太子云浮羅山繭子向年人自嶺外貢至當春養出繞殿而飛其大亦不過此曉雨達旦

六月十五夜月如晝高臥單幕光透枕衾半生塵夢幾爲滌盡

六月十六日

駕發鞍子嶺幸化魚溝十三里三道梁十里斬家溝十里黃甲營三十里至化魚溝駐蹕亦曰樺榆溝爲第三處避暑之行宮是日計程六十里天未曙即發前三十里山勢嶔崎嶺頭石峯若衣冠簪笏人高低拱立雨過嵐生轉瞬匿去嶺外諸峯又若東髻老人行於牆外而雲氣變化已稱奇絕後三十里如屏如鏡山骨全露如屏者長而橫列約半里許乾淨可書大字恨不勒遊紀於其間如鏡者從蒙茸叢莽中恍然利劍割出可以鑑人又有巨岩遮路澄潭碧水半浸其根苔蘚浮動清瑩秀徹若盤中水石然長河溜

稻皆東向隨馬蹄前奔識者曰支流之出灤河者也途次有廟二
大者祀關壯繆次者祀田神直廬在行宮宮門內
六月十七日傍晚傳
旨明早翰林隨往釣魚臺
六月十八日急雨驟晴
上幸釣魚臺翰林六臣皆從漏四下即與步於月中天明由化魚
溝南行稻粱盈野羣山呈秀繞山麓約七八里陡聞水聲與樹聲
風聲相雜中使引諸臣穿林出溪流湛然直至行殿殿在巖巔迴
環星日臨瞰風雨灣水油油從林外來有朝宗之勢一二奇石懸
空臨水真天然釣磯也

上諭云此即灤水南通永平產魚甚佳命憑欄瞻矚毛髮生涼撤
御饌賜膳畢復
命內侍引至　東宮行帳人賜一竿清流深葦遊魚銜尾爭餌吞鉤應手輒獲時天朗氣清方徘徊水濱聽嬌鶯睍睆忽傳
上諭當速歸雨將至矣未及半途果沛然雨降衣衿盡濕塞外行宮初歷兩間房山勢四匝迫據迴合較子嶺地面盤旋心目已豁至是林泉碁布縈青繞白外與天際四望如一益覺曠觀出入流覽胸次覺飄飄有仙氣非沐
恩扈從安覩塞外風光若是哉
六月二十日薄暮

上幸　東宮行幄召對
上坐殿左繡墩西向　太子南向侍臣北向跪
上諭作詩之道鍊字不如鍊句鍊句不如鍊格鍊格不如鍊意意
之所出詩自隨之又
諭讀書須見諸實用毋徒尋章摘句朕曩讀趙充國屯田封事心
慭其言前年征厄魯特到寧夏時以封事中語驗之句句與風俗
脗合益信古人言非泛設又
諭文章必先人品文公朱子也　既高命意又遠發爲詩歌自然
超人頭地徒擅吟詠安能與之爭衡又
諭禹貢西銘諸書皆透發精理又云朕凡讀書必百徧之外是以

隨口熟誦不訛隻字非徒恃天資也久之出殿燭已數易

六月二十一日大雨徹夜

六月二十二日辰刻雨止適查昇因墜馬手痛未愈十指不能屈伸比復發腫

上傳諭令刲一羊乘熱以兩手入羊胃移時痛止指揮如意眞神驗也是夕雨復達曉連日暴雨河水泛溢

六月二十三日起營曉餐後

上率太子臨河干看水勢遣人脩葺橋梁是夜復雨

六月二十四日

上傳明日早幸喀喇河屯蒙古以黑色爲喀喇以城爲河屯蓋言

黑城云爾

六月二十五日

駕發化魚溝幸喀喇河屯土人言途有三湖灤河而西不過二十里而近緣積雨泥濘不可往必從舊逕返黃甲莊又三十里乃抵其地凌晨雨大作烟霧迷離中從馬首看山色倏焉全峯遮盡一鬟露尖倏焉橫岡抹平一拳西出芙蓉透影又依稀美人隔珠簾中而山瀑之匯入灤河者珠跳雪舞澎湃騰踔水氣上湧白煙埋空林木以遠近爲濃淡頃刻萬狀惜不令米襄陽同來塞下收入畫筒也日午達黃甲莊天乃霽復從北行穿一綫山逕中約數里馳而前土阜黝黝屹如城壘是爲喀喇河屯

皇上第四避暑行宮也地勢較化魚溝更寬河北兼饒村落有
敕賜穹覽寺內臣顧問達新建以祝
聖齡金碧精彩射人心目爲塞外偉觀行宮宏敞宮西層樓面對
巨壑灤河自西北而南伊蘇河自東北而來合流直過樓下直廬
在行宮朶殿之東
六月二十七日辰刻
上幸穹覽寺
六月二十八日聞　裕親王疾篤親迴往視辰刻
上輕裝減從率皇太子回都奉
旨翰林官留此地校書已刻移書籍至　東宮行殿後自二十九

日以後皆直廬供事
七月初四日有內侍自都來知
上於初一日辰刻抵京先哭臨裕邸倚禮備至然後入宮兼問裕
親王初五日發引
七月初六日
駕即發京師附記塞外螢火光如紅燈大如彈丸有蟲名雲虎赤鱗金色吐氣直成彩雲山中野杏樹根堅韌斲而就其形加以雕鏤可爲香几筆架揩摩之色紅紫又見新獲鵰鳥狀如鷹而大倍之翅若車輪爪同鋒刃雙眸噴火長喙反鉤飈風有凌雲志鷙鳥之雄也以食飽不能高騫遂得而羈絆焉

七月初八日辰刻中使自口內來知
駕昨宿密雲縣今夕宿柳林
七月初九日
駕至自柳林迎
駕後仍移直廬於桑殿之旁
七月十一日頒示
御製三角形推算法論
七月十二日
上復以三角形頒示
諭云三角形之法始自中國流播西洋今中國失傳而西洋仍留

此學朕年十四因歷法一案多傷人命遂於萬幾暇時參詳會悟得其秘妙

七月十五日大雨少頃開霽聞

旨於來早移駐熱河之上天意特爲清塵焉耳　皇太子賜鼻煙一玻璃瓶此煙艸生海外章奇島中西洋人以香藥調製之用瓶懸之帶間以小指挑分許嗅入兩鼻覩則香氣貫腦最能去疾

七月十六日

駕發喀喇河屯幸熱河上營自前月二十五日抵此已經二十餘日矣曉霧彌空渡灤而北積雨餘漲波濤洶湧先期造橋約長數十丈塞外河流此爲最巨過河正東行俛入綠縟幽陰蒼蔚步武

錯迸不知所出行十餘里霧忽薄兩巨石屾立高山之巔豐上鋭下其一石連透三罅上如目中如星下如圭竇一石稍瘦削若老人旁立石上又冠以小石峯飄飄欲動日色横穿罅中不異玲瓏浮圖時

駕已前往留中使指示曰此雙塔峯也大道繞雙塔峯三面行從焉上東向則見其面轉北見其肩折而南回首猶見其背方共歎其奇而霧倏復罩之豈海上神山不可得而近玩耶又數里一石横臥山首無名可考因以象山名之十里登熱河嶺遥見山峯重沓如帶如城引領來朝雲排星拱又十餘里千峯如削一石如琵琶倒插山尖一方石如盆盛之土人呼爲棒槌山爲易其名曰琵

琶峯其地行宮爲塞外避暑之第五處也沿途黍稷芃芃三穗五穗者甚多

上偶於所過取黍以示孤莖特起珠璣數串眞目所未見也

七月十七日午膳後

上幸熱河釣魚臺垂釣熱河距上營數里源有二一從正北來有湯泉甚熱蒙古呼爲黑茅溝一從東北來湯泉稍熱蒙古呼爲賽音溝亦名頭溝皆喀爾沁之界緣是部長先於兩溝坐湯療疾別之以名黑茅者下等賽音者上等也兩溝合流是爲熱河熱河之下流匯入灤河溝旁皆有皇莊其種穫小黍高粱黍子穈子稗子苣蕎麥凡七種午刻

上回行宮

七月十九日

上幸賽音溝湯泉距行宮東約八九十里臣灝等仍留校書從朶

殿移書籍於　皇太子行殿之西嗣後仍每日入直

七月二十日中使從行在來知

駕已抵湯泉坐湯

七月二十三日聞

駕發湯泉去行宮北門迎候

上從二十里外黃土坎登舟泛熱河順流而下扈從十餘小舟尾

焉午刻入行宮臣灝等仍入朶殿直廬

上問曾浴過湯泉否各回奏訖又
諭云朕所歷湯泉如遵化馬蘭峪獨石口昌平及塞外近者哈貝
遠者索約兒凡二十二處所至俱令西洋人以銀盌盛水重湯煎
之俟水乾驗其底或硫或硝或鹽或鹼各處不同大抵坐湯可舒
筋骨兼療人病南人多未之知也午膳賜鮮魚
諭云此名叢魚唯沙河始有之食其脣美甚
七月二十四日五更大雨
七月二十五日曉雨霽辰刻
駕再幸熱河之南垂釣得魚千七百餘尾
七月二十七日白露節

駕發上營幸藍旗營計程六十里五鼓西進十餘里登熱河嶺見雙塔露尖於峯外遂北行雙崖峙處茂樹叢石空若洞谷人馬行深樹綠陰中泉聲潺然流沫成輪十餘里山坳中有七層瓦塔高不三丈名曰單塔兒遙遙與雙塔相對問之居人西北去興州百有四十里耳又二十里抵一峻嶺嶺路初開纔容兩騎羊腸曲折不減滁州之磨盤山下嶺出溝十餘里鄉村婦孺雞犬桑麻疑是桃源嘆異之餘已望見行宮是爲塞外避暑之第六處也都中八旗官兵更番扈從哨鹿者來會厄魯特降將丹濟納亦來朝隨大
纛後

七月二十八日藍旗營行宮前灤河環繞

上臨幸垂釣隨幸紅旗營去行宮約十里許午刻回宮傳
諭云明日當往波羅河屯自此以北風氣漸涼前至唐山當分營
爾等或留或隨各聽便宜回奏隨鑾出塞已歷數處行宮若得縱
觀哨鹿之地尤所心樂皆願扈從

七月二十九日

駕發藍旗營幸波羅河屯起營北行凌峭阻出幽鬱寥廓悠長峯
頂石壁橫連處類長城日初升光芒先射壁上其色爛然二十里
哈巴屯落落十餘家十五里冷水頭地寬敞村居數十戶以
上初幸其地飲水而甘故名是日辰刻寒如隆冬人皆御裘已後
稍煖略如江南十月飯後北發山舒水緩萬馬齊馳徧地秋草生

花錦繡奪目馬蹄俱從茵褥上行者二十里度一嶺甚長有樹環焉有泉懸焉人跡罕稀無從詰其名二十里抵波羅河屯一名皇姑莊乃今

上之姑

太宗文皇帝公主下嫁巴陵往來居停地也四面山如列墉中央地平如削蓊勃香氣衝濤旋瀨圜圓約數里人家村舍櫛比鱗集煙火周密而依山臨水一望輪奐者行宮也其地與蒙古四子部落接壤部落之長至此迎

駕皆氈裘茸帽矣出塞以來此爲避暑之第七處

八月初一日午後頒賜塞外天然鹽鹽出蒙古阿巴海部落地名

俄充里不勞煎煮生泡子中上下皆水中者層冰厚五六寸許鑿

取成磚較之煎出味淡而更鮮

上禁不許入塞以給塞外之人又

諭云此地剛有產於高山者白若水晶人力不能至則用强弓勁

矢射取之又

諭云塞外精鐵其色如銀脥用鳥鎗皆以此製造往聞明季禁關

口不許出鹽鐵等貨謂可坐困蒙古豈知彼中物產原無所不有

耶

上初欲來日幸唐山營偶見陰雲四布

命留一日五更大雨

八月初二日曉

八月初三日

駕發波羅河屯幸唐山營黎明向東北行見蒙古土城層層知波羅河屯取名之義山勢益覺蒼莽依稀六丁提鑿新開而交絡之流觸擊之音翠羽之木龍鱗之石沿山不絕竊聞康熙十年後口外始行開墾

皇上多方遣人教之樹藝又

命給之牛種致開闢未耕之壤皆成內地十里阿南營子五里過一嶺不甚峻而峭厲伊蘇必拉水從興安山下來滔滔自北而南直繞山足又十里爲湯頭溝溝最寬遠一望無涯中間村曰河樂

屯又沿河大村曰申家屯從申家屯過橋山更突兀一峯衝河橫
出如巨人竦立水濱甚爲雄特
皇上垂釣河干又十餘里方入行宮是爲塞外避暑之第八處
諭云行宮瓦屋至此而盡桑麻種植至此而止前路畋獵之場杳
無村落人皆野營棲處耳
八月初六日
駕發唐山營幸汗鐵木耳打把漢計程四十里打把漢者嶺也自
此北行爲蒙古界晨起傳
旨翰林官帳房許在帳殿南門外去網城二十步下於
御目所及之近地蓋行幸定制網城內爲幔城幔城內爲行殿咫

尺

天威扈從諸臣未有敢駐帳者今

特加恩異數爲無涯矣初離唐山營山勢層層飛拔若不著地各

呈靈異以悅

宸觀田疇將盡處瓦屋茅房無復稠密輕霜初下草色微變淡黃

濃綠錯雜成文一路射干桔梗諸花雖謝而馬蘭杜若燦如雲霞

葦花飄雪淺深迴別忽沒馬蹄忽侵馬首皆有佳致前此禾黍豐

盛虎賁督御宜

上嚴諭毋敢踐踏不過單騎按轡一綫直行至是平原無際萬馬

開張恍如人海沿山麓繚繞又如層城璀璨離奇仇家畫圖也中

途賜饌而行見道旁一峯三髻撑天奇態種種山木紅黄亦如仙女爭靚豔糚德勒蘇草盈路叢生其草上紅下緑經霜彌勁蒙古人俟其乾枯色純變白乃採以獻數里渡橋駐蹕釣魚臣灝等先行又數里雙壁陡起天然門戶過一嶺設幔城
上諭明日若從喀布其前行須渡水數四若取道嶺上雖有澗水亂流可渡也晚
諭云明當哨鹿爾等不嫻鞍馬恐馬性無定或爲奔鹿所驚
命內務府揀選良馬與騎又
諭塞外有蝎子草觸之毒如蜂螫須謹防之
命侍衛覓此草以示又有一種白椵木葉大如團扇初生時可蒸

冷海霜後則鮮赤如楓其皮可治繩爲魚網之綱烏喇網大魚常用之亦可爲烏鎗火繩又有楮包紅鮮可愛乾之往往用以爲杯

八月初七日由行宮七八里渡汗鐵木耳嶺嶺勢紆迴槲葉楓林掩映山逕舊云江北無楓不意塞外無異江南又有多羅木葉亦紅鮮嶺邊草色紅黃相間恍如古錦鋪地分插琪草玉樹於上株株成行而隨步變色非善手莫能繪也羽林禁止軍士不許越次前行

特命殷傅兩侍御導 臣灝等先驅踰嶺下河流前繞微雨溟濛山色金碧忽變爲硃砂翡翠更覺嫵媚日色雨聲兩兩交并無異黃梅時節

命隨　皇太子釣於河濱各得柳根赤魚有差時　太子及　諸
王較射射畢雨作少頃至行宮前
上賜細鱗魚
諭云南人食魚以鰣爲最不知烏喇之細鱗柘條兩種其味更勝
此處河中已有細鱗魚是以特賜其魚長尺餘鱗細如粟金光燦
目而鱗背上黑斑如豆排列成行魚腹一綫中分脊翅後多一軟
翅嘴有重唇是魚中罕見者是日喀爾喀摩爾根郡王男女多人
來朝獻白駝名馬貂皮猞猁猻之類所駐地名木鹿喀喇沁色勒
昨駐汗帖木耳嶺南今駐嶺北相距僅十里是夕大雨
八月初八日晚晴由南折而北發山楓紅者漸多平岡如案騎行

岡下遙看岡外諸山銀屏玉几寶鼎秘龕恍若平置案上雨霽微陰日穿雲際衆峯層疊晴陰互換十餘里楓林中葉飛如雨點人衣袂渡木橋羽林獨許詞臣先過曰奉

特旨也山迴壑轉峭壁雕鑱波流其下瀦而爲潭用幔城環之

皇上垂釣復

命侍　皇太子釣於下流釣處巨石百尋砉然若印幽湍清冽淺深見底日光下徹遊魚弄影石印之下尤深碧莫測各得魚有差

　皇太子於釣之少暇入前山射取巨鹿二頭炙而獻鮮於

上并及臣等午膳後前發山更奇特不可名言遂於直廬供事其地蒙古名曰木鹿喀爾沁

上諭明日哨鹿爾等仍跟豹尾移營至寬平處賜觀圍獵

八月初九日天陰漏五下

駕發木鹿喀爾沁依山東行山色絢爛與昨不甚相遠而霜葉鮮明雙崖雪秀空曠處可屯百萬營壘行十餘里豹尾屯於谷口露坐平岡候

駕風雨忽來山林變色遙見輜重之車與連營士卒騎而幟者騎而執大旗者騎而弓矢懸刀者騎而臂鷹者鶻者海東青者騎而載兵行且下牽者騎而負者騎而繳者執器者鎗竿者背儀器者兩騎共荷擔者騎而槖者囊者騎而引駱駝牽田犬者驅者走者絡繹纏綿井井有別我國家軍令嚴整雖一行獵間無一人敢亂

伍少間羽林驅槖駝負一鹿來大如巨牛角長盈丈有
旨令觀大約數百年物重六七百觔
皇上所親射而獲者申刻
駕自山中回所獲豕麞雉兎不可勝紀從臣於三里外皆騎馬立
道旁迓
駕一路各營散布中使曰凡此行獵安營皆遵
上所指揮其與軍營微異者以便於從禽耳是日移營不過六十
里其名爲擺波喀昂阿昂阿譯云口子
八月初十日晴霜花如雪水始冰
駕發擺波喀口子西行爲釣魚所羽林齊留駐歇馬草間候豹尾

北發然後隨行山勢變幻近處皆平原而巒嶂峭拔多出平原之外雖經霜秋花撩人紫翠之色益復嫣豔大路平衍爲科爾沁巴林烏朱穆泰翁牛特諸部入貢之孔道平原盡處亂峯雜沓一逕如綫飛泉皆伏流其下有如沆瀣過嶺微雪雪止急雨驟至已而放晴約三十里駐焉

上已到前山帳殿其地名巴隴桑恩太山上有大泊如湖人登其嶺則雷雨立至識者謂蛟龍潛伏其間連夜月明如晝傍晚中使傳

諭天氣漸冷爾等南人稟氣柔弱須多著冬衣勿致受寒

八月十一日晴未五鼓

上先向附近山中行獵行宮仍駐巴龍桑思太隨豹尾侯
駕十里外
駕返射得巨鹿數十隻
上諭嗣後翰林官不必隨班迎駕各在直廬校書若賜觀大圍自
有特旨召也日中忽雨酉刻
上臨幔城以所獲鹿麞麅麂五十餘頭分賜隨
駕諸臣　皇太子侍上側　臣灝等侍立網城外見公侯伯各以班
立聞呼以次入各拜一巨鹿而出
上賜詞臣六人全麅一又
命來日隨往額勒蘇臺觀圍仍恐倉卒有猛獸奔觸或致馬驚羽

林猛士二員著持長矛防護詞臣
八月十二日晴漏五下
駕發巴隴桑思太赳山中行圍隨豹尾東南行豐草橫岡路界兩
岡之間草中威靈仙山茱萸細辛射干觸目皆是野豆蔓生馬食
之多肥壯行二十里遙見幔城設山巔臣　灝等停馬野次徧川金
蓮花時已開謝苞皆結子矣遵
旨過小橋度平川跨幔城上背上遣中使導至山巔二持矛者翼
之四山奇秀翠林疊出天然圍場以供
聖天子之巡幸遙見奇峯直矗天表中使曰此烏喇喀大也　直
郡王率諸王駐馬山坳以馬乳果餌來賜午刻天雨雪旋止見遠

山人行如蟻漸出林間若黑綫然又見近山人馬飛空下坂點點如麻姑撒米而漣覺移動者爲兵爲騎紅白飄揚星光不定者爲旗爲幟往來若飛時出時沒者爲麋鹿麕麚麀麞麂麅須臾風蕩雲捲圍勢已成鹿豕馳四奔突圍欲出則所至揚鞭呵止之俄而

黃纛從中來

皇上自山頂縱轡直穿場中

天威所臨矢無虛發有應矢即殪者有帶箭仍奔者所獲不計其數詢是日行圍軍士係喀爾沁部落一千二百人敖漢百人爭先效力都中隨

駕羽林游觀騎射而已緣塞外諸部世受　國恩各抒忠悃每歲

如家人趨事其主而
皇上遥臨塞外亦如游內府苑囿推心置腹只左右親隨十餘人
在行圍中毫無疑貳自有天地以來所未有也申刻撤圍
命中使召臣灝等至帳殿北以所炙鮮鹿於山後賜飯然後下山
渡橋共隨
駕歸傍晚賜如前
八月十三日辰刻隨
駕發額勒蘇臺東南行山徑嶔嵜古松奇矯若羣龍之浴於海約
行二十里抵烏闌哈大烏闌譯云紅哈大譯云山崖也峭壁逼天
孤懸萬仞頂一小峯中空若月附近諸山獻巧呈奇爲高峯之護

衞水灖灖流峯前
上釣於河
命於　皇太子行幄前侍釣少頃中使自行在來賜烏喇柰一盤蓮蒂帶枝纍纍無數烏喇柰者一名歐李生於烏喇哈大之叢莽間味甘而微酸色如渥丹大者如海杏性熱不可多食以蜜漬之亦能久貯時四山黃葉鮮明淺深如染山骨逾爽若合黃大癡藍田叔筆意而變化之依山古松較前益勝老木大者干霄小者尋丈一樹一奇無有肯雷同者原中荻花一望數十里無異嘉稻其地爲參郎圖火羅昂阿火羅者溝也徧地已多白草有河自白旗營流下蒙古中諸水此爲最大商人伐巨松成段散置河干遇積

雨水漲則順流出山云

八月十四日秋分節駐蹕午刻急雨是日掌院揆敘出使高麗回至行在復

命得讀崇德四年

太宗文皇帝平高麗紀功碑

八月十五日晴

駕發參郎圖火羅　臣灝等西行約六七里卽駐山背短樹經霜久葉盡黃明惟山松數枝立異其間不改翠色草亦黃增綠減草中枝柯盈尺者猶丹赤錯雜成文雉兔飛躍從者沿途弋獲久之乃先入直廬其地爲覺火羅昂阿路形肖十字往南往北此爲分途

駕入幔城中使引至網城觀

上所射野豕大如牛形如豯豚而耳稍小上下牙如剛鉤驅突時

力猛如虎兕

上賜大小月餅五皆以金彩飾爲宮殿蟾兎之形及梨桃蘋菓西

瓜皆都中御園所種并

諭常年中秋例有宴今以親王變故停止

特賜爾等果品月餅又

頒示黃花數枝其莖及葉皆如虞美人而五瓣環合若金盞

上諭云天下花卉未有經霜不萎者惟塞外各花能拒霜霜愈重

則色愈鮮胥此類也此地北行百餘里爲興安嶺三日前已雪深

一只然人産其間多不畏寒不得五穀之食得乳酥杯許即度一日女人曾無墮胎之患男女從不沾疾若一有疾即無復起理皆地脈使之然也

八月十六日晴

駕發覺火羅昂阿幸　太子分途行獵臣灝等北發是日晴光和煖風不侵面沿途益平曠空闊草間野薔薇染霜更赤散生白草間如落花點紈綺藂生一片則如蓮衣滿沼如杜鵑連山行二十里漫山樹葉一色數變勝於春花又十里平野既盡忽入深林蹊曲徑黃葉飄金飛流屈曲潺湲聒耳悠然心遠不復知為萬騎羣中已而奇樹丹楮峭壁天接依山石峰五離立山前其匡廬五老

耶其瓊州五指耶石峯之背奇樹高插擁以旌旆由五峯而東怪峯特立如巨靈者二若拱若揖不欲讓奇於五峯也少頃候

駕入是日得鹿尤多其地爲撒勒巴爾吉傍晚

上賜羣臣鹿兼得見獵獲香麝十步之外芬芳撲鼻沿途地鼠甚多其種有二一形如鼷前爪如人掌所穴處土即墳起其一如鼠而短尾又有落葉松杪木口內松皆後凋唯口外迎秋落葉風高土寒故耳

八月十七日幔城駐撒勒巴爾吉

上五鼓入山行圍得鹿五六十頭是日熱如新夏

諭云塞外多寒今年炎熱不異六月向來所未見也

八月十八日東至達因昂阿先立御營

命虎賁導臣　灝等於巽赤阿巴之地觀圍是日部落之効力者共一千五百人圍場較前更大獵騎由西北而南

上駕由東而北一路山之低秀千層連絡有肩摩而高者勢如掛榜如張幕高低如紗帽山樹黃紫盛處不減從前稀疎處十餘里無一枝可以息陰氊帳連山牛羊滿野碎錦殘雪則風景又易一觀矣東北行二十餘里方達圍帳野坐草間黃白蝶紛然撩人秋草雜出率多虀藥野蒜可啖也圍場跨遠山之北深林大嶺而來少頃遙聞呵聲震谷鹿豕豺狼之類四山跳躍而下

上命於圍外放犬以防鹿之突出者是日所獲尤多倏忽風捲雲

散遂撤圍焉

命臣灝等先歸

上仍督羽林取晚鹿漏二下乃回

八月十九日晴熱甚

駕發達因昂阿宰　太子五鼓入山臣灝等從東南行兩崖山木黃紅不減而草漸逐凋枯或行勁草雜花中縱轡逐一片黃雲或行蘆花荻塢中揮鞭泛千重白浪皆有奇致約三十餘里至前生郎吐溝遠見石峰之巔石橋橫跨恍忽天台石梁山崖連轉地多卑濕草鋪水上馬蹄踏處與波上下艱於步者數里馳騁山坂者又數里乃到石梁峰下遂設行幄候

駕其地

上蒨賜名玲瓏山云夜雨

八月二十日曉晴

駕發玲瓏山卒　皇太子校獵臣灝等隨羽林西行平疇空闊樹木稀少約二十里爲生吉兒嶺黄葉數十萬株交枝接幹無復罅隙翹首望之如海日初出一派金光目爲之奪數萬騎緣崖而上恍如仙子行金雲中人馬俱作黄色雖鄧尉之梅花富陽之楓葉不能與之伯仲十餘里乃抵平地溪澗中石生五色有深碧若石綠者採之欲以爲硯東有古廟廟有石塔其字蹟皆滅沒相傳爲元時造而旁無居民無可窮詰其地名阿擺那音疏嫣爾罕俗云

半節塔也是日熱甚於前日中急雨過
駕至　皇太子是日連射七兔即以賜詞臣云
八月二十一日晴陰
駕發半節塔西北行三里餘黃葉半林雙流匯合渡水者四五次
蓋塞外河流悉皆附山腳行到處不絕十餘里沿河小樹叢生成
林與黃河新種楊枝無異三十二里至土城
上先張幔於河干釣魚午後回幔城傳
諭明日住一日後日分營前往與安嶺爾等仍隨行校書彼中天
氣較寒可多帶皮衣
八月二十二日晴五鼓　皇太子分營行圍北往

上仍駐蹕土城早膳後入附近山中行圍午後雨大作風寒欲雪
漏初下
駕回
八月二十三日再駐蹕大風作東始御重裘
八月二十四日晴東稍解仍駐蹕
駕仍往附近山中行圍午後歸先精蒙古來助行獵者四百餘人
還喀爾沁
八月二十五日晴五鼓
駕發土城入山行圍臣瀨等從豹尾東行十五里至依馬圖噶海
交界之口駐營連日大風黃葉盡脫邊草皆枯午刻

上射得巨鹿先遣駝載回傍晚
駕歸從西入
上遣中使諭云來日往興安嶺爾等隨羽林行可到嶺一眺望其嶺東連長白西接五臺嶺外爲東四旗駐牧地外爲蒙古先什里屯部落又北二百里即爲沙漠沙漠外即瀚海矣
八月二十六日晴煖甚是日分營東行先赴唐山營五鼓
駕發依馬圖噶海交界行圖向興安臣灝等隨豹尾東行十里許渡水折而北行兩山夾峽中數歷深林清流激湍迎馬而來草中鵪鶉雞雉成羣衝騎飛出麀鹿出沒叢莽間射生好手隨路可得山崖峭壁古松蟠石經霜彌翠松生石罅直幹如杉石壁突出如

熊羆猿猱下奔而飲於溪澗深林葉脫處時有紅黃數株鮮明新豔草花落盡仍有紫花數朶及黃色虞美人清香沁鼻約六十里遙見松間白道如懸綆卽輿安打把罕矣輿安者沙也所謂沙嶺卽其地穿松而登約十里直至層巔立馬一望天開地坼千峯萬峯俱在足下一綫東走浩浩蕩蕩者其長白之眉耶遠望西聯如垤如島者其清涼之脊耶蒼茫莫辨北睇而不可窮詰者其沙漠耶瀚海耶西北一高處積雪常留曰白巠也沿嶺麓皆落葉松松葉短而勁經霜皆萎以陰山皆天氣高寒無不凋之木耳有未落者翠黛參天為千松枝橫生如盤一樹十數層近地一層枝最長至巔漸小有如浮圖約數十株不知其凌冬又復何如數里抵幔

城於西南山崖間候
駕沿途見蒙古人牛車數十輛詢之知從白海載鹽而至是地去
白海不過二百里矣中使云此嶺最高
皇上嘗以儀器測量之高於京師八里
八月二十七日幔城仍駐興安嶺上五鼓
上命中使諭云嶺爲北地最高處所望遠甚爾等可選一高阜攜
榼而往觀焉
上入山行圍遂遲
旨攜具烹茗眺玩竟日是日風雨大作
駕回　皇太子從北來謁計分營已經七日上傳

諭明日下嶺由歸路行

八月二十八日晴五鼓

鑾發興安嶺率　皇太子踰嶺行圍　臣灝等從豹尾踰嶺北行西風大作寒甚於冬十里過一澗乃沿嶺脊而東白草連雲空曠無山天與地接草生積水人馬時時行草澤中不復知爲峻嶺之巔落葉松萬株成林望之僅如一綫遊騎蟻行寸人豆馬不足擬之天風凛冽吹馬欲倒盈耳皆海濤聲窮日東行道里不知幾許日將晡乃折而南漸見山尖林木在深林中下馬步行穿徑崎嶇久之乃抵嶺足沿嶺樹多無名果如櫻桃蒙古所謂葛布里賴罕是也下嶺後山溝深邃寒風不到漸覺陽和幔城在伊遜必拉色勒

必拉譯云河色勒譯云源頭蓋伊遜之發源處也河上一帶石壁
巉松冠柏雖智者無所設施少刻
皇上　皇太子同回侍班道左
特命休息是日所得巨鹿負載而來者不絕於途
上射得石熊一隻召入網城觀覽全身烏黑猙獰可畏長喙鋸牙
前掌如人手後掌如人足重七八百觔御矢三中其額與前肘與
項猶然不仆乃以火鎗繼之擒焉
諭云熊之種類不一有人熊馬熊猪熊樹熊石熊之別此熊項生
白毛乃石熊也
八月二十九日晴幔城駐伊遜河源

上率　太子入山行圍亭午見駝載巨鹿先至仍有鹿大而駝不能負分之羣馬載歸燈下迎

駕回

八月三十日曉晴微寒

駕發伊遜河源率東宮北行圍獵臣灝等南行山皆牆立而石骨離奇立者跪者背者面者皆插怪松與名園廣囿中堆疊假石相肖清流照徹鏘金戛石草枯處猶多紅果天漸暄和約行四十里石壁嶙峋直撐霄漢馬行壁下仰睇不測其巔壁峭如磨崖方新欲待雷篆斷處層出勢力相敵雲隙松懸恍有千塔相連之勢徘徊久之不解何處俄焉折出壁之背則五指高撐卽是月十六所

駐撒勒巴爾吉地也自二十八日由興安下嶺巴爲回
鑾之途至此乃抵舊路又東行二十里至代因打巴罕駐幔城焉
代因亦曰達因
駕歸傳
諭來日大合圍仍敕詞臣往觀陳壯履能騎射許其入圍射鹿并
諭云秋獮諸場朕趲促將畢連日皆歸程矣
九月初一日嚴霜下降破曉甚寒詰旦
駕發達因嶺口入山行圍臣灝等從羽林東南行數里沿途見蒙
古氊帳連山牛羊徧野詢之知皆遠道來朝者羽林至筆忒舍勒
之地

上命中使導登山嶺羣山萬壑蟬聯相屬以西洋眼鏡測之不知幾千百里圍場遼闊比前兩次更大行騎僅見一面幸立馬高峻草蛇灰線之勢時復一露始雖寂靜無喧騎不輕動麅麞麋鹿不知從何處來或三四成羣度澗若飛衝突欲出闌鞭復避而蒼狼猛悍亦馳突於圍中

皇上牵　諸皇子弓絃響處悉擒獲壯履隨中使入圍場中射得巨鹿一頭撤圍後

上命中使牵御坐紫騮馬以示歸直廬約十餘里天已暗黑千營燈火萬灶炊煙上連星光而馬駝之負鹿獸歸者塞途

上頒示圍中所得飛狐其毛深褐色銳頭缺口如兔而耳差小尾

之長與身等肉翅如鼈裙四足生翅中前二足四爪後二足五爪騰起不過尋丈獸中之能飛者也是夕地名伊蘇三汊口伊蘇郎伊遜在撒勒巴爾吉之南相距不過數里

九月初二日

駕發伊蘇三汊口率 皇太子東北山中行圍 臣灝等從豹尾行途間草木多枯與內地窮冬無異唯德勒蘇草老而愈白天氣熱甚行三十餘里度舒庫里打把罕高陡里餘人馬若緣梯而上在在長松雜木重疊成行亦足娛目度嶺里許有小石山如帳房形名曰格爾齊老蓋格爾者蒙古云帳齊老者石山也有

旨命駐於此

九月初三日

駕發格爾齊老臣灝等從豹尾東行數里度一嶺不知其名登不甚峻而下臨無地又北行二十里沿途雉鹿多從草叢中飛躍而出行騎爭逐得之洵爲秋田移營樂事是日

上駐蹕烏里雅斯泰傍晚迎

鑾　皇太子獵得一虎歸長踰一丈白額猙獰黃毛黑班牙長寸餘爪如利鉤負嵎時衆莫敢攖　皇太子以火鎗中其額侍衛從而殺之

上命與觀

諭云虎性猛鷙在内地則傷人在塞外則傷獸故圍場遇虎必不

輕縱朕殺者一百九虎　皇太子亦殺過數十自十四阿哥以上
無不殺虎者又
諭關東地方尤多虎駐防將弁轄用步圍每歲多致傷人朕年十
入時親往行狩始命隨圍人等俱騎馬自此圍中遇虎鮮有傷人
者　東宮召臣等手拔虎鬚并取虎頸骨以賜命宰人剝皮以獻
上曰此獸中之雄也既寢其皮可復食其肉乎
命瘞其全軀於岡
九月初四日曉陰幔城駐烏里雅斯泰
皇上　皇太子入山行圍
上每日驗相風竿窺測天文輒知晴雨是日方束裝欲行忽有

旨從行在來云天欲雨且住一日已而果然
上先得巨鹿回　皇太子得鹿亦冒雨返是夕三更大雨天明乃
止
九月初六日曉晴
駕發烏里雅斯泰入近山行圍　皇太子召臣灝等六人隨行東
行十餘里以玉鞭指樹林曰此前日殺虎地也馬行如飛雉起草
中一發中之入山射獵臣灝等立馬途間未片晷　皇太子射得
巨鹿二其一矢折其前足無異巨斧所傷則以用鏃巨故也賜茶
途間少息復往對山射得大鹿方注目聚觀復一鹿躍出　皇太
子一矢橫穿其腹而鹿猶狂奔十餘里乃殪　皇太子率臣灝等

登嶺賜坐候驅鹿至乃發連得六雉先分以賜復下嶺行獵得巨
鹿甚多又十餘里乃抵幔城較孔道省二十里其地即烏喇帶昂
阿去巴陵桑思太不遠三更微雨

九月初七日陰曉

皇上　皇太子發烏喇帶分途入山行圍臣灝等隨豹尾東北行
行二十四里

上預指一地駐焉地名爲噶哈兔譯云猪也山石似之少頃風雪
降午後

命中使傳

諭此間河二道從山矼中分其矼即巴陵桑思太西流者乃伊蘇

水南入灤河東流者流入遼東界入海又
諭云前人不知塞外事輒言塞外馬經秋乃肥至冬春漸瘦不知
塞外之馬四季俱肥冬春枯草亦可飽不必餵料又泉地多磵馬
食草而舐泥不至消瘦朕每有事出塞不拘冬春知之最確又
諭此地往歲早已飛雪今歲較遲然雪降則易晴矣又
諭羽林得雪易於殺虎雪後兼無燒荒之恐將晚風雪大盛二更
至曉狂風暴作帳房飄蕩渾如身在驚濤中竟夜不寐
九月初八日寒風徹骨
駕發噶唫兎與　東宮分途入山行圍臣　灝等從東行十餘里四
山雪積滿目瓊瑤山巔有石類羅漢打坐人馬俱從玉山上行又

十里名西納那海打把漢嶺不甚峻雲留樹木雪色掩映如崑岡玉屏遠近萬峰圭璋羅列下嶺空闊處恍如銀海又二十餘里有石峰橫列稜稜骨露中一峰端正聳立而二峰旁列如佐輔然則其地爲克勒烏里牙思泰蒙古譯云楊林子也幔城依山駐焉午間

駕同　皇太子歸幔城是夕星月交耀萬峰殘雪行營人定牧馬無聲不知身在邊塞地也

九月初九日

駕發克勒烏里牙思泰賜鹿肉及重陽糕

諭云今後不復行圍則鮮鹿肉少矣重陽糕以麵爲之若餅餌三

豐每疊賣以棗栗核桃是日行四十里越山嶺凡二渡水數次中一處怪石突怒負土而出爭為奇壯輒多奇松佐之搖颺葳蕤遮留過客將至汗帖木耳打巴漢五里大路旁見人馬行圍鹿之軼圍而出者每四五成羣賜臣灝等觀圍仍

命先歸傍晚迎

駕　皇太子召示重九新詩并觀新菊有傲霜黃猩猩紅大小金盤各種恰於是日自京師貢至以玉瓶貯之塞外奇菓最多是日初見木靈芝芝之寄生楊林間枝分兩翠葉而果生於兩葉之中別有一種生落葉松上白如玉軟如脂大徑尺堅久不壞亦異寶也

九月初十日晴賞賚從圍將士千人歸喀喇沁敖漢

皇上　皇太子南發行營過汗帖木耳打巴漢上嶺只里餘而下嶺不啻倍徙一轉瞬間風景暄和如春初漸覺日色炙人此嶺雖不及興安而涼燠頓異亦可謂陰陽割昏曉矣馳馬六十里

上於中途垂釣後行抵唐山營行宮

九月十一日辰刻

上泛御舟同　皇太子從伊蘇河順流南下往波羅河屯於中途

觀打魚臣灝等隨豹尾陸行先入直廬候

駕是日行六十餘里天氣和煖復見舊日山巒

九月十二日曉

駕發波羅河屯賜乳餅六大匣有名厄集箇者有名阿里窩者皆

外藩所進

駕行七十里於途間射金錢豹一隻臣灝等先至藍旂營直廬

駕至

命於行宮前觀豹白毛黑斑形與虎肖頭微長而尾亦稍大牙利

如刃爪銳若鉤前右足有血瘢乃

皇上以一矢殪之者

九月十三日陰雨

上諭朕御舟由藍旗營至喀喇河屯爾等不必沿河干行但隨豹

尾前往自與朕舟不遠矣

聖心眷顧臣灝等便于觀魚賜釣及觀射虎故有此

諭

駕未發雨甚因駐蹕一日午間大雪飄空

上賜塞外土產文玩臣灝得瘿瓢一 山杏根鎮紙一 赤莖芝之一芝

出興安嶺北落葉松下瘿瓢則千年古樹所生

諭云此皆口内所無此間出產甚多因不欲炫匠藝出塞爾等帶

回京重加琢磨可也晚雪止

九月十四日晴雪後寒

上命羽林輜重從陸路度嶺計程六十里至喀喇河屯

駕發藍旗營親率 皇太子 十皇子 十四皇子共一 舟隨從

五舟順流而西

上諭本欲命爾等登舟以舟小不能載多人耳　臣　灝等隨豹尾從
山外行渡河去
御舟不遠見
皇上命内侍用網罟取魚再渡水約行二十里羽林來報對河山
有虎
命停御舟登岸
皇上　皇太子各持巨鎗立河干勇士持鎗者二十有八人環立
伺之又傳火器弓箭以待見　臣　灝等泥濘不便步履
命不必下馬虎咆哮於對河山谷約隔二三里殺虎者悉伺
上指揮布置用

御製順風耳傳
旨於對岸對岸勇士亦用順風耳於隔河跪而請
旨順風耳者以銅製管長丈餘或如西洋千里鏡空其中口大而
末小人從小口中向遠宣
旨則聲音洪大數里之外聽者明晰如對面勇士遵
旨五人登山移時報虎就殪矣
上再登舟順流至行宮臣灝等於舟傍拜賜馬乳茶畢各賜鯉
一尾於鞍馳行二十里間又渡水四次酉刻方至
上命觀所殺虎黃毛黑斑猙獰更甚
諭云虎每食一人其耳必有一缺臣灝等視之耳有數缺蓋食數

人矣虎重三百七十觔
上諭此虎係中等關東之虎大有五百餘觔者是日積雪俱凍萬木皆成瓔琳蓋口內雪傍樹梢俄頃皆化口外天寒凍結不解羅浮梅千樹鄧尉香廿里今塞外梅花一望茫茫萬里矣
九月十五日雪融道滑駐蹕喀喇河屯
上頒示空青石二其一圓而白外若指上紋而其中貯水隨勢轉蕩
諭云是蒙古所獻不知其爲空青朕一覽而識之一紫紅色若寶石中有水沫流走不定俱異寶也
上分賜羣臣鹿肉條賜臣灝等人各十束

諭云隨駕大臣每人例止七東爾等係內廷翰林故特加賜

九月十六日

駕發喀喇河屯踏殘雪行三十里至黃甲莊中途聞山中有虎

上命勇士往殺之

諭云異赤滿州能一人獨殺一虎遣五人者正欲慎惜其力使萬

全耳又三十里度鞍子嶺是日

上頒示山果名烏沙爾器其果如櫻桃可食微酸核如小瓜子形

諭云此果之木大者可爲弓小者可爲箭木雖偶裂亦堅固不可

斷塞外名材也

九月十七日

駕發鞍子嶺十餘里度黃土坡山勢崎嶇頗艱泥濘沿途烏沙爾器及酸奶子樹紅爛數里不絕又三里過青石梁登不過高而陡下殊甚山泉左右折潺潺盈耳憶六月渡梁而北方值炎蒸今則雪泥馬蹄風裂輕裘矣過青石梁約十里過三間房人煙接壤亦有僧舍三間房者緣其初名之耳其地爲司馬臺所轄司馬臺鎭守武弁營去此尙三十里自三間房又數里抵兩間房行宮是日天氣更煖草木青翠

上遣問云此處風景較口外何如回奏　皇畿咫尺教化漸近陽和非青石梁以外寒冷比也

上命牽御坐汗血馬賜觀馬色紫黑項高七尺長八尺餘眼如夾

鏡聞侍衛云此馬產於西邊滴汗紅色如血是以得名降將如丹濟拉皆親見之先年征厄魯特時得此種馬四十後以水草不同難於豢養此馬又近年所貢者也

九月十八日陰晦欲雪

駕發兩間房殘雪掩映山果盈野黑者爲老鴉眼甚多其餘粉紅外苞朱丹內結有若紅梅者黃苞赤心有若臘梅者沿途媚客皆不知其名三十里遥見峰頂煙墩知近古北口前來時直出關口渡橋繞潮河川平行今則從新關路而入俯視人馬儼在深阱古北口城踞山上長城橫亘重重關鎖人居櫛比穿城出由南天門行亦非復來時總兵府舊路也

皇上從南天門登舟臣 灝等從陸中途漸雪又三十里乃至腰亭
行宮甫入口柳葉全靑松枝積翠人煙接壤幾疑臘後春回不知
其爲秋杪也自是以後行宮中無直廬皆集帳房
九月十九日晴
駕發腰亭
御舟順潮河川而南臣 灝等隨豹尾行三十五里趂度莊又羅家
石橋五里沈莊過張大人墳三里石嶺兒望見峰頭古塔沿途林
木葱翠無異初夏天氣和煦籬落雞豚村莊接續憶前來時正赤
輪如火也又三十里抵密雲縣城傍晚
駕至城外行宮傳

諭朕來日宿湯山後日至暢春園爾等久勞可從沙河至京休沐
二日然後至暢春園入直
九月二十日五鼓
駕發密雲從西南至湯山　臣灝等從東南行二十里黃姑莊又三
里經懷柔所轄之羅山二十七里牛欄山三十里三甲店順義縣
界三十里渡縣河宿共行一百里自五月以來每夕宿帳房是夜
重投逆旅
九月二十一日三更發縣河踏月至東直門是日抵寓
九月二十二日戒旦往暢春園啓奏謝
恩是役也隨鑾往返計一百一十有六日經歷口內行宮三口外

行宮入而移駐川原廣漠之區者不與焉

出塞紀略　　節錄常熟錢良擇原本

俄羅斯北方一大國也在蒙古與喀爾喀之外其國東西約二萬里南北數千里西接大西洋各國東抵雅薩克城(與中國黑龍江聯界)又東至於東海南際回回厄魯特喀爾喀北至北海(北極下水海)據稱一姓相傳已六千餘年(無考)其俗素奉天主教其文移用蠟帝諾(即西洋字)詔書後達始知馴服(東華錄向者羅剎犯邊收逋逃劫人口宣諭不報康熙二十四年副都統馬喇等往雅克薩城生擒羅剎七人回六月克其城次年羅剎仍據雅薩克城九月羅剎上疏乞撤圍兵　上諭撤兵二十六年羅剎請和故於次年有奉使之事)特遣內大臣索額圖佟國綱馬喇等往議漢臣張鵬翮陳世安從(張鵬翮自有奉使俄羅斯日記)

康熙二十七年五月朔內大臣索額圖等承　命陛辭

五月初二日寅出得勝門精騎萬餘私從僕馬復踰萬隊伍嚴整旌旆飛揚連亘二十餘里午過沙河夜屯居庸之南口回顧神京已南去九十里矣

五月初三日山石崎嶇時礙馬足愈登愈高十五里居庸城城門額曰天下第一雄關過關危峯插天三里陰涼崖有白鷺飲啄其下又五里彈琴峽水流其間潺湲有聲峽端緣崖置屋若凌虛然峭不可梯莫得其所由登之路又三里至居庸上關過關又十二里八達嶺乃山之絕頂也下視居庸關城若窺井然元人以此爲居庸北口昔人謂居庸之險不在關城而在八達嶺信然下山路漸坦五里

坌道號稱平地已高出京師萬山之上自居庸南口至此計程五十里凡過長城六層又二十里屯榆林驛堡坡間馬藺花特盛即吾鄉之書帶草也

五月初四日二十里懷來石城完固十五里狼山十五里土木堡明正統車駕至此困於乜先者也

五月初五日晴暑二十里沙城旁多白花香甚二十里保安州城設參將一員二十里雞鳴山驛石城完整渾河繞其前楊柳依依五里下花園十里上花園遼蕭太后種花行幸故地峯巒環抱流泉繞之中多細魚晚大雨

五月初六日大風驚沙撲面勉行四十里至宣府石城堅高週數十里萬瓦鱗次樓坊櫛比可敵江淮名郡秦稱上谷有明駐兵三十萬鎮之 本朝內外

一統駐防甲士不過數千而已暑甚頡城北古廟中晚風止又十里屯柳河川

五月初七日行平地五十里至張家口下堡城週五六里明宣德四年築商賈輻輳居然一大都會亦見我朝滿漢一統外無侵擾故能如是又五十里上堡長城北南面無城橫截山腰出城即蒙古界矣長城燕所築秦又修之出塞里許憩大石旁掬飲源泉甘涼特異又數里屯

五月初八日晴寒如京師九月由山峽上行自此皆西行十里石路磽确頗多覆車亂山層疊有土屋托羅廟無林木有古槐一株草特肥茂有泉三繞石而流山麓間有民居行六十里屯

五月初九日早發石路逼仄難行七八里外路漸平草花聚簇如圓蓋蔬紅花白其開自邊而中全放則純白矣有黃花類金雀者

有白花五出香似麝者過蒙古毡帳牛羊成羣削木爲門帳頂繩牽片毡雨閉晴啓以納牖光室中壘石作竈上加鐵圜安釜爇馬通烹飪北置木榻高尺其卧所也衾褥皆羊皮旁一木櫝貯食用物貧者并此無之以革襯毡席地而已牛溲馬勃狼籍臭聞帳外而其人寢處不異衽席也蒸漿爲酒從人有以鈕易醉者行五十里屯穹廬簇簇畜産黑白相錯如雪如雲晚有侍衞傳　旨慰勞羣臣賜牛四百頭羊六千口

五月初十日行驟雨岡阜多岐中途失道避雨蒙古毡帳牛羊男婦雜遝穢不可留冒雨路委曲七十餘里屯亂山環抱古屯田地也揑衣出水人可升許晚晴夜涼隕霜

五月十一日曉寒露重如珠行平地十里有黃羊突出十餘口狀雖似羊而蹄高似鹿其行若飛逐之不得有鳥名阿蘭大如鳩迎風飛翔力竭而下從人多於草閒採得其雛道左見榆一株矗立四五丈出關所未見也又有石槽石磨石碾遺棄蔓草閒意舊有民居共行平地百餘里屯譯言莊地其平如掌四面皆山山下有泉旁列茅舍地係新墾云內大臣所置莊也

五月十二日山岡重疊多上少下出塞以來地勢皆然是日尤甚經喇嘛墳疊亂石高丈餘上插木鎗旗幟旋遇喇嘛廟磚石蓋成似佛剎懸旗於上毡帳遶之野田有二石幢圜可盈抱長三尺許四週磚石上鐫梵書不可曉下鐫清書有能辨者字皆塡硃意亦

喇嘛所著或云界石也午暑甚暫憩山阿掬清泉飲涼爽心肺行百餘里屯岡原圍抱有流水深廣各丈縈紆而西中有魚類陽鯖長五六寸捕易得水次有埋耕具及薪於窖而他去者土人馬上相逢以抱爲禮有喇嘛攜槖駝求售能漢語平涼人也

五月十三日早行平山綿衍見二石幢壘立荒原圓長如昨上置磚二下復有斷磚數截俱滿鐫蒙古書其上莫之辨也有石碾圓徑五六尺制如藥肆之鐵砧其下砌石爲槽以承之圓轉如環徑三丈許而槽闊纔半尺碾厚亦不及三寸不知所用有得阿蘭鳥雛者其母飛繞哀鳴命釋之行五十里屯葦子溝兩山對峙大道中通流泉可汲有花色深紅而葉如豌豆簇葉成穗名長十八元

人詩忽見一枝長十八摘來插在帽簷邊意卽是也晚大風飛沙瀰幄糧車追不及有蒙古人相助負米先至者犒以飯無寸簡立盡數十盂約兼六七人食然其軀則中人耳

五月十四日辰雨復晴行四十里至鄂託阿平阜千頃萬山環之一水東南流千迴百折芳草綠褥紅花掩映鮮如片霞意卽胭脂草也旋雷雨及雹人畜辟易晚齋二僕在後夜黑捫馬通辨道追及有蒙古人市畜産但用茶布不用銀錢矣

五月十五日四山晴皎忽有白霧如匹練縈繞水涯瞬息瀰漫對面不相見行五十餘里高山當面近之晝然兩分中爲坦道窈窕盤旋流泉一股曲折隨之旁多石穴不知深淺如甕如屋凡數十

處山石尤奇樺木山陽上下掩映蒼翠十餘里塞外佳勝無踰此者（出關以來皆西行是日稍折而北）草特肥茂花紅如茵一莖四朶似蘿蔔花而十二瓣縱馬飽食有魚水急難得驟雨旋止行二十里屯山坳有花叢生徧野蕤紅花白花則香根則臭名小人草山巔有九十九泉下匯長河直達歸化城

五月十六日行十六七里過土城僅存基址周可十里城門雉堞宛然其內山岡横亘如十字瓦礫徧地空無居人其西南有山頂方如印城以北地多開墾頗饒耕具又行二十餘里河流澄澈水中白石磷磷魚長及尺多小青蛙土人嗜之謂爲佳味又遇高嶺羊腸一道直上四五里過嶺地平兩山夾道沙路甚窄亂樹蒙茸

山巔皆樺山下皆榆草青葱及膝行二十餘里出山屯平原如砥有樹數十株土室三四所喇嘛居也河水縈之境界頗勝

五月十七日涼爽如深秋馬首向北地皆平坡沃饒頗多種麥者不知收穫何時也行五十里又有空城基址與昨略相彷旁有浮屠一座高矗天半六角七級純磚砌成外向爲菩薩天王面面拱立承以蓮花花瓣外撐數尺即以爲檐刻劃玲瓏生動如眞全未剝落但丹堊漫漶耳南面顏額篆書曰萬部華嚴經塔每級高三丈許下級有石碑八座嵌壁間昏暗以火燭之字體頗工開列男婦數千百八姓名中有忠勇校尉某漢兒都目某女直都目某通事某種種名色姓名類多中華氏族其女直姓名者什之一耳婦

人或稱某妻或娘子某氏某娘娘俚俗可笑似村民所爲其一碑署曰萬部華嚴塔看經人數約首比邱福州惠仁發弘誓言如有情數經爲看毗盧海印定光寒願法眼恆無缺陷諸苦惱大地衆生俱如普賢行滿此外絕無志銘可考上六級稍明級啓二牖以納日光絕頂一級中空如庭東壁大書曰大金大定二年奉敕重修壁間題署甚多有墨跡如新而語皆粗鄙欲傳其眞不易一字錄之

總管府判石仲玉至元二十年八月初一日來游於此　今人同古人殘月如新月至正十年正月廿二日劉拱同潼川二婦人同姐閒姐題　天堂路大德二年五月初九日書　欽差戴

聰明四川江安縣人元統二年四月初八日來登　尋眞㑚入蓬萊島香風不動桃花老採芝何處不歸來白雲滿地無人掃至治三年二月十一日書　至元六年文山相國幕下相士三人到此　大定十八年三月十二日關西鎮戎軍樊典到此題

豐州在城塔至元十一年五月豐州管水鴉提點王英張伯川題　大朝至元八年西夏國仁王院僧惠善同進宣沖平順五禪師到此記　朱朝大明國山西太原府代州崞縣儒學增廣生員段淸字希濂嘉靖三十九年九月十五日韃兵大舉攻開保塞將一家近支六十口殺盡止存淸一家大小五口俯念斯文一脈留其性命恩人達爾漢帶回北朝路逢房叔二人段

應明段茂先又遇妹夫石枚淸妻陳氏男甲午兒官名段守魯長女雙喜兒次女賽喜兒陳氏於嘉靖四十年四月初一日病故閏五月十七日妹夫石枚帶甲午兒投過南朝去了六月初八日留名　去年曾醉海棠叢聞說新枝發舊紅昨夜夢回花下飲不知身在玉堂中瑞伯書

塔內都無佛像亦無鳥雀窠巢間有鴛鴦飛集於下地多蝎子草似蘇而短觸人肌膚無異被螫于蝎飯於塔下野田中有蒙古人獻茶及熟黍米各一盂跪拜甚恭酬以肉炙彼跪食其半餘懷絜衣中叩首作謝去語莫辨也又行二十餘里屯途次多土室

五月十八日行十五里至歸化城城過約二里隋唐金元為豊州去大同五百里城有碑記元仁

宗延佑七年建奉使日記全錄其文今設蒙古都統一員中外之貨畢集外番貿易者絡繹於此乃扼要地也南關顏額蒙古書不能曉下橫書翁阿洪三大字亦左行以嶺名翁阿故知之城中官署糧倉磚壁堅緻餘皆土屋亦寥寥無多空地居半城南民居稠密數倍城中牲畜如林人家土屋中對皆漢字窗戶精好男婦衣帽無別婦則珊瑚瑪瑙作環懸耳長寸餘銳其下髮卷黑布垂於兩肩或項帶銀圈數珠亦有紅錦作帕如人字分貼項後者最重其帽以露項為羞俗尊信喇嘛廟宇巍煥制類西域天主堂多用白布書番經懸長竿風飄若旗幟然中一廟尤壯麗金碧奪目廣廈七楹柱施丹艧正中直上如斗頂及四壁皆畫山水人物鳥獸雲霞神佛宮殿亦

類西洋畫中有一僧被黃衣袒右肩巍然南面坐云胡土克兔即華言活佛伊言能憶數世生身此生生於臨洮之和州則猶內地然不能漢語年才二十二貌莊氣靜類有道者見之者貴賤皆免冠三叩首僧手撫其頂婦人來叩擇其美者寢焉次早夫婦盛飾至座前叩謝自此其夫不復近恐懷佛胎必俟天癸再至乃已聞昭君墓在城南可望而見一統志昭君墓在灃州西三十里策馬往觀道經一河古黑河廣二三丈岸邊蒿蒲茭菇甚盛白鷺孤立忽見死屍三四棄于荒郊俗無掩埋禮也至塚前塚高三十餘丈其南琉璃碎瓦滿地惜無碑碣可考止存石虎石馬二色黑石獅一純白又石幢一上刻蒙古書豎幡于上舊傳塞外草黃獨昭君青塚今見草色皆青塚

巔土人壘土作小方亭中藏畫佛及零星紬布豆麥以土環堵其四面塚旁大栁樹一株塞外所未經見根分爲二相去三尺離地數尺復合爲一偃臥數丈濃陰覆地上有鳥如長嘴烏而較大二雛伏巢中大已如雞從者戲取之大鳥驚飛鳴繞釋還之卽投巢鳴鳴相慰歸途大雨有物如疋練從地而起奮迅盤旋直上濃雲四合雷電交作意龍也旋霽偵者言前路水草甚少有噶爾貿易者二人至城主帥召入帳加恩禮願爲前導蒙古諸都統送羊八百以禮辭之夜月朗庖人進菜腐食之似八珍然

五月十九日酷暑三軍市易駝馬屯營不進蒙古守土官具禮上謁款宴而去又入城至關壯繆廟有老僧閉關誦金經頭留短髮

鐵箍束之湖廣武昌人也姓關名暹十二歲時蒙古兵隨大兵南下被掠至此屈指四十年矣雖爲僧尚有妻伊言此方無人倫夫死妻即亂配惟犯姦仍有禁法較重午歸營雷雨旋霽夜有蚱蜢無數集帳幄

五月二十日早發午署

五月二十一日十餘里登陰山奉使日記作祁連山麓憩蒙古氈帳旁見婦皆跣足女子十餘歲猶裸體入山十餘里山坳有大墳圍以城圓其頂若橋梁中爲方亭亭中爲大塚上建屋碧琉璃覆之殆王者陵寢旁多芍藥花滿山開徧白九紅一俱單葉香似蓮蕚有萱花金爵黄刺梅水木樨夾雜道左杏尤多結子彈丸已可食又一種

白花叢生數十朶攢簇類野薔薇而無香又一種深黃花葉似扶丹花圓如金錮又有樹葉類櫻桃皆不知其名上高嶺名翁阿嶺十餘里山石或赤或頳或綠或白黃黑間之有亂石爲大堆上器械如林有鎗刀弓矢鋼义方天戟盔甲旌旗旗上或畫佛畫虎及大龜番經凡蒙古人過此者必攜一物置其上叩首而行歸化城守土官春秋必牲牢以祭既至山巔怪石插天兩崖壁立石路一綫曲折下人馬踐石岌岌欲墜心動股慄十五里至山足回望天門屹立雲際峽行橐駝自此始 山下路平清泉流爲小溪有刺蝟伏草間午餘暑如焚又行五十里屯河旁是日軍分一半舍嶺西繞渡河十二道至屯所合營

五月二十二日午大暑晚大雨夜涼甚自京師至此一千三百里矣偵前途少水草大軍議分道進發二十日來鞍馬勞頓山川風俗目見耳聞得雜詠十七絕紀之

北高南下萬峰連車馬如行上水船鳥道止留痕一綫旌旗魚貫入青天

土膏滋長只蒿萊大地癉頑不產材一望平沙無樹影春風何苦度關來

毡罽穹廬面面勻蔽風承雨不遮塵只嫌撞眼撐犁近月照星窺太昵人

馬通供爨酪供餐革帶羊裘貂製冠應傲中原生計拙苦辛耕

織備飢寒
水草隨時選牧場去留曾不隔星霜全家遷徙無離別白首何
人認故鄉
番語侏離譯不明相看都用手傳情卻思博望操何術口作華
言萬國行
驅駝市馬語譁然乞布求茶列帳前但得禦寒兼止渴生涯初
不賴金錢
石穴玲瓏類屋廬佛龕傳是法王餘至人亦避深山跡益信紅
塵不可居
塞北紅顏亦自姸寶環珠串錦妝鮮怪來羞脫蒙茸帽項上濃

雲在兩肩

馬上帷巾等袈袍腰横雙積須緣羔卸來便寄征夫去不待秋

風費翦刀

義重添丁婦不孀鶺鴒烏鳥共鴛鴦唐家問俗如能到不愧巢

王與壽王

人奉僧伽若鬼神爭言圓澤記前程不知開闢洪濛日那得虛

空第一身

小姑晨出靚妝新編髮簪花炫好春手爇名香拜高座夜來禪

榻許横陳

地寒人亦種來牟落落鋤犁播陌頭五月嫩苗猶著地麥秋應

待稻花秋

沙草連天短髮氄歧途七聖亦迴驂征人失道昏黃夜馬矢捫

一來當指南

衣衾送死棄荒田遠望猶來藉草眠比較生人何厚薄只爭遮

頂一重氈

田父披裘効獻芹黍黃稌黑此方珍可憐蔓草荒原地多少郊

風耒耜人

五月二十三日大軍分三路進索帥率正黃正紅鑲藍三旗取路東佟帥率鑲黃正藍正白三旗取路西馬帥率鑲紅鑲白二旗取路中二漢臣附正紅旗中軍仍遵初制晴暑行二十餘里過喇嘛𤅢帳數十又四十里屯有溪僅供炊汲夜大雷雨萬

馬驚逸莫可追躡北征云地勢遠見似高阜近之則又平坦即在是地

五月二十四日前山出雲縷縷盤結午餘酷暑軍士四出收逸馬晚有羣馬突至佟帥馬也使送歸營兩營相去五十里馬驚竟同

五月二十五日行平地三十里屯長河廣二丈有魚野多兔逐之亂投營中可徒手得晚大雨布幄輕單淒寂難狀後七月十九日回軍獲兔甚多諒即此地

五月二十六日曉霧寒如新冬三十餘里又見空城基址圍可六七里又十餘里大風陡作力能仆人馬加鞭強進三十里屯有河可汲草少執盜馬賊訊是打爾亥王部落王來見詞色甚慚

五月二十七日大晴如中土十月氣候將士有皮衣者土岡上下

三十餘里兩山夾道水黑又三十餘里有泉可汲又五十餘里道旁氊帳如林牲畜滿野屯處河水苦淺窄掘井三尺得泉

五月二十八日行平道九十里屯流水淺窄而穢掘井五尺得泉地多德勒蘇草高二三尺即都人用織帽者也牧馬半賴之（自出塞北來千有五六百里惟書帶草最多花肥葉經驍馬不食一望蓋地至此則漸無矣）暑甚營中燥烈張蓋立營前受風（大抵塞外風土晴則燥烈如焚雨則沾濡如浸）

五月二十九日道皆平沙寸草不生此古之大漠也有物類芝菌平地矗起長二三寸色赤而黑狀若蒲槌掘地竟其根長者盈尺皮作鱗甲類肉蓯蓉味酸鹹土人寶之可止渴名鐵木伊笋又有一種亦從地矗起無葉無枝高五六尺上爲花房圍圓徑三四寸

銳其上如未放蓮蕚四向作小花攢簇滿之單葉五出色淡黃微有香近金萱又有小樹高三四尺本大如指枝類柳條色黃而亮花如金雀譯語謂之金雀木皮飾弓矢堅勁華美塞外珍産也後七月十六日回軍諒即過此又有小樹高不盈尺盤結如藤譯語謂之薪木云青而易然也徧地皆是而無寸草飼馬馬　時覺香風撲鼻不知何處吹來行五十里忽遇豐草蒙茸高麥　穗如雀麥縱橫三四里塞外未見也縱馬飽食過此則又平沙又行四十餘里屯一岡上旁多蘆葦流水黑而穢掘井以汲

五月三十日早晴過平岡數重矮樹狀如小栢紛披滿地爲薪易然黃羊突出坡閒行如飛逐之不及午餘酷暑忽雲興雨雹如霰

卽止暑益甚行七十餘里屯山坡黑石磷磷掘井水鹹不可汲牧馬草亦不給此地爲蒙古四十九旗極邊界山上礮臺纍纍過此卽喀爾喀地矣自張家口直北至此不過千餘里十數日可至理藩院嚮道者紆其途始則向西既折而東北計程多十餘日以致駝馬疲頓軍士多嗟怨者地枯無草無薪軍士拾馬矢供爨不得已盡留輜重輕裝減騎而進止就正紅旗所留疲乏馬匹已四百有餘統計全軍不知其幾也

六月初一日輕騎入喀爾喀界沙深倍前砂石赤黑各色草根擲之隨手成灰蓋亢旱亦已久矣午餘酷暑無勺水相濟渴者昏眩至不能言三十餘里路入兩山浮沙深尺寸草不生又二十餘里山盡沙亦盡掘井得泉汲飲立涸途無穹廬駐軍有來爲市者其

人獺皮帽革帶衣下截褶疊如朝衣之制前爲方領長尺餘廣二寸許亦以獺皮爲之橫亘胷前其右隨衽折而下緣至帶旁其富者則以錦緣其裏項掛數珠見之始知身在異域矣

六月初二日山岡平地沙厚畧同馬蹄踐之幾不可拔窪處沙尤厚有羣馬悞入陷蹄沒腹强起仍陷牧者裸身跣足百計取之不能出只得置之去車不能行軍中毀輪始此行而前閒有青草馬稍得食三十里沙乃盡眞大漠也過山岡三十餘層多上少下自歸化城折向東北今又折而西北共行九十里屯掘地泉湧人馬沾足雷雨蝃蝀橫空倏忽異狀不同內地

六月初三日人馬俱疲糧車在後屯以待之土人獷悍無主頗多

攘竊單騎而出往往受困以茶布易其畜產狡獪百出

六月初四日過荒岡沙磧掘地皆不得水沙深處須輕步疾走方免傾陷有二三肥鈍之人陷入深沙號呼求救衆竟莫能拯拔蓋稍一延緩已身亦陷馬畜愈在所不論矣晚行九十餘里屯酷暑如焚地無寸草掘井二丈不得水覓水數里之外稍濟渴人馬則聽之屯處喜無沙磧索帥領衆馳獵頗有所獲以所得黃羊見遺燎而食之肥美實異他獸

六月初五日行六十里道旁樹蘗如剔牙松枝如枸杞高數尺至一二丈有山黑石磷磷狀奇而拙又三十里屯後七月初九回遂又經此屯掘地得水人馬沾足草亦粗給較之昨日爲不同矣

六月初六日行地多黃花瓣尖五出有草枝幹交加色青且嫩而無葉無花無蓝行七十里屯（後七月初八日回軍駐此夜見北斗已在當頂）有豐草彔綫高可及膝蘆葦尤多小河一道水濁止可供馬（後齎奏筆帖式六月二十一自京起身十日到此）

六月初七日地枯無草偶有小木如松可爲薪行八十里屯有水之草沙中朽木一段斧鋸有痕取視則石也堅不可琢（後七月初三四過此云地多美石如水晶瑪瑙然）

六月初八日行五十餘里兩山夾道上多黑石崖旁有樹三四株中軍黃蓋憩其側草肥茂（後七月初二日經此已濯濯矣）而地窄不足牧馬又十五里屯泉甘草少是日見土人襁負遷徙詢之知彼國與阿魯忒

即厄魯特戰敗也因議與佟馬二帥合兵
六月初九日晴暑赤日燥烈風沙撲面行四十餘里見山石如雪高出衆山上又二十里屯寸草皆無馬空繫達旦穿井水終不給途見喀爾喀男婦追隨駝馬雜沓不下數萬倥偬南奔若有躡其後者通事詢之乃知其主徒失也兎汗以五十萬衆與阿魯忒戰於邊界一戰大敗全軍崩潰國主逃遁不知所之北方諸勝負但在一戰敗衄則上下皆鳥獸散國主之弟折不尊但入庫土克兎者一方所聽命雖爲僧權俘其主亦逃避不知所在且其所居地爲我軍取道所必由今已爲阿魯忒所燼人情疑懼且待佟馬二帥合兵會議
六月初十日晴暑燥烈絕無水草偵者又言前途更甚因移營退

屯玉克喇阿祭勒罕前初八日屯所途中見遷徙者蟻聚蜂屯其狀驚惶俄有該國台吉譯言諸王也二人飲馬道左年少貌白皙狐帽錦衣其左耳以珊瑚珠寶銀鏤作墜環長可寸餘婦人則兩耳並垂環鞍馬鮮整似貴介者亦聞變南徙也晚喀爾喀國主之弟車臣汗以敗北聞于我軍乃知阿魯忒戰勝即以奇兵突入徒失也兎汗所居之地掠其親屬輜重故土崩瓦解以至于此車臣汗分王喀爾喀東偏衆亦因之潰亂也是日傳聞阿魯忒兵至三軍狼狽而逃雖嚴禁莫能遏合營竟日不得食主帥尤窘躬擐甲冑夜命合營嚴備比曉交相慶賀慰如更生記載多飾詞故以實志之是夜理藩院齎奏使者至索帥疏述始末以聞　按蒙古東西五六千里南北僅千餘里當我

太祖龍興諸部落以次臣服共四十九家家設一旗各置都統環衛九邊之外其北界喀爾喀西北界阿魯忒二國素稱强大而喀爾喀在中原正北(中間蒙古)左直燕京中直山西右直關陝自張家口出塞二千里而至其界若阿魯忒東接喀爾喀南直寧夏甘肅西踰中國之西提封各數千里俱馬上遷徙無城郭土著(後乾隆二十三年滅阿魯忒卽今新疆地亦有城守)今喀爾喀主窮蹙無討適逢我軍前進遂宣言中國聖人命將提兵特來救援阿魯忒不敢長驅頓兵觀望而喀爾喀遂得瓦全其國主之弟折不尊但八已飛騎到燕京求救

皇上問我軍何在則詭言已全軍覆沒京師駭動

皇上立命兩侍衛飛馬馳驛傳命班師(于六月二十五日到軍中)

六月十一日屯營待分道之兵喀爾喀潰卒滿山谷五晝夜不絕

六月十二日理藩院喇員外馳至喘息流汗云於四日之內奔走千里有奇已訂二帥於前途合兵

六月十三日早行途遇南徙者多不可數馬少而駝多挽駝皆婦人其衣飾自頂至踵與男子無別惟兩耳俱着墜環男子則但左耳着環而虛其右乍見莫之辨雖暑皆狐帽羊裘以木爲柙用盛小兒置駝背不驚羊牛逐隊不勞呵策犛牛尤多色純黑間有白者腹脅毛垂拂地尾鬃如馬可以爲纓蓋地而來相望不絕行六十里馬疲不能進屯抑勒呼聲前所經之地馬嚙枯根延命掘井得泉頗甘先一日南徙者屯是遺棄牛羊死者臭聞三四里外

六月十四日行五十餘里過舊屯所行所遇南徙者漸稀又三十餘里屯得水甘醎不一無寸草濟馬張鵬翮埋輪

六月十五日酷暑行七十里屯三井不足徧給馬飢如故有旋風掠營東北隅過捲帷帳六七飛舞空中而中軍搖扇納涼晏如也

六月十六日行三十里屯忽晴即暑忽陰即涼頃刻萬變水白而濁不可飲掘地得水如礬色而味鹹祇供人飲馬亦無草已飢七八日疲不能行偵者言此地有草比至則皆枯莖隨手飛灰三百餘里不相上下也晚馬帥使至期在三日內合兵薄暮登山四眺目力所窮黃沙之外無餘物遙計神京如在天上不禁南顧魂銷也

六月十七日忽忽晴雨蝃蝀下垂行三十里有山頂白如雪又十

里遥見黑痕高下至則萬石林立如斥堠如層臺有石上復横一石岌岌欲墜者有上全下缺中洞横穿者聯屬絡繹人行其中紆迴曲折而西北左顧右盼應接不暇行三十里乃盡其廣不及知有水甘涼草亦叢茂縱馬飽食又行三四里屯亦有水草自此不復進矣以下錢頁擇原本無紀余姑取奉使日紀所紀爲補足之

六月十八日阿馬二使至亦言途中乏水草苦狀如繪盧京章僕夫御車熱甚不得水飲馬浮而甦此方人多瘦小弓軟射不穿綿鳥鎗短小不施于用

六月十九日喀爾喀人來乞援師公議辭之

六月二十日軍中糧將盡并日而食始此自此一日止一餐不過將散麵少許調熟如糊

窗之樂人喫一碗以度命耳後至蒙古界各旗以粟相餉亦苦不繼
六月二十一日風狂開帳則揚沙撲面下幕又炎暑蒸人
六月二十三日佟使至亦言乏水草士馬多疲漢軍大半步行
六月二十五日奉
諭回師此爲厚幸若旨晚到數日全軍不盡困於絕域乎揀差參領持檄往諭俄羅斯馬行十六日至其境其主遣重臣具舟楫迎奉命惟謹歸還雅克薩
城及其土田
六月二十六日厄魯忒奏疏至傳檄曉諭俾釋疑向化
六月二十七日回軍自此皆向東南行
七月初一日七十里屯艂達舊營途中棄馬駝甚多怪風嗚嗚雜

天驚聲而過征人莫不起視
七月初二日行百里屯前六月初八過此嫩草青葱今濯濯而已幾畜
橫道臭不可聞乏馬軍士大半徒行陳世安焚輪
七月初三日八十里屯前六月初七日地多美石拾以爲玩
七月初四日疲馬行酷暑中軍士牽馬垂頭袒衣得得行者有伏
矮樹下伸頸望人咽渴起煙逢人乞水不得者馬背見之殊爲惻
然途間多蚊細者如小蠅拂面大者如蜂入馬鼻齕之不出至于
昂首嚙蹄人爲之墮行七十里屯前六月初六日見茂草今亦無之
七月初五日狂風揚沙軍中皇然前聞土人言此地有鬼是夜悲
風淒切人飲水輒瀉馬多病死其古戰場歟

七月初六日途次渴死二人疲馬棄于途者不少夜大雨羸馬不耐雨寒而凍斃者亦多

七月初八日掘地不得水軍士飢渴交迫至三更尚聞歎息五更又東裝見北斗當項

七月初十日屯葱嶺徧嶺皆葱有泉甘冽喀爾喀蟻聚山下擕瘦馬駝索價頗昂竊我乏馬故也

七月十一日軍壘得跳兔大如鼠尾長善穿地穴其皮毛較紫貂更細安得集千百爲裘（此後計程已入蒙古界）

七月十五日行軟沙七十里頗艱難水鹹炊飯色黃不能下咽乍雨乍止暑溼交侵

七月十六日山多金雀木皮色如金可飾弓箭其葉如天冬有芒正夏開黃花惜多節不適於用僅供野爨前五月二十九過此

七月十九日獵於野每旗獲兔百餘刳肺肝生啖之前五月二十五過此

七月二十四日天氣燥烈秋陽十倍中原前見馬瘦今見人瘦且枯有祭領病歿乏薪以馬糞焚其屍

七月二十五日見蒙古攜馬駝交易知用銀錢戴雨纓涼帽非復披羊裘頂狐帽之儔間有通漢語與中國漸近也

七月三十日溝有葦子草但多毒蛇名七寸子前五月十三日屯葦子溝諒即此地

八月初三日砂磧漸少茂草盈野不復不毛之地矣

八月初四日風冷凍水成冰

八月初六日始見宣府民人車載燒酒米麪貿易多鼠穴馬行多踣

八月初八日至張家口始見青山綠水禾黍豆粱次日過宣府

八月十二日過岔道入居庸關大雷雨凡使臣自外國還入關必雨如有定限

八月十三日回京師分道各歸

計此次行役自夏歷秋幾於百日行沙漠之地飢渴困頓其勞瘁殊難堪矣然飢猶可忍渴最難堪徒行者多以渴致斃有一京章死無棺又無柴焚化以馬糞煨半枯折碎裹其骨回意郎七月二十四日事若夫尋常死者委之而已全軍死者九百餘人駝死千餘馬死二

萬七千餘統計費銀二百五十餘萬艮擇主僕二人初時分馬七匹回軍六馬盡死止存青馬一匹往來不頓故免徒行諸從者無日不走折足趾也

附厄魯特侵擾喀爾喀始末

長城以北有大漠即瀚海漠南爲蒙古漠北爲喀爾喀又名北蒙古長城以西爲準噶爾其人號厄魯特分四部曰伊犁曰烏魯木齊曰雅爾曰額爾齊斯皆以游牧爲業康熙時伊犁一部之汗僧格死其子阿拉布坦嗣世僧格之弟噶爾丹梟雄也殺阿拉布坦而自立旋娶青海車臣汗女即襲殺車臣汗併其地四衛又南摧回部諸城郭國建城郭守備率民耕稼曰城郭國又曰居國無城郭率民逐水草游牧以氊帳居處遷徙無定者曰游牧國又曰行國無

不服屬威令直至衛藏於是四部推噶爾丹爲雄長又欲北併喀爾喀適喀爾喀君土謝圖汗殺札薩克圖汗而奪其妾三部曰土謝圖汗曰車臣汗曰札薩克圖汗皆喀爾喀也內閧噶爾丹遣使往覘故爲嫚罵激之俾殺其使遂藉詞報復於二十七年夏率勁騎三萬踰杭愛山突襲其帳陰結游牧喇嘛爲內應土謝圖汗倉卒潰亂傾國東走途遇我使臣張鵬翮等奉使俄羅斯經其東部車臣汗地土謝圖汗遣使乞援噶爾丹亦具書來並檄諭之噶爾丹知非援喀爾喀也復踐之弁擊破其鄰部右翼車臣汗左翼札薩克圖汗又刼其大喇嘛哲卜尊丹巴胡土克圖之帳於是三汗部落數十萬衆盡棄牲畜帳幙分路東奔九月款關乞降

聖祖命發獨石口張家口二處倉儲并賜茶布牲畜十餘萬贍之
噶爾丹遣使假入貢名覘視虛實　上敕其率衆西歸還喀爾
喀侵地驕蹇不奉命據喀爾喀王庭徵諸屬國控弦之士數十
萬二十九年以追喀爾喀爲名選鋭東犯乘勝入蒙古境尚書阿爾尼以蒙古兵擊之反爲所敗四月　命撫遠大將軍裕親王爲左翼出長城
古北口安北大將軍恭親王爲右翼出長城喜峯口右翼不利
賊長驅深入距京師僅七百里因止右翼兵六月
聖駕親征　命康親王等領兵頓歸化城要其歸路八月朔左翼
兵遇賊於烏闌布通賊騎數萬列陣山下依林阻水以萬駝縛
足臥地背加箱垜蒙溼氊環列如山從垜隙發鎗矢備鉤距禦

敵謂之駝城我軍以火器爲前列攻其中堅壘破陣斷爲二賊大敗乘夜走追之越大磧山脊遁所過燒荒以絕追騎賊負駝既失輜重盡喪狂奔絕漠死亡過半具疏謝罪誓不犯邊 上乃班師噶爾丹與達賴喇嘛率厄魯特各台吉上尊號郤之三十四年又以三萬騎入寇沿克魯倫河而下侵掠至巴顏烏闌自秋徂冬不去次年 駕又親征經瀚海泉溢湧生共知天助至克魯倫河指授方略賊登山望見黃幄龍纛軍容山立大驚宵遁遺棄輜重無算追之不及我西路兵邀之於大樹林賊冒死鏖戰我分兵襲其在後輜重賊遂大敗降三千斬數千級獲駝馬牛羊廬帳器械又無算噶爾丹妻名阿奴頗哲能軍精銳

皆其統率披銅甲騎異獸似駝而非駝亦殪焉噶爾丹以數十騎遁去六月　駕還京師獻俘大享將士噶爾丹自據喀爾喀牧地已久不歸至是兵衆牲畜盡於外其伊犁巢穴又爲其兄子策妄阿布坦襲據於內青海回部哈薩克亦並叛尚倔强不就撫三十六年　駕復親征其左右親信數台吉亦面懟聞大兵將至率先後望風欵附爲鄉導而策妄亦擁勁兵至將擒以獻功噶爾丹進退計窮仰藥死朔漠乃靖而

朝廷已三駕親征矣

初阿拉布坦被殺其弟策妄阿布坦與其父舊臣七人逃至邊乞降　上卵而翼之後乘噶爾丹敗衂潛回伊犁收集散亡諸

台吉從之生聚日盛復成西域大部落則又效噶爾丹所爲鄰部二大汗被用狡詐襲殺併其衆又潛師入藏及青海五十八年　上命皇十四子視師青海又　命兩將軍入藏擁立達賴喇嘛敗厄魯特之衆絶其南牧雍正元年策妄又唆羅卜丹津以青海叛二十餘萬衆同時騷動冬及二年春

世宗命年羹堯岳鍾琪統兵敗之羅卜遁入厄魯特俘其弟妹斬賊八萬降賊男女數萬獲牛羊駝馬器械甲帳無算四月進勦擒斬餘黨五千分其地賜各蒙古游牧五年冬策妄死子噶爾丹策零立好亂一如其父屢犯邊九年六月以兵三萬犯北路潰我參贊之師謀東侵喀爾喀我兵大破其衆斬其驍將十年

七月策零由北路傾國入寇突襲額駙策凌帳盡掠其子女牲畜額駙斷髮誓師乘其飽掠不備夜半襲之賊倉惶潰遁追擊至杭愛山道狹斬戮墮崖河水爲赤策零盡棄輜重牲畜繞山遁自是賊不敢犯邊遣使請和越二載始定議喀爾喀與準噶爾以阿爾泰山爲界計自康熙五十六年備邊以來共費軍餉七千餘萬而朔漠安朔漠安而天下之億兆胥安伊誰之賜哉至乾隆二十年準夷之地盡入版圖永無邊患我百姓歌舞昇平共仰聖天子德威所被與帝治巍巍王道蕩蕩並立爲三矣

附述塞外情形

塞外惟沙磧不生草木其餘土地苟可長草萊亦可植黍稷特其人習游牧而惰耕種皆棄爲曠野耳間有種燕麥穈粱豌豆者其收穫亦略同內地

塞外不用銀錢最喜中國老茶與青藍棉布牽牛羊馬駝交易宜多帶爲用若菸及菸袋荷包酌帶爲換物找頭或以易奶餅乾蓬喇嘛需用黃紅綠三色蘇州素緞並京師紅布蟒幅子若海龍皮喀爾喀用以鑲領袖其餘彼不識也　食物如膠棗核桃橘餅閩薑醬瓜茄炒醬糟魚金腿醋浸紫菜醬油漬香菌之類亦並珍貴　粮食米麥外菉豆糯米粉豆粉可作餅餌若老米三蒸三曬質輕少一可當二且不炊亦可細嚼　至若掘井

須鋤钁炊爨須鍋銚動用須皮盌茶桮箸菜刀皮風箱棍子銅盤皮桶繩索鉤距斧鋸等項均不可少也

朔漠天氣不和雨則沾濡如浸晴即燥烈如焚三夏日午暑亦甚酷而早暮必涼夜分必寒衣服單夾棉裘缺一不可其氊衣雨衣雨裙護裙一切亦不可少也　又多風日日揚沙眯目行人常用臉罩　又多寒三月草尚初青一至八月草已全枯故逃竄之賊即可燒荒以絕追騎若至三冬凜冽遠過中土客至者必不能耐又安問行軍厮殺

大漠軟沙南北闊數百里東西為地之脊横亘蒙古之外天所以限隔南北使南人不便陟此而北北人不便踰此而南也

塞外無屋廬游牧逐水草棲氈帳雖無定所而各部落皆定分地其畜馬牛羊最多其異畜則橐駝犛牛其野獸則黃羊灰兎行軍需用駝多多益善餵駝之法天暑二日一飲水天涼五日一飲水草菉蒿艾卒皆可飽若行路須食足而飲以水飲畢少飼以鹽牽則寶護其鼻若鼻壞則精力減矣夜宿須絆縛其足羣繫帳旁不時起視若繫脫而逃莫知所之必被賊達竊去出塞裹糧而行每日人食一升若遠入絕域必需一駝之負帳房器具不與焉一駝遠行負重可抵三馬然負米亦不過一石五斗多則力乏伏地哀鳴千鞭萬箠不能起矣其銜尾而行一人可照管三駝視其背上馱負偏側即爲駕正若翻而倒地駝

必驚走雖馳馬難追相駝之法峯豎則行速而鼻完者佳屜須軟氈護其肉峯覆以草屜然後加鞍鞍木須匾渾無鋒稜不致傷其背馬亦同市買之鞍不堪用也　致遠莫良於馬按轡徐行一馬亦可終日若鞭策馳逐一人必資三馬至軟沙深埸車不能轉輪馬不能蹀足其地又無水草可餵善謀者亦計窮也　平沙無垠如有兵馬馳突而至可以驚馬一馬驚而衆馬皆驚見機亟下馬執其銜止之庶免墜馬之患所苦中夜淒風冷雨更或雷電雨雹馬駝必多驚逸防守愈難

夜來歇宿以蒙古氈帳爲佳風不能動日不能透寒不能入遇雨另發布棚遮其上但架子氈圍太重一駝不能勝若人字帳

房表裏青藍細布密縫小而輕便另撐涼棚可以乘涼可以會友風雨繩束之貫頂杆兩頭鐵圈而繫之於樁帳內坐臥用折疊小牀重不過二十觔褥與被俱用皮塞外風惡侵體輒疾南人出塞宜暖不宜涼

沙漠之地每無水草行軍馱水用皮桶大錫別渾若脫剝整羊皮吹乾只利涉水如用盛水則臭有微孔則漏馬一日不得水則渴飢而又渴漸多倒斃其存者亦必疲憊復欲用以馳騁克敵不亦難乎

絕域乏糧一牛可濟六十人一日之食一羊十五人一日之食兩兵需一夫為樵汲牽驅之役方可蓄力備戰若連雨凍飢苦

楚莫告復望其齊心并力克敵致果者不難又難乎
沙漠之水草人愈多事愈艱奉使二萬餘衆至於分道而進并日而食馬倒斃輪人多徒步幸不用戰鬭半途即轉已不勝困苦矣明成祖北征侈言五十萬衆出塞安得許多水草接濟況錄內有云遇雨擠衣水解渴則其情亦大困矣又焉能克敵殆文飾過半也

塞北紀聞　節錄內大臣馬思哈原本

康熙二十九年四月準噶爾入寇　詔撫遠大將軍裕親王杖鉞專征出東道古北口而分命內大臣馬思哈出張家口故爲是紀

四月二十一日出張家口五十里至查汗駝羅廟下營

二十二日黎明行六十里下營

二十三日行五十里下營是日度大巴汗嶺大雨嚴寒人盡裘毳嶺高三十里橫截南北忽中闢一綫以過行人如天造地設

二十四日行七十里下營不得水始掘井求泉

二十五日行九十里至查汗那羅湖下營此湖中產白鹽

二十六日行七十里至迭劣下營草不盈寸掘泉以飲馬遺爲薪

二十七日行七十里所統蒙古兵六五百會合連營命爲前導

二十八日行五十里下營雨雹大如桃

二十九日行六十里下營

五月初一日行七十里下營

初二日行九十里下營

初三日行一百里下營

初四日行二十里下營始出邊界張家口至此八百二十里以上行蒙古境以下入喀爾客境

初五日爲重五行八十里下營正黃旗都統車一豕至割亨共享

蓋預蓄以供用者絕塞得之亦異數也次日駐營息駝馬

初七日行六十里下營

初八日行五十里下營次日仍駐營

初十日行四十里入瀚海邊界下營地皆陷沙深一二尺至三四尺車行不前輜重盡改裝駝馬以行空車拖負尚需三四馬力

十一日行三十里下營童山無草亦無水地生臭蒿尚可飼馬野葱人亦可食及枸杞點綴道旁並多黑蟲蠕蠕隨地着物皆染黑色

十二日行瀚海六十里下營禽獸希有羽族惟巨鶡與百靈二種獸有跳兎身長五六寸尾長四五寸末如銀鼠前股長僅寸後股長至七八寸耳如箭筒長可四五寸更有一種耳僅寸許者騰躍如飛又有飛蠅小如點墨隱約來集於目卽有遺蛆入目頃刻長

四五分急以羊肉炙熱貼目少選蛆出不治失明緣是人盡覓紗障目次日仍駐營

十四日行六十里下營

十五日行四十里下營

十六日行八十里下營掘地水皆屍肉氣味造飯而餐逾日猶作[illegible][illegible]或無水可飲人馬皆渴

十七日行七十里因昨不得水繞道至爾朱歸下營地窪下然掘沙得至四五尺始及泉四望旱葦深一二丈馬飢竟日大風拔帳

十八日行八十里下營所掘水泉尚作屍肉氣味

十九日行七十里下營此數程出童水枯次日駐營息駝馬

二十□日行五十里下營石巔有泉不濟掘地八九仞始得水野騾成羣皆奔逸逐而獲一騾重數百觔足一駝負覓水不易覩騾深掘之得泉

二十二日行五十里下營為瀚海西北邊界共行瀚海五百四十里

二十三日行五十里出瀚海下營始得泉產靈禽行捷於飛能作百鳥聲彷彿迦陵鳥

二十四日行百里有水下營駐三日山水暴發人馬幾溺幕帳器物漂沒幾盡鑲藍旗都統領蒙古兵萬人至會合齊進比聞額營相去四五日程以缺餉不能前進即飛疏馳奏

二十八日行十五里下營駐三日

所至

六月初一日聞噶爾丹欲犯邊信

初二日行五十里下營

初三日行五十里下營駐六日

初九日行六十里下營偵得賊犯邊確報恩哈與同事計曰我等奉詔統兵分賊勢與大兵犄角今賊反繞出我後宜回兵助大軍殲賊僉曰然乃率師回轉自此向東南行不復計程數

十七日復入瀚海界

二十二日偵得犯邊急報聞理藩院尚書阿爾尼統大兵駐赤城汗城遂兼程趨赴

七月初二日進外邊界卡路入內蒙古四十九旗地聞阿爾尼失

利益晝夜兼程前赴裕親王大軍

初七日會正黄旗楊都統知賊已迫聲勢甚盛以我兵少須疾驅前赴

初八日慮賊猝至師行持重徐驅

初九日下營築壘浚濠爲備

初十日駐營整軍洗礮次日行

二十三日行合裕親王軍同下營凡營盤四十座連營六十里闊

二十餘里首尾聯絡屹如山立

二十四日全軍行六十里下營

二十六日又行七十里下營

二十七日又行二十里偵知賊在烏闌布通地去我師僅三十里
大將軍令各營掘壕築壘戒嚴防禦士甲冑馬鞍轡控弦厲刃以
待命恩哈偕同事領礮火營作前鋒與賊壘對彼此哨兵相望越
兩日號令三軍嚴整旗鼓
[illegible]月[illegible]　黎明大將軍親率將士以進前至烏闌布通決戰賊
[illegible]駝繙[illegible]　地作駝陣我兵奮勇爭先礮火齊發自未至戌賊陣
[illegible]一[illegible]　噶爾丹乘夜遁黎明整兵追擊噶爾丹遣大喇嘛
[illegible]降乃班師
[illegible]初[illegible]上　北口越六日凱旋共八入國門

舟車所至

西域舊聞　輯錄　聖武記　西域聞見諸書

準夷

準噶爾西夷一大部落也其人曰厄魯特據伊犁烏魯木齊巴里坤諸處地廣數千里以游牧爲業獷猶其性封豕其能習勞苦慣用鳥鎗木矛以刦奪爲事不作賊者不齒於人數且以一人能刧數人者謂之壯士回部各城之衆及哈薩克皆其奴隸也控弦百萬駝馬牛羊滿山谷恃其强盛北侵喀爾喀及於俄羅斯南越回疆侵西藏及於溫都斯坦各回國東則爲中國患康熙雍正間屢次用兵未及勦滅也

俗重喇嘛一切事惟言是遵遙望卽免冠叩首得邀以手摩頂不勝歡忭生女擇美麗者進之少婦有疾求與喇嘛宿經年累月父母與本夫欣慰焉卽至病危領出惟歎其婦福薄而已　舉國男女無嫌別女子在家生育求聘者踵相接否則無人問名也

無正朔但以萬年歷按分至算之郤亦不甚訛謬

人死則棄之山野俾野獸殘食謂亡者可以免罪早得人化

歌音悽慘夜靜羣謳聞之令人墮淚誠夷則之音也

準夷自亂

準夷之汗君也噶爾旦策楞生三子長曰那木達拉札次曰那木阿札三曰莫克什汗死國人以阿札母貴擁而立之阿札童昏無行

幽其同母女兄於是女兄之夫糾其黨攻殺阿札而立達拉札爲汗國人盡屬意莫克什達拉札忌而殺之國中大亂時達瓦齊與阿睦爾薩納居雅爾（在伊犁極北一千九百里）游牧亦有人民數千戶不奉教令達拉札命衆討之達阿兩人敗逃西竄達至哈薩克苟延殘喘而阿選銳千五百繞山僻晝伏夜行潛入伊犁襲殺達拉札於氊帳然阿自度不及達瓦齊貴不能服衆因迎達瓦齊立爲汗

平定準夷

初噶爾旦策楞之父利前後藏富饒與約爲婚姻以女贅藏王（康熙五十九年以前藏有王爵）之子爲壻誘入伊犁乃欲藏王叛中國而歸已不從起兵襲之過星宿海蹈沮洳兵馬皆死因怒殺壻而女已懷孕擬

生男必殺之及生乃女也長適人生阿睦爾薩納狡黠兇狠迥異諸酋達瓦齊既立初則資其調護後漸忿其譎詐起兵討之阿力不敵乃率二台吉（夷中高爵也）及所部兵二千口二萬款關投誠（乾隆十九年秋）上知時不可失（先已有來降者盡言其國內亂）集廷臣議惟傅恒以為可乃許之阿入覲於熱河封為親王二台吉封郡王準部驍將爪牙心腹聞風踵附　欽差兩廣總督班第為定北將軍內大臣永常為定西將軍乾隆二十年春阿等各降夷統前鋒三千為嚮道建伊地舊時大纛領大兵五萬馬七萬分兩路由巴里坤烏魯木齊直抵伊犁（五月五日）軍威赫奕夷地各部落台吉宰桑（管事官）愛曼（一村頭目）率其民戶望塵請降角崩恐後達瓦齊見人心離散自揣力不能支

陰計烏什回城霍吉斯是已所立應可為援奔赴之而霍已受將軍檄偽以牛酒延入盡縛以獻霍吉斯身受王封後召入京又差出在軍前効用於是準噶爾之地悉平

平定阿逆之叛

阿睦爾薩納之降意欲借　天朝力俾得為準噶爾之汗始克大遂其狡詐叵測之陰謀故事甫平彼已自專生殺隱其投誠之實以借兵定亂告邊外各國且布流言自重冀如其志旋知廟算別有深謀準夷故分四大部綽羅斯治伊犁一部和碩特治烏魯木齊一部都爾伯特治額爾齊斯一部土爾扈特治雅爾一部各有一汗不相統屬　上欲照前分建如喀爾喀之七族各分至今永享太平也將軍且趣其上京行飲至禮令喀爾喀親王額林沁多爾濟伴行阿自揣叛形已露入覲

慮不免乃給額先行得脫而逃親王額因此賜死遂煽遠近已降之合吉愛曼等同時悖叛自凱旋後將軍班第參贊鄂容安在伊犁辦善後事宜僅留兵五百變起倉猝統兵奪路歸行二百里並戰歿二十年八月二十三日也上命策楞為定西將軍富德玉保達爾黨阿俱為參贊大臣由巴里坤進兵十一月二十一年二月至伊犁阿逆已可就獲而策楞玉保又受給忽報已有擒阿逆來獻者駐兵待之因被逸且悞以紅旗報捷褫職逮治改用達爾黨阿為定西將軍富德副之又用兆惠為定邊右副將軍以往應援兵至哈薩克界阿逆借兵相助敗之哈薩克酋長為之乞命文書往返羈延數月將至冬變亂四起

時喀爾喀郡王青滾雜卜苦軍報煩劇各軍臺支應夫馬不易

又見親王額以脫去阿逆伏誅謂我汗子孫例不治罪因懷怨煽北路軍臺十五站一時並撤西路烏魯木齊至伊犁諸降夷已受爵賞者見將軍大臣兩次受給頗輕易之聞撤軍臺同時亦叛策楞玉保逮治在途亦為所害乃以成袞札布為定邊左副將軍往討與尙書納延泰侍郎阿桂擒青滾雜卜誅之復設軍臺　兆惠在哈薩克邊界聞亂統兵千五百轉戰而南二十二年正月回至烏魯木齊諸賊大集我兵數十百戰竭力抵敵至是糧馬並罄不能衝突姑結營相持幸侍衛圖倫楚領兵前援賊圍乃解兆惠統兩部兵便道勦巴雅爾小部落乃回兵巴里坤簡軍實整戎行三月又分兩路出師值夷地痘疫大行頭目要領死亡相繼諸賊又不協自相吞噬於是受

封復叛者一一就擒阿逆自哈薩克歸正謀自立聞我兵乘勝至又遁六月兆惠富德窮追至邊左哈薩克酋擒以獻阿逆與其親丁七人奔入俄羅斯旋以痘死理藩院行文索之得其屍焉

上怒諸夷反覆命兆惠富德於二十三年春領兵分道並進凡民舍村莊兵張兩翼一如圍獵男婦老幼逾百萬並俯首就戮寂無一聲其零星逃匿山谷中爲麻哈沁（盜賊也）亦無不搜索殺盡統計舉國染痘死者十之四逃入哈薩克俄羅斯者十之三爲官兵誅戮者十之三準噶爾厄魯特之種類盡矣　當叛亂四起奉諭番夷之性反覆無常如其可信坦懷以待勿使疑如不可信莫如先發制之毋留爲肘腋患有沙克都爾曼集不從亂全部內徙四千

餘衆駐巴里坤城外數十里已入覲封為和碩特汗（四大部落之一）宜可免矣而巴里坤大臣雅爾哈善不能保其終不為亂令裨將丑達乘雪夜襲殺出不意入其廬殘燈未滅其妻不忍其夫之戕於亂刃裸而抱持如兩白蛇宛轉於地以死最為可憫其餘已降復叛皆自取也自此數千里皆空官兵防守而兼屯田內地人民亦爭趨墾種定邊將軍駐伊犂鎮撫之外藩哈薩克布魯特各部皆聞風景附邊事大定

平定回部

回部服屬準夷久矣有和卓木墨特為回子世家居葉爾羌辦理回務以事準夷旋覺其有異志賺至伊犂下地牢後釋出仍禁制

伊犁生二子長曰布拉敦次曰霍集占官兵平定伊犁和卓巳死將其二子釋回二十年其父之心腹羽黨耆舊親故共相慶慰布拉敦原欲集各城歸順霍集占以爲天賜機會不可復失傳示各城愛曼整頓糗糧鞍馬器械聽候驅策以庫車爲要路先遣心腹回人守之時各城庫車拜城阿克蘇回子鄂對等素與有隙者知其釋回必遭殘害並棄家逃往伊犁向將軍投誠告以布霍逆謀二十一年兆惠方有撤軍臺等事遣領隊大臣伊敏圖領滿兵一百帶鄂對等率土兵二千往庫車以責糧爲名察看情形伊敏圖受給不聽鄂對言領滿兵百人入咸爲所殺二十二年上命將軍雅爾哈善統滿漢官兵萬人帶鄂對等進攻庫車布霍兩逆在葉爾羌選銳由捷徑

來援遇於城南大敗入城二十三年六月堅守不出鄂對知其欲遁告將軍伏兵城外可擒獲不聽布霍果由北山遁六月二十四日過阿克蘇烏什並不納徑回葉爾羌去庫車城依山岡用柳條沙土密築礮攻不克乃於南城外一里掘地道入被窺見穿洞火光開斷來路實薪焚之兵弁六百皆死直至八月城內回目阿都布復夜遁次日庫車回衆開城迎降將軍入收回兵一千盡坑之事聞　上震怒以雅爾哈善縱敵殺降收而誅之命將軍兆惠副將軍富德統兵進討兆惠先至葉爾羌逆回堅壁清野官兵力戰五晝夜過橋被賊截斷總兵高天喜等俱戰歿姑依黑水樹林築壘駐守被圍自十月至二十四年正月幸掘地獲窖粟伐樹多鉛丸所以歷久尚

守車所至

得困守發書五路告急舒赫德在阿克蘇得信飛章馳奏兼召四路援兵富德聞信即率內地已到兵二千及北路兵千餘冒雪急進時鄂對往撫和闐六城俱降正月六日遇賊五千騎轉戰四晝夜我兵僅三千無水嚼冰止渴幾殆幸巴里坤大臣阿里袞合愛隆阿之兵至聲勢甚盛並進遙見燈火無數知即黑水營也兆惠望塵聞礮亦麾兵夾攻賊敗入城我兩軍會合得整隊回阿克蘇二十五年添兵整頓六月兩路並進布霍棄葉爾羌奔巴達克山將軍命明瑞富德阿桂阿里袞等統兵追及於葱嶺嶺有黑龍池即西藏之岡底斯山也戮賊五百又追及於阿爾楚爾山[illegible]殲斬其驍將[illegible]賊千餘獲器械無算又追至巴達克山[illegible]外遂我兵扼其要路鄂對霍結斯樹纛

招之降者薇山下巴達克山酋長斬布霍函首軍門回部平

烏什之亂

駐守烏什土司阿布都拉性情暴戾陵虐過情貪婪無厭重以隨人橫恣回衆已不堪終日乃辦事大臣蘇成糊塗滛酗其子尤惡劣無知回子婦女有姿色者不問何人皆喚入署內父子宣滛且令家人兵丁裸逐爲樂經旬累月始得放歸烏什回子久欲寢其皮食其肉矣時有遞送沙棗樹苛派回戶二百四十人衆情忿忿又未批送至何所入衙請示即混受重責於是作亂先屠土司家又入署將蘇成父子及家奴兵衆盡殺之二十九年二月也附近阿克蘇辦事大臣邊他哈倉皇領兵趨赴一見城門開不問順逆即以礮

打於是城門復閉共議拒守始亂不過三四百人餘皆關門不與茲則盡從亂矣邊他哈敗走（後邊他哈以失悞軍機伏法）庫車大臣鄂寶領同兵往亦敗大兵四集自四月攻打至七月拔其城（烏什城南依山北臨大河自河至城半里地林木森翳城藉以固忽一日回人將林木盡行砍伐城遂破）四五萬戶盡行誅戮從各城回戶實之移叅贊大臣駐其城　先是霍集占之入庫車也本與鄂對有隙又怨其不附巳凡其親屬留庫車者悉被戮欲納其妻熱依木不從因之殺其二子一女熱依木越城遁入阿克蘇及庫車平熱依木隨其子鄂斯滿（爲土司）仕庫車迨烏什一叛凡遠近回城無不惶惑時鄂對在葉爾羌（爲大上司）熱依木知其不能鎮定言於庫車大臣星飛前赴五日夜馳一千餘里至彼正人情洶洶鄂對

東手無策熱依木約衆會議次日大衆咸集熱依木責諸回不忠不義門有守者衆不能出跪請生路乃將利害詳明開道又溫言慰藉許以保全衆皆感泣聽命因令各將刀鎗器械呈送辦事大臣收貯馬匹盡驅入山谷諸回目日集大臣衙至夜二更乃散以示無他各回城閤葉爾羌鎮定亦各遵約束免於叛亂

土爾扈特投誠

土爾扈特俄羅斯西南一大部落也其汗烏巴錫之上祖游牧雅爾地方爲準夷四大部之一因不堪準夷之偪於明代投入俄羅斯俾游牧於額爾濟地方草肥土茂中横大河此河歸西北海休養一百七十餘年至烏巴錫傳七世矣駝馬牛羊蕃息不可計數人戶隨

烏巴錫居河之南岸者數十萬北岸鄂托克台吉所管亦相當大兵掃蕩伊犁厄魯特人戶逃赴俄羅斯者悉安插於烏巴錫部下是謂新土爾扈特俄羅斯連歲與西費雅戰爭國在西北海邊前後徵兵於土爾扈特死者不少至是又與圖里雅國亦在西北海即名單鷹搆難徵兵令又下各愛曼人人危懼新土爾扈特熟悉伊犁路徑中有阿逆舊黨舍楞唆烏巴錫攜衆逃至伊犁謂可佔據立業密議已定弁約北岸人戶於河冰凍結後一同逃往乾隆三十五年冬暖十月中旬河冰未合烏巴錫不及待河北合夥徵兵限迫即殺俄羅斯匠役千人攜所部於十月二十三日起程沿途刼掠殘破俄羅斯邊城四處其察罕汗俄羅斯國君也聞警遣將統兵數萬急追之已不及烏巴

錫入中國邊界經戈壁沙漠也五日絕無水草牲畜倒斃無算又前至哈薩克境其人習於戰鬬其二品翎頂侍衛銜之台吉衆哈薩克咸聽指麾令將人戶牲畜徙開親率精銳出迎於要路又移會五處台吉令並出邀截相持半月伊犁將軍聞報已傳諭各路慎防烏巴錫與其下計議又延擱數日及進被哈薩克截殺刼掠死傷散失無算又前至布魯特界其人喜躍以為天賜整兵以待烏巴錫大懼避入北地戈壁千里絕無水草時已三月天氣溫暖渴飲牛馬之血瘟疫大作人死枕藉牲畜十存三四狼狽而出為布魯特截刼死傷散失又倍徙於前直至與內地卡倫相近布魯特已飽其所欲乃歛兵退烏巴錫僅存人口七八萬皆阽羸無人形

將軍遣各大臣侍衛等前往問其來意烏巴錫與其台吉等計議六七日始定以投誠爲詞乃引烏巴錫謁見將軍獻玉器自鳴時刻表定宣窰甆器自來火鳥鎗拉古爾木椀金錢等物並獻伊上祖所受明永樂八年漢篆敕封玉印一顆事聞奉　旨帶領烏巴錫及其台吉頭目十三人引見封爲汗王貝勒貝子台吉有差均歸伊犂將軍管轄給予土地令其游牧四十年烏巴錫病故其子承襲年八歲

居士評曰準夷稔惡久矣恃其强盛魚肉回部侵擾鄰封天厭其德生一阿睦爾薩納傾覆之始而稽首投誠爲西徼降王之長旣而野心叵測與　天朝問罪之師上溯自有周以來爲獫

猶爲匈奴爲單于數千年於兹矣忽焉以赤地誅夷頓反四大部洪荒之舊草萊載闢天地重開文武設官規模肇造此新疆之所由名也若回部素苦强鄰之暴似不難撫之以恩而天又生一霍集占顛倒之方其未脱幽囚何異在網之獸豈意得歸巢穴即同反噬之狼是宜令函首軍門又安惜勤兵異域和闐葉爾羌素號崑岡至此幾於火炎矣合兩事以觀阿逆之叛爲準夷之不幸而哈薩克因之稱臣霍逆之叛爲回人之不幸而布魯特巴達克山諸國咸因之入貢彼蒼蒼者殆必欲使我

大清布昭聖武於居國行國數萬里窮荒之外耶余讀魏氏椿園氏諸書不禁手之舞之足之蹈之也

西域衛藏總圖

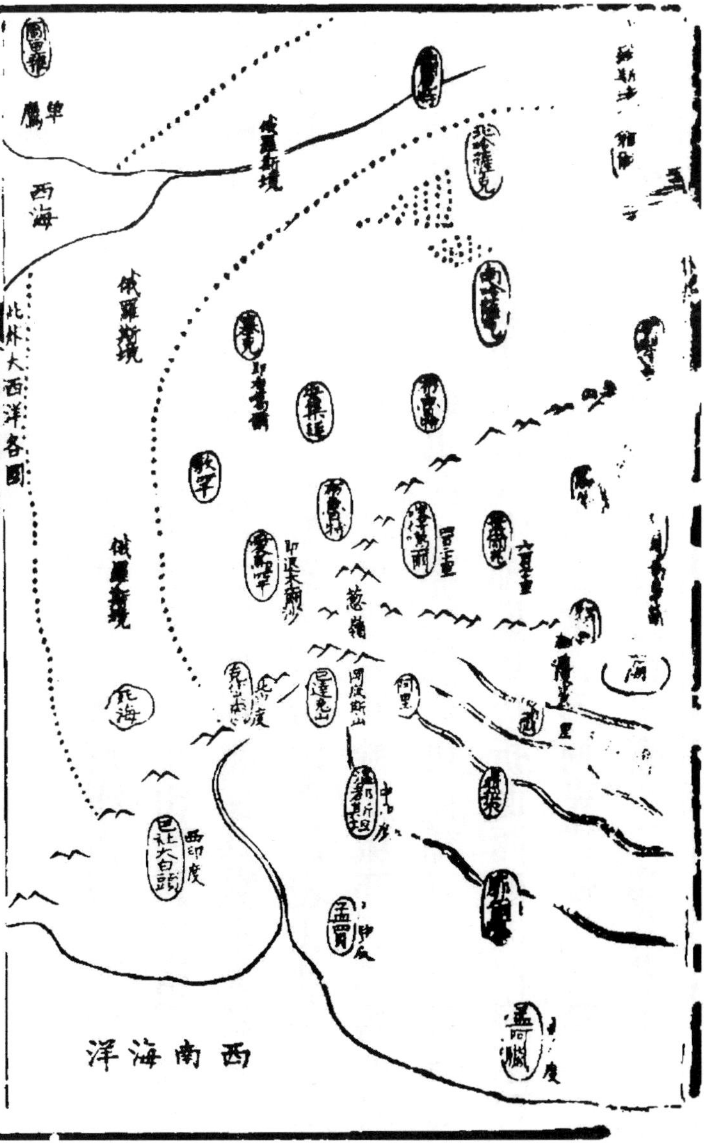
西海
俄羅斯境
俄羅斯境
俄羅斯境
北外大西洋各國
葱嶺
巴達克山
西印度
巴社大白頭
中印度
西南海洋

西域輿地

雪山自嘉峪關起龍蜿蜒而西或斷或續或析而三或聚而一或嶐然岌聳干插雲天或散漫平岡迴環千里山南爲哈密爲闢展爲哈喇沙拉爲庫車爲阿克蘇爲烏什爲和闐爲葉爾羌爲喀什噶爾其餘小城無算皆回人聚居是西域之南路也山北爲巴里坤爲烏魯木齊爲伊犁爲塔拉巴哈台其餘小城亦無算爲準噶爾故地是西域之北路也此山嘉峪關外東西綿亘五千餘里過葉爾羌愈遠愈峻西南折入溫都斯坦復折而西直達西海不可窮究矣其最大而著名者於烏魯木齊爲博克搭班三峯孤峭冰雪晶瑩望之如琉璃插天隔蔽日月於哈喇沙拉爲崀勒土斯圍

踰千里水暢草肥宜於游牧在伊犂烏什之交爲莫蕭曾搭班其山皆氷望之如銀南北兩路之衝衢也在葉爾羌爲米勒台搭班山中皆玉又西復作氷山尤險阻爲葉爾羌溫都斯坦往來必由之孔道更有玉山在焉其山自古積雪氷雪之水自山陽而下冬夏湧流散漫於南路各城以資灌溉諸水皆聚於賀卜諾爾星宿海泉水黄赤湧地而出望之如列星散布復經諸山氷雪之水滙歸流入中國即黄河也自後藏西南溫都斯坦各國雪水經番地流入中國爲岷江益東滙爲揚子大江也

玉門縣嘉峪關外沙磧千里乏水草絕人煙自古然矣新疆開闢西北數萬里盡入版圖邊外近地編氓聚族而居者日以加繁因

時制宜治以守令於關之西二百九十里設玉門縣

安西州始設府治後改為直隸州在玉門縣西三百里屬敦煌玉門二縣州縣學歲取諸生二十四名文風尚同內地設鎮將同城州西即疏勒河州南六百餘里即沙州並新設之敦煌縣治地皆沙磧所產瀚海石極佳東南行四日即陽關故址猶存非大路所經也州有泉一區深二三尺形如偃月俗呼月牙泉極甘洌四圍流沙廣漠無垠深不可測古稱陽關之西有不滿之沙井得毋即此

哈密在安西州西北九百里古回國也前明已隸中夏所以有赤金之衞沙州之衞哈密之衞重兵駐守至今故壘烽臺遺蹟處處可考康熙時準夷強盛爭地逾哈密而東大兵西討賊并棄巴里坤而去建

城周四里有奇駐扎總理糧餉大臣及副將通判等員西關外商賈雲集百貨充牣居然一大都會北界巴里坤南界闢展爲西域第一要衝城西五里餘有哈密回城其王伊薩克爵名上所賜也所轄回城六曰哈密曰素木哈爾灰曰阿思他納曰托哈奇曰拉殊楚克曰哈拉托巴所有回戶皆其王之奴隸然戶口寡弱不滿二千家多貧窶不能自給夏極熱冬極寒

土產二麥穀糜瓜葡萄

巴里坤鎮西府在哈密西北三百里北鄰喀爾喀西接烏魯木齊雍正間驅逐準夷重兵守之設領隊大臣一員攜眷滿兵一千綠營設總兵一員標兵三千民戶之移駐既多天時之寒暄亦變地本極寒五六月猶飛雪霰尚需裘禦近年來二麥穀糜漸可種所屬西有奇

台縣又新設宜禾縣附郭府縣學歲取諸生一十一名府西八站建城曰古城設領隊大臣一員攜眷滿兵一千以聯絡各城之勢土產野牲最蕃多松多白蘑菰

烏魯木齊（譯言好圍場）迪化州（在巴里坤西一千二百六十里）準夷勦滅千里空虛乃去舊城八里於紅山嘴上另建城垣周十里有奇（曰鞏固城）山嘴有廟一楹紅泥堊壁故俗呼烏魯木齊為紅廟兒也設辦事大臣都統各一員領隊大臣二員滿兵三千漢兵二千並攜眷提督一員兵五千三百文職巡道一員同知一員近年甘省民戶移來數千內地發遣人犯數千散處所屬開墾草萊人煙聚集店鋪鱗次櫛比市衢寬敞茶寮酒肆優伶歌妓百工技巧之人無一不備繁華富

庶甲於關外所屬昌吉阜康綏來三縣州縣學歲取諸生共八十六名彬彬乎玉帛鐘鼓矣東南三峯入雲氷雪晶瑩望之如琉璃世界靈蹟最著俗以靈山稱之土產煤城西沙岡環繞其下產煤甚旺野牲雉羣飛裹肥如蠅阿魏壓油鳥松樹膠松皮為之能治瘵疾

布拉克臺站之西三十里有地一段周百餘里中皆飛灰物入其中則燄起頃刻灰盡擲以石則黑煙暴起良久方定冬雪盈丈而此地獨無雪俗謂之火燄飛鳥亦不敢過其上

又有地一段圍九十餘里在烏魯木齊至伊犁之界望去雪白土似堿鹵雨後堅實擲石塊如以木擊鐵然性等錫鑞人畜悞入數武卽陷可以滅頂俗謂之灰陷

伊犁準夷故都也（在烏魯木齊西一千二百十里）克殘勦滅四境無人定邊將軍領滿漢官兵駐劄而控制之統領南北兩路駐防之都統及叅贊辦事領隊各大臣緑營之提督總兵均受節制管轄厄魯特土爾扈特及回子各城並外藩之汗王貝勒貝子公爵台吉等各部落乾隆二十九年於伊犁川建城周十八里有奇（曰惠遠城）將軍既建牙於此各回城領隊大臣均隨駐劄城内印房京員司官及撫民同知巡檢侍衛三十餘員攜眷滿兵陸續移駐三千八百名協領等官一百二十八員均住城中內地發遣人犯二千餘名應役官兵既衆商旅雲集關外巍然一重鎮矣而滿漢索倫𤘵伯察哈爾厄魯特回子兵衆分布環繞於城垣之外土產煤鐵（城東十五里有培塿爲控俄羅

斯擾之山岡其下多煤其陰産鐵城南多雉兎一里即伊犁河其水來自哈什丕爾沁並一切山泉匯爲巨流迅流激灘渡資舟楫多白魚鱝魚水獺西北流過伊犁七百里入沙而伏河之南有入堡駐防攜眷兵一千總管副總管領之回人亦雜耕其間其東皆深林豐草多狼與野羊其西皆葦湖多黃羊野豕城西皆平原有川曰賀勒果斯四百里有川曰齊七罕駐攜眷索倫兵六百達呼里兵四百總管副總管領之幅隕寬廣山徑龐雜西北西南皆外藩北鄰塔拉巴哈台南界回疆東接烏魯木齊爲關外西北屏藩軍臺十二沿邊卡倫三十規制極爲周密在準夷本貧游牧無事耕耘今設官駐兵皆需穀食因設屯田之法開墾荒蕪回民六千戶納粮僅足資用各官薪俸兵丁鹽菜尚需內地

每歲例調銀五十餘萬兩紬緞數萬疋與哈薩克交易牛羊馬匹變價充餉又收關稅地基銀四萬餘兩及回城所交棉花布疋等項始能足一歲之用歲檄領隊大臣一員領兵五百巡查哈薩克布魯特收其賦稅牛馬百取一羊千取一以爲額　厄魯特台吉回城伯克俱隨年班入覲哈薩克三年一次入覲惟布魯特有來朝覲者亦隨年班入京無一定之例　錢價昂貴乾隆三十九年設寶伊局鑄乾隆通寶錢二成準以阿克蘇葉爾羌布古爾歲粮折銅七八千觔入局鼓鑄

惠寧城在伊犁惠遠城東五十五里　駐防領隊大臣一員協領等官五十餘員統兵一千九百駐劄　東十五里有回城曰故爾札　又東百八十里

有山曰哈什圍環數百里產銀多野牲爲將軍圍場中有回城博羅他拉在惠遠城東北四百里駐防察哈爾擕眷兵一千游牧其地總管副總管領之有溫泉在川北哈布他海之山浴之已寒疾其南有巨澤曰賽里木淖兒其神青羊大角而多鬚見則雨雹屯田有城曰烏哈里爾克在惠遠城北六十里綠旗兵二千六百流犯千餘副叅等官百二十員總兵統之又北有山曰阿拉瑪圖出泉南流環城開渠引入官兵賴之復南流入伊犁河又北有山曰他爾奇多果木又東北有山曰莫懷圖生土蚘見馬則頭入土其身卓立撐馬腹膨然不能行馬倒則入鼻而鹽其腦又北有山曰庫車托木土產元獺歲採入貢又東北有山曰擠拉噶郎又山曰庫色木克什土產蘋婆杏多熊多藥

草山花冬夏溫和別有天地

西域氷山在伊犁烏什之間爲最大橫亘百二十里北爲克噶察哈爾海南爲他木哈他什爲南北兩路必由之孔道由克噶察哈爾臺站南行有雪海一望無際冬雪極深夏成氷雪泥淖人畜於山坡側嶺羊腸曲徑而過若失足落雪海則杳然沈墜不知所止過此二十里卽氷山矣此山無沙土無草木處處皆氷層巒疊嶂千仭攢空無非氷也從裂罅下視正黑不見底或聞水流之聲如雷鳴人聚駝馬之骨橫布於路乃可置足陡絕處亦鑿有氷磴陟降攀援滑聿萬狀時聞氷裂其聲琅然山谷相應經其地者人畜魚貫而行莫不惴惴或露山骨石塊大小與氷相雜傾欹峻險亦難名狀中途日暮

暗不能行擇穩厚大石歇於上夜靜聞有如鉦鐃鐘鼓之聲絲竹管弦之奏通宵聒耳皆遠近氷裂之繁響也氷之長落亦無常或突而起或沈而陷故道路亦無一定之所有神獸非狼非狐又有神鷹大如鵰迷失路徑者尋獸跡禽鳴恒無失悞八十里至臺站他木哈他什河流浩瀚東南五千里歸賀卜諾爾南行四日戈壁外皆畜牧之地矣哈布他海山西北有小花牛一見則大風旋雪人畜遭之十存一二過其地者必虔祭而後行俗謂之風戈壁

雅爾又曰楚呼楚在伊犁北一千九百里爲阿逆游牧之故地設叅贊領隊大臣各一員及司官同知等員屯田漢兵一千滿洲蒙古兵輪班調撥一千五百防守歲調餉銀數萬兩以充俸餉又紬緞數萬疋與哈薩

克交易牛羊駝馬變價充用初在西北境屯劄因其地極寒冬雪盈丈夏多毒蛇且多白蠅飛觸人畜眼角輒遺蛆而去非膠黏之不能出爲害甚大故移駐於此建築城垣周數里曰撻拉巴哈台土宇廣闊南至伊犁十八站北至哈薩克七日西至哈薩克三日東北距俄羅斯境不及五百里兩國之卡倫相望爲伊犁北鄙之屏藩乾隆三十六年土爾扈特來降安插其三千餘口於城東四站地方㳂其游牧土產鱘魚鯊魚多水獺野牲及熊色蒼黃多麈俗曰四不像數百爲羣有樹雞烏毛似雞大觔許味甚美常棲樹杪有翠鵶羽似翠鳥可作扇俎徵冗耳

闢展回城土魯番土司所屬在哈密西七百七十里雍正時被準夷緩騷其

酋伊敏和卓率其人民投誠因移之駐安西沙州以避殘暴及準夷掃蕩仍歸其衆於故土後平定回疆和卓著有勞績封郡王闢展雖極小回城而地當孔道為南路要衝故築城垣五里有奇設辦事大臣及同知司官兵弁轄軍臺六站　闢展東之三閒房十三閒房布幹臺皆大風之所凡風皆西北來山有風穴一大若城門先有聲如地震瞬息風至屋頂多被掀去卵大石子飛舞滿空千觔之重載一經吹翻即零星飛去人畜有吹去數十百里之外者有竟無蹤跡者其風春夏最多秋冬絕少山皆緣石似玉多匾長之形擊之作磬聲山上沙石為怪風簸揚皆散漫成堆突兀怪惡不似山形每晨視南北兩山清朗無塵是日必無風若青霧漫漫兩山不

見必有大風是日必不可行

土魯番城在闢展西二百六十里伊犁和卓之子公爵蘇拉滿所駐轄回城六曰土魯番曰闢展曰魯古沁曰色更木曰托克遜曰哈拉和卓爲世襲土司他城土司皆隨時陞調人戶較多於他城然亦不過三千餘戶耳且貧苦不能自贍者多夏極暑熱火繖當天炎風匝地東南一帶沙山絕無草木日光照射尤不可耐俗名火燄山冬無祁寒大雪土田肥沃多棉豆之利土產麥穀胡麻而甜瓜西瓜葡萄種類甚多無不佳妙甲於西域城北一里多怪風往往驢羊吹去無蹤南皆戈壁野駝野馬百十成羣

賀卜諾爾在土魯番西南二千餘里即黃河源星宿海也自闢展西至和闐數千里之南自闢展南至後藏數千里之東皆戈壁即泥淖直峯側

嶺曠野平川無地非泉或[illegible]或[illegible]懸或如[illegible][illegible][illegible]點湧地而出或衆流合港而來水色黃赤沮洳無垠皆雪山之陽回地各河之水東南長趨而滙於此爲極大之湖其東其北障隔峻嶺高山大水伏流數百里出山僅見黃水一綫而下等於溝渠自此而東而北會百川入中國即黃河也賀卜諾爾有兩村人戶各四五百家不耕不牧以魚爲糧織野麻爲衣取天鵝絨爲裘籍水禽爲臥具語言與回子通不爲諷經禮拜之事茹穀食肉食即大嘔庫爾勒回城多魚故其人時或一至其地設五品土司一員屬闢展大臣管轄若來闢展謁見必裹魚爲粮

哈喇沙拉 在土魯番西八百七十里初係回城土宇寬廣迴環千里有牧場曰著

冊直沂巨

勒斯土草甘水肥野牲多足資游牧有河曰開都足資灌溉是以果木黍稷被野彌望夙稱富庶之邦自準夷占據為牧場回民逃死殆盡及準夷滅以其地要害另築城垣周三里設大臣一員兵六百防守至庫車九百六十里

後土爾扈特來歸安插於河岸牧場氊帳雲屯游牧而兼稼穡然其人貪惰性喜盜掠商民回戶並受其害婦女尤不知恥到處可以宣淫而鍼黹女工則遠勝回戶極貧之男婦子女多鬻於各城回戶為奴而盜馬竊物逋竄不知所往者復踵相接狡詐回子販賣入於遠地以漁其利

庫爾勒回城在哈喇沙拉西南一百五十里回子七百餘戶回子多惰懶設三四五六

品土官伯克各一員地遼闊有開都河水縈繞多魚蝦蘆雁蒲鴨鷗鷺成行土產稻米二麥梟吉草可以爲箸多葡萄瓜果

布古爾同城在庫爾勒西五百九十里舊有回子二千餘戶進勦霍集占適當其衝逃亡僅存百餘戶又徙愶蘭回子五百餘戶實之回子愶蘭一種爲霍集占牧馬畜鷹之戶狡詐好訟最頑梗亦設土官伯克無內地官兵凡事同庫爾勒例總歸哈喇沙拉大臣管理土產羊皮酥油猞猁猻紅銅城之南皆戈壁馬行三四日即山場豐美多野牲再南則沮洳近星宿海矣其地蘆葦蒲灘綿渺無際爲入回地之咽喉其自葉爾羌和闐阿克蘇喀什噶爾沙雅爾等處來者雖由山徑荒灘亦必終歸於布古爾葦湖之土橋爲渡舍此無別路

庫車回城（在布古爾西三百里）古龜茲國也方城四門周九里依山岡爲基餘皆柳條沙土密築而成望之巍然如金湯之鞏固爲回疆名城初回人三五萬戶經霍集占之亂城中幾無孑遺今設駐防大臣一員及司官土司（伯克）城守兵三百與回戶共居城中合鄉城回子一千餘戶歲納糧二千石充兵糧銅一千八十觔解烏什鑄錢硝二百觔磺三百觔解伊犁備辦火藥幅隕寬廣地扼衝衢爲西入回疆之門戶南數十里即戈壁黑行三日外山場豐美多野牲無人煙再南則渭迦沂星[illegible]塔聯布銅硝磺硇砂此砂出城北山上石洞春[illegible]人不可近冬寒而雪洞火亦息土人[illegible]一二次或

竟無雨城西即渭干大河開渠引水耕種及果木並兹灌溉城東南十里有額城一段長五里許堅實高厚雉堞猶存土人謂漢時屯兵之所　城北二十里有小佛洞城西六十里有大佛洞山之上下前後鑿洞四五百處内皆五彩金粉繪佛像最高一洞三楹壁鑿白衣大士像漢楷輪迴經一部鐫壁上相傳唐人所爲

沙雅爾小回城在庫車西南六十里庫車大臣管轄設土官伯克數員城垣一荒涼村堡耳南緊依渭干河回子七百餘戶歲納糧千餘石銅硝礦之數較庫車減三分之二地下溼炎熱宜粳稻瓜果皆佳而梨尤精絶產猞猁猻狐狸多虎近城皆葦湖故夏苦蚊如霧如塵日晡尤甚回人男女入布幪牲畜咆哮徧身流血二更後始定其人

村野椎魯然亦健訟婦女皆好顏色南近賀卜諾爾渭干河之所歸也馬行西南八日至和闐東南二十八日至西藏

烏什永寧城在庫車西北一千里依山建築諸峯環抱於南大河瀠繞其北戶口本數萬富庶表著自回衆逼變後人戶殆盡移總理回疆之參贊大臣駐之又設協辦大臣及司員侍衛滿兵二百漢兵一千駐之有屯田牧場軍臺錢法諸務　地僻不臨大路而幅隕遼闊北界氷山南皆平川沃野管轄四城曰烏什曰阿克蘇曰拜曰賽里木　其地山場豐蔚葦蕩深邃者皆布魯特游牧其中外藩貿易人來皆有應納之稅定十分取一之例　設錢局鑄乾隆通寶普兒形橢首銳中無方孔一當制錢　每文重一錢二分抵銀一分每百謂之一騰格回子私用每五十謂之一十

騰格哈喇沙拉普兒與制錢通用　參贊大臣雖受將軍節制而各城重大機務不皆會商有如內地督撫分治故六大回城曰葉爾羌曰阿克蘇曰喀什噶爾曰庫車曰英阿薩爾曰和闐之三四品土官伯克缺出而補授者皆其定擬每歲六大土官輪班入朝各城土官隨班入覲皆由擬派春秋巡查東西各回子事務情形及收成分數以行賞罰歲以爲例

烏什關帝廟歲三致祭氷山遣官歲一致祭　永寍城外本皆回人村落誅戮一空惟綠營屯兵四百耕其荒廢之地嗣於各城徙回子五百戶耕種空地納粮設土官管理數年後田園屋宇果木成林安於樂郊矣　當準夷役屬回疆竭澤以漁喀城歲徵粮至四萬八百九十八帕特米粟四石五斗曰一帕特他稅稱是葉城歲徵匠役戶

口棉花紅花緞布金礦銅硝牛羊羚猁氊廚果園葡萄之稅折錢十萬騰格他城稱是而且不時準夷或三或五或數十爲羣突至回地掠牲畜姦婦女少不稱意卽肆殘殺故回民村室皆築土堡鱗次櫛北堅墉曲隧以便窖藏以防搶刼準夷若至人避堡上牲畜匿於下緊閉其竇而守之及布拉敦霍集占旣歸卽謀悖叛雖日減科而兵餉徭役煩與供給稍遲家立破及其出亡又竭民脂以行迨平定後蠲苛省斂悉從二十取一之制矣

阿克蘇（在烏什東二百里）回疆一大城也人戶二萬上田廣沃二麥芝麻穀豆黍棉黃雲被野桃杏桑梨石榴葡萄蘋婆瓜菜之屬塞圃充園家家富厚牛羊駝馬羣聚尤多技巧之人攻玉製器並精工綉

鹿革爲鞴鞍轡脩整爲各城翹楚風俗淳厚至於喜訟易惑回子之陋習然也　地爲孔道內地商賈外番貿易鱗集星萃街市紛紜每逢八柵爾會期摩肩雨汗貨如霧擁官設游擊一員稽查往來路票彈壓地方設三四五六品土官理臺站土産梨最佳歲充土貢　亦設鑄錢局鑄乾隆通寶錢與回地普兒錢並用

拜在阿克蘇東四百五十里回子小城也人戶四五百地寒粮米瓜果甚稀地當孔道無官兵防守設四五六七品土官五員拜城回子多烏什人爲霍集占祖父所惡逐居於此轉得逃誅亦天數也

賽里木在拜城東八十里庫車西北二百十里地亦孔道在雪山麓故寒八九月木葉盡脫果木稀少所種惟二麥豌豆甜瓜葡萄土産銅硝攻玉之

砂官設游擊及土官十一員風俗淳朴無回子惡習喜飲酣歌與
庫車相似

葉爾羌在阿克蘇西一千三百里即古罽賓國也城池深固周十餘里開十二門舊
爲回部國都其居室壯麗綠琉璃瓦覆之今爲粮餉局園亭寬敞
今爲辦事大臣衙署本參贊大臣駐劄後移於喀什噶爾又移烏
什此地設辦事大臣二員及司官等員卡倫八軍站十三臺設侍
衞十滿兵三百漢兵六百五十五正賦銀三萬五千三百七十兩
粮三萬五百四石黃金三十兩淸油八百觔稅銀一千六百四十
九兩隔城公用官兵鹽菜口粮又折收回子布五萬七千五百六
十九疋棉花一萬五千觔布袋一千四百三十二條麻繩一千二

百九十七根銅三千觔弁解送伊犁　地界東北接烏什西接八達克善東南控和闐北鄰喀什噶爾西南與外藩接壤辦事大臣所轄回城十曰葉爾羌曰哈拉噶里克曰托古斯堪曰三味曰契蕃曰塔克曰克可牙爾玉拉里克曰火沙拉克曰巴里楚克曰賽闊羅　人口九城各約千戶各有三四五品土官葉爾羌七八萬戶官兵居城一隅餘皆回屋比櫛幾無隙地其人循謹敬中國之人愛戴官長性怯懦習技巧尚宴會婦人善歌舞能百戲如打觔斗踏銅索皆可觀但豪強兼併小戶少有蓄積輒爲土霸咀嚼以故人戶雖繁多患貧乏　俗喜男色有閩廣風回童娟秀每修飾與人燕好　中國商賈山陝江浙之人不辭險遠貨販其地而外藩之人如安集延退擺特郭酣克什米爾等部落皆來貿易八

柵爾街長十里每當期會貨若雲屯人如蜂聚奇珍異寶往往有之牲畜果品尤不可枚舉也　土產米穀瓜果甲於回地

回部大頭目曰阿奇木伯克（最尊貴生殺予奪惟其所為）次曰伊什罕伯克（亦有統領之責）其餘各職事曰噶雜那齊（掌田賦）曰密圖瓦里（掌買賣田宅平爭訟收租稅）曰摩提沙布（整飭回教）曰都（管兵馬冊籍遞送公文）曰海子（管理刑名）曰密拉布（導水利）曰把濟格爾（平市價）曰訥克布（管營造）曰明（分領眾回頭目）曰阿爾把布（司徵比）曰克勒克雅拉克（榷商稅）曰雜布提摩克塔布（掌經典）曰什呼爾（供芻粮路費）曰巴克麻塔爾（典園林蔬果）曰達曾罕（警斥堠）曰帕提沙布（巡邏偵緝及主守罪人）曰塞衣得里（平治道途）凡伯克（土司官也）皆有小回子為奴隸自百戶至二三百戶不等曰煙齊其衙之大者皆由烏什參贊大臣定擬奏請

生殺予奪阿奇木不得專主之矣村落曰愛曼各有王子伯克一員司其丁糧差徭又有叩克巴什一名管理耕種

玉産河中小者如拳如栗大者如盤如斗有重三四百觔者色各不同如雪之白翠之青蠟之黄丹之赤墨之黑者皆上品一種羊脂朱斑一種碧如波斯菜而金片透溼者尤難得河底大小石塊錯落平鋪玉子石子雜生其間採玉之法派熟練回子數十人一行截河並肩赤足踏石而步遇有玉子卽鞠躬拾取岸上兵擊鑼一下官卽過硃一點採畢出水按點交納

去葉爾羌二百三十里有米爾台山徧山皆玉五色不同然玉石夾雜欲求純玉無瑕且大至千萬觔者在絕頂高峯之上人不能到惟當地犛牛慣登

陟回子攜具乘牛攀援錐鑿任其自落而取焉俗謂之礫子石每歲春秋二季葉爾羌貢玉七八千觔至萬觔不等若葉爾羌和闐河中所產之玉無定額所採儘數入貢由臺站輦送入京私玉之禁甚嚴而弊亦不能盡除也　乾隆四十五年辦事大臣高樸私役回戶三千盜採官玉事發封禁其山嘉慶四年禁弛常貢外恣民自采是歲葉爾羌獲大玉三青者重萬餘觔葱白者八千餘觔白者三千餘觔邊臣侈其辭以聞　上以沙磧輦運勞人急罷之至今歸然存哈喇沙

和闐即古于闐亦回疆一大城也阿克蘇西南一千四百里南行二十日即後藏北距葉爾羌七百里西皆崇山複嶺與外藩道路不通東皆戈壁

及沮洳之場近星宿海矣地僻事簡僅設領隊大臣二員綠營兵二百三十二均屬葉爾羌大臣節制所屬回城六（曰和闐曰玉瓏哈什曰噶拉噶什曰齊喇曰噶爾雅曰他賀卜伊）均有三四五品土官土田平曠沃野千里戶口繁多皆出玉子多於葉爾羌瓜果咸備風俗淳朴無游惰浮華之習男力耕作女勤刀尺原蠶山繭極盛所織紬絹繭布極緻密光實可貴回人稱漢人曰赫探城曰赫探城（漢任尚爲都護於西域遺其人衆於此和闐回子皆其遺種）古云崑山之璞抵烏自米勒台山至和闐山巔水湄莫不產玉或即所謂崑崙與迄今去長安萬里外多有經其山川風土而傳之者烏得別有所謂崑崙哉惟地處極邊外藩多通貿易衣冠詭譎形貌奇異之人往往有之矣

喀什噶爾譯言各色磚房謂富庶也回疆一大城也在葉爾羌西四百二十里其名表著西域地爲極邊西北一帶雪山外皆外藩矣設鎮守辦事大臣及司員同知侍衛滿兵三百二十漢兵二百五十卡倫十二轄城九詳後各有伯克土官分治歲收回子普兒三千六百餘千抵銀三萬六千餘兩糧一萬四千石以充本城兵餉仍折徵回子布一萬疋解送伊犁備用稅十分抽一變價充公地係膏腴土產氊緞氊細絲紬緞布金銀石榴瓜膏木瓜蘋果葡萄乾皆充土貢

一喀什噶爾回城與鎮城相連極繁盛習技巧攻玉鏤金俱精風俗奢華多妓女嫺歌舞富家或蓄歌妓人皆循謹畏法敬官長不似庫車以東之村野也

一英阿薩爾回城在鎭城南二百里爲外藩各國入回疆之總路最爲緊要設總兵鎭撫之土産稻米二麥麻豆極盛

一牌斯巴特回城在鎭城東三十里土産黑礬瓜果

一塔什伯里克回城在鎭城西北二百里與布魯特密邇土官散秩大臣銜阿奇木因平回亂効力以此地　賜之土産二麥青稞

一阿拉圖什回城在鎭城東八十里土田廣沃果木蕃茂地下溼宜稻

一別什克里木回城在鎭城東十里風土畧同鎭城

一玉素納爾土什回城在鎭城西北一百三十里近雪山故寒

一阿爾古回城在鎮城東北一百九十里依雪山多雪雞雪蛆雪蓮雪蟬之類回子但知雪雞可充庖也過雪山四日可抵伊犁然春秋冬路常斷惟夏月可行亦無人往來

一握帕爾回城在鎮城西北一百八十里與布魯特接壤

回疆風土

天時中土初三見新月初二或亦見月西域地處極西在初一亦偶或見月一絲

春夏多風但不致揚沙拔木耳楊柳桃杏梨李蘋婆花實卒宜風每風一次後綠霧淨澂如久雨初霽風數次諸樹花開鮮豔實亦茂密枝葉亦濃陰鋪地矣切不可雨雨固不多儻花葉正盛著雨

無不枯萎一歲之碩果無存矣

土宜 地肥暖秋麥多農功旣畢放水入池謂之澆冬水來春水潤可早布種而回人之種甜瓜與稼穡等或圓或長赤白黃綠色不同而種亦別夏秋之間入回子部落無不以瓜爲敬也

百穀皆可種植而以小麥爲細糧粳棉次之大麥糜子用以燒酒及充牲畜棧豆而已餘如豆粟芝蔴蔬菜瓜茄之類無不可以成熟回民不知食用故不多種荒草湖灘每於春融氷解引水播種嘉禾與惡草同生不知耘鋤其愚可笑忌春寒則雪水來遲播穀失時自下種至以秀以實並不宜雨雨少不過減收雨多則地起鹹滷告登無望矣

風俗回民過年之前一月即把齋起凡男女十歲以上皆於黎明後不得飲食甚者津液亦不敢下嚥方爲善把（稱回人曰把把以此）日落星全方恣意飲啖但不得飲酒近婦人日夜禮拜男女悉以淨水徧身澆灌而後行禮毛喇（能書記者）阿渾（通文義者）其禁忌尤繁瑣至次月之初望見新月則開齋過年矣回語謂之入則

開齋之日竟夜鼓吹達旦其阿奇木伯克鮮衣怒馬金絲黃阿渾帽駝馬皆飾以錦韉各五七對旗幟鼓樂海蘭達爾（香火道人也）歌舞前導伯克阿渾等皆白圓帽圍隨左右其阿奇木之心腹人等挫跎操槊披甲護衛一同入禮拜寺諷經合城男女皆新衣喧闐街巷羣瞻阿奇木威儀禮拜畢均隨入阿奇木家拜年阿奇木勞以

牛羊之肉葡萄之酒男女跳舞歌唱㘄飲盡歡而散謂之入則愛伊諦歡樂也　未歸王化以前是日之阿奇木伯克入寺禮拜畢卽有阿渾等議其賢否以爲賢則留之若謂某事無道某某事尤無道則與回衆廢而殺之以故阿奇木多擁兵自衛今雖不敢如前而兵杖尙沿其舊是日回人之拜答飲宴悉同中國元旦

入則愛伊諦後數十日其阿奇木又復儀仗入寺通城喧樂謂之因魯班愛伊諦　又數十日回子赴素所信奉之人墳墓禮拜諷經多於頸項咽喉間用刀透穿其皮以布縷穿之血流徧體云以其身祭神靈也謂之烏蘇爾　又數十日回子老少男女鮮衣修飾帽上各簪紙花一枝於城外高處婦女登眺男子馳馬較射鼓

樂歌舞飲酒酣眺盡日而散謂之努魯斯

回地各城均於城東架木爲高臺每於五鼓日將出申酉日將入於其上鼓吹迎送毛喇阿渾人等向日禮拜諷經謂之納馬茲其納馬茲日凡五次率以爲常遇有吉凶軍旅迎送大僚亦於其上鼓吹蓋曉諭回鄉之號令也

夏初桑椹熟回人取以釀酒家各數石男女於樹陰草地或果木園中歡然聚飲酣歌醉舞徹夜通宵從此所遇皆醉回子矣桃熟釀酒味微酸深秋葡萄熟釀酒極佳饒有風味其釀法納果於甕數日發爛後取以燒酒無需麴蘖其餘惟有大麥糜子燒酒而已磨糜爲酒渾似米泔微酸無酒氣亦不能醉人愈痢奇驗

回子宴會以多殺牲畜爲敬駝馬牛均爲上品羊或至數百隻各色瓜果氷糖塔兒糖以及燒煮各

肉大餅小點餜飥蒸飯之屬貯以錫銅木盤紛紜前列聽便取食樂器雜奏歌舞喧譁羣回拍手以應其節總以極醉爲度有連宵達旦醉而醒醒而復醉者所陳食品客或散給於人或宴罷攜去則主人愈喜以爲盡歡　回民禁忌豬肉最嚴凡驢狗諸牲畜苟非其人親自宰殺及去血淨者悉不食

回子無姓氏宗譜父兄諸舅皆哥呼之弟姪甥壻皆弟呼之同謂之親戚惟父子尚知敬愛餘皆平等而已男女無別除生已與已生外皆可苟合亦可公然婚配或曰共乳者不媾接

婚娶兩家合意男家饋送牛羊布疋邀親戚更求阿渾數人同赴女家議念經爲定至婚期女家或父或兄抱新婦同騎馬上以帕

盖面鼓吹導引送至夫家凡回女皆垂髮辮數十嫁後一月則梳髮後垂以紅絲爲絡寬六七寸長三四尺其雙歧拖地處仍結紅絲數寸成穗富者上綴細珠寶石珊瑚等物囊髮垂後小戶貧回及有孝服者或用藍用綠男女室後皆以清水徧身澆洗

人死則海闌達爾數人升屋上同聲喊叫念經其家皆白布爲冠謂之掛孝死之日或次日即舁之郊外瘞之無棺槨衣衾惟白布纏屍而已親戚往弔念經盡力資助既葬請阿渾人等念經凡親戚所資助及死者所遺衣物盡散於衆以邀冥福子爲父母妻爲夫及兄弟親戚皆掛孝四十日而除

回男不蓄髮辮不剃髭鬚惟剪脣鬚便於飲食生子五六歲其父

毋邀阿渾念經以刀挑斷勢皮十四五六歲初知人道卽聚羣童於樹林中使與牝驢交媾再長則覓婦女相交好矣

衣皆大領窄袖男左衽女做前襟內襯衫褲及膝女帽冬夏皆皮前插鳥羽為美觀男帽冬亦皮夏用紬綾猩氈為頂倭緞為翅高五六寸前後尖翅亦各長五六寸男翅兩平女後翅少垂頂上皆起金線為花牛羊之革為韈為履米色其履木根二寸女履有前無後夏日跣足趿之阿渾帽簷白布為之中塡棉絮高厚各五六寸有一種瓜名回回帽形頗似之

回子無跪拜禮見尊長及其頭目交手當胸而頓其首男女皆然惟納馬茲則始跪拜長幼相見無論男女皆以接脣為禮歸化以

來見中國官長亦皆跪拜請安謂敬之如天日也

回子墳多如棺形富者或圓塚或開穴或琉璃爲飾多在大路兩旁謂往來人多爲之念經祈冥福也

喜養鵰少有之家即有一二架以捕狐狼黃羊之屬捷而鷙弓矢非所長以大頭短棒擊兎一擲而斃之則絕技也

無衡量糧穀以帽量多則以大小布袋量秤兩端置物均勻兌換

回樂以鼓爲主鼓大小數面葦柿木管皆八孔洋琴五十餘弦瑚拍七弦（鐵弦四皮弦二絲弦一）胡琴大小四張其音抑揚高下隨鼓起落而歌舞之節奏盤旋亦以鼓爲則嘈雜淆亂中悉按宮商之義

無正朔閏月以望見新月爲月初以三百六十四日爲一歲（每七日八）

柵爾一次計積五十二次之數其計歲月日時皆有地支無天干

回屋纍土爲牆厚三四尺爲樓牆厚七八尺橫白楊胡桐於其上施葦敷泥成室宇穴牆爲竈置火兼以禦冬寒又穴牆爲洞以藏物件頂平人可於其上往來且爲曬曝粮果之地爲之堅固不傾圮雨少不慮滲漏開天窗一二處以納陽光　富者多於屋內雕泥爲花草字畫飾以灰粉細而堅頗工巧或施金粉　屋傍例有園池廣植花果以避夏暑　回人以樓高爲貴有三四上者　地基少寬必作禮拜寺以便納馬玆

夫婦不和隨時皆可離異妻棄其夫者不許動室中一物夫棄其妻者家中所有任妻取攜子女亦各分認夫得男妻得女有離異

數年更數夫而仍歸前夫者又有更數夫而前夫猶與往來者

物産

沙棗形類棗色金黃花葉作金銀箔色肉似細沙味甘回人取以釀酒

胡桐譯言柴也其樹徧滿沙灘或數十里成林枝榦斜曲不任器用間有端直亦不堅實僅可作柴燒也夏日炎蒸津液自樹杪流出凝如琥珀者名胡桐淚自樹本流出色白者名胡桐堿

劄答堅如石生牛馬腹中或野豬頭腹中及蜥蜴尾根青黃赤白綠黑不一色大小亦不等回人用以祈雨以柳條繫之置淨水中祈風囊之懸馬尾祈陰囊之腰案無不響應

雪蓮花雪蟾雪蛆皆生雪山之深雪中蓮尤多而易得喀什噶爾

雪雞羣飛極肥美而性燥

夏草冬蟲生雪山中夏葉歧出類韭（與他書異或悮）根如朽木凌冬葉枯根蠕動爲蟲入藥極熱

岔口小鳥也全似鷂而喙爪皆紅氷山中千百爲羣卵遺氷上極寒之時卵自綻裂有鳥飛出矣

哈密瓜有十數種形如阿渾帽綠皮綠瓤清脆如梨甘芳似醴者爲上白瓤者次之然宜旋摘旋食若皮色淡白有綠斑點瓤紅黃者爲下却可久藏至次年二月

黑鵰（名骨岔）高二三尺翎健多力生深山若巴達克山之鵰大而猛鷙集則高如駝象飛則兩翼垂雲所過處人避屋中往往攫去牛

馬翅翎垂地長至丈餘

沙葱似蒜頭大如雞子葉似葱而不中空味辛甘回人嗜之

沙竹似葦而無節實心為用甚多

集吉草勁直光潔極堅綿屈之不折可作箸

地多蛇蠍麥熟時人被傷者往往不救得中國紫金錠奇驗

八叉蟲形類土蛣蛛腹大如胡桃雞子黃綠為章八爪嚙鐵有聲生溼地及多年土壁中每大風出穴逐風而行入人屋宇若人被嚓痛徹心須臾不救所噬輕取蟲碎之可無害若噬人而吐白絲於瘡口或向水邊呼吸則人必死或曰茜草搗汁服又敷瘡口可治然中其毒而生者百無一二也

野馬駝騾深山戈壁中往往成羣野牛尤猛很人一鉛不中即被

其害一種大頭羊角長數盤肉麄劣皮則溫暖多以為裘
豺狼高尺餘長三尺百十成羣遇野牲則羣圍如獵無得脫者人用鳥鎗擊殺一二彼羣聚零星分散銜之去不使人得骸骨焉
野羊生深山色青白毛長被體大如驢面似人形頦下鬚長六七寸亦類人之落腮鬍回人謂為神異不敢輕殺也
松仁來外藩皮似柰肉碧緑甜而微膻
帕拉聘草根也全似參三七色藍黑出溫都斯坦重價貨於回城陰冷痼疾服之立愈
壓油鳥出伊犁烏魯木齊之間大如雞雛色正黑肥則集人屋宇及院落中唧唧哀鳴招之輒集於肩袖捉而握之油自糞門出仍

縱之去

雜錄回字如鳥跡如蝌蚪橫讀而連續處尤不易辨字頭二十九通曉字頭遂無疑字回童能書記者謂之毛喇通其文義爲衆所服者爲之阿渾亦有大小之區別回人遇有疑難皆問阿渾卽男婚女嫁亦所主持雖有謬誤亦不怨悔也厄魯特之於喇嘛亦若是尤可笑者鄉愚小回忘其生辰問之阿渾漫以一月日告又忘又問先後矛盾而終敬信之

文字有醫藥之書有占卜之書有堪輿之書有前代記載及各國山川風土之書其言道謂天高覆我地厚載我日月明以照我皆當禮拜戒貪淫殘詐尚敬謹敦厚謂正人之氣不散死爲神靈講

性命清淨之理亦釋氏糟粕無如阿渾人等陋習相沿不異內地之腐爛冬烘蠱惑愚回騙取財物殊堪太息耳

日中之市謂之八柵爾每七日一集五方之貨服食所需均於八柵爾交易銀貴中國之元寶散塊小錠則謂有偽贗焉

回人瘦疾饒裕者多殺牛羊分散海蘭達爾及貧苦小回以祈福力亦求阿渾用藥妄用大黃附子往往殺人

小兒亦出痘輕而易過百偶損一從無麻面回子倘出痘者多則避深山極寒之地可免

鄉曲小回疾病必向河中沐浴冬夏皆然若燥結之症於河中灌洗穀道納葫蘆柄其中藉水出入以求通利

海蘭達爾娶妻生子與回子同但留髮作二辮耳衣衲紅藍相間帽高頂無翅每逢八柵爾期或回子年節輒取數十百人擊鼓跳舞歌唱喊叫或在八柵爾上或入回子家募化錢米衣物回子無不樂施回子則升屋念經譯其詞曰有生則必有死今此人既先死凡未死者應來哭泣只此數語反覆叫念竟日其居常之納馬茲則以夜半所誦之詞語回子亦不解矣

回子地牢掘地爲池方深二丈餘以草木泥土厚覆之開一竇於上回子有罪則置於內汚穢不堪坐臥日給飲食逃亡被獲者則用大木一段鑿孔納足於中四圍釘固不得屈伸小罪則立而撻其背婦女亦然

回子性多疑人言皆不甚取信多詐其言亦不可深信其頭目尤甚待之以禮則慢謂畏之也待以嚴厲又內懼而不自安惟簡傲加之而時施小惠庶幾生其畏敬是漢王服黥布之術而小用之回子陋習多以強凌弱如自私自利而不惜其下艱苦比肩則各不相下遇事拘軋故為勃谿漸成讐隙因至不共戴天

回疆有柳樹泉二其一在陽薩爾軍臺東十里老柳二株根圍各三四十步旁枝披蔭是千年神物根下出泉樹上有孔如盂亦湧出泉水並清洌其一在烏什城南五里有柳樹可五七人合抱樹上亦有泉水湧溢回子呼為靈泉

外藩列傳

哈薩克伊犁西北一大國也即古之大宛乾隆二十一年進勦阿逆其汗降服受封爵奉正朔人民土宇悉入版圖其地無城郭民亦無定居不藝五穀氊帳爲家游牧爲業地多平岡草生被野綠葉白根長四五寸牲畜易於腓字稱其君曰比相呼以名幅隕遼廓人戶殷繁富者牛馬以萬計羊無算數人共一妻輪流宴處生子十六歲輒析牲畜予之使自爲計宴會以駝馬牛羊爲饌馬湩爲酒器用皆木富者銅錫以衣多爲華美雖炎夏亦被服八九層赴筵最喜中國磁器茶葉雜色梭布片金倭緞之屬無刑罰紀律人有罪衆聚紛議罪小罰牲畜罪大則共殺之而分其産不必關白於王即戰鬭之事王與衆約不願者亦不强也歲納中國之稅

牛馬百取一羊千取一伊犁將軍遣官入其國徵收其王與頭目人等取之於衆初則大費躊躇其王反覆開導後漸樂輸　哈薩克兩種其臣服者與伊犁塔拉巴哈臺連界每年驅其牲畜至邊交易細緞等物其北界之哈薩克外接俄羅斯境未通中國其人戶尤強盛云

椿園原評漢貳師將軍李廣利出燉煌萬里至大宛取汗血馬三千身膺侯封神其說者有龍種天馬之稱今哈薩克固產馬通國不啻萬萬數雖高大多力率皆駑駘其調良俊逸者千不得一烏覩所謂汗血者乎

布魯特回部距伊犁一千四百里界安集延喀什噶爾之間地廣大人戶二十餘萬居無城郭其君不一比東部五在天山北西部十五在天山南或

有管領愛曼一二十者或有管領三五十者各君其地各治其民比死立其子若弟其人不蓄一髮忌豬肉衣窄袖敞前襟帽矩方平頂女子插雉尾飾帽風俗語言與回疆大同小異氈帳游牧喜中國之磁器紬緞茶布等物與哈薩克同但人貧性悍勇戰鬭好殺奪鄰國並畏之雖準夷盛時亦不能臣服　大兵平定西域始不敢逞其各比每年貢馬匹前征霍逆時其附近喀什噶爾之比阿奇木助戰立功受爵賞今其部下人戶雜處於葉爾羌喀什噶爾烏什之深山密林中安居游牧焉

安集延回部本只一城其汗納拉帕拉立統領四城最大曰豪罕三萬餘戶次曰瑪拉噶朗二萬餘戶三曰柰曼萬餘戶四曰安集延千餘戶耳於乾隆二十三年歸附中國其

國在布魯特西有城池屋宇村堡田園耕種土產穀豆瓜果而桃稱獨絕蓄牛馬喜畜獵亦忌豬肉人不蓄髮衣圓領窄袖帽方無翅善權子母載貨服賈不獲利不歸儉嗇褊急習染成性

儌罕在退木爾沙即愛烏罕之西一大國也東為安集延距喀什噶爾五百里距葉爾羌二十五驛城池壯麗人戶富庶聖武記謂其境狹人稀西域聞見或非實錄抑前後有不同也天氣酷熱多雨多奇花異果土產五金珠玉寶石金剛石杉竹松多猩猩亦通其人言語熊羆虎豹巨蛇產象耕田負重皆取於象無牛若有男女聚觀以為罕物有瘴氣風俗淫佚無人倫尤嗜男色其人種類不一與鄰近各國各有所似又一種目深鼻高睛碧鬚繞頰染赤色以為丰采多力橫恣戰陣輒為前鋒矯捷無倫西域人皆畏之又一

種人圓領大袖衣冠類漢唐貌亦清秀人謂爲後漢遺種云然旣大遠於中國聖人之教又不信佛氏慈悲之說侵淩相尚刼掠成風與溫都斯坦相去數千里中隔巴達克山克什米爾各國

乾隆二十年通中國憫其險遠寛其歲入之常貢獻亦無定制聽其抒誠而已

道光二十二年敖罕爲布噶爾所滅

博羅爾在葉爾羌西築土屋而居有村落無文字不通回子語言衣帽與安集延彷彿其人深目隆準濃髭兄弟四五人共一妻次第敬宿生子女亦以次分認無兄弟與戚里以齒爲序地多砂磧墝鹵可耕者希人多苦貧歲收不過二麥多桑取甚曝乾爲粮其

君曰比以人爲賦凡生子女六七則納其三生子女四五則納其二皆鬻於鄰封及內地爲奴婢每一子女必五六十金或八九十金回俗雖貧苦凶荒無賣男鬻女事故值頗昂

巴達克山距葉爾羌千有餘里（二十五驛）距和闐一千三百里與溫都斯坦接壤其地羣山環繞土田膏沃居民四五萬戶築室以耕亦游牧圍獵忌豬肉衣冠同安集延亦喜男風土產寶石及米豆棉花瓜果自擒斬阿霍爾逆遂蒙 上賞頻年職貢不絕（西域聞見布拉敦之子薩木薩克唆退木爾沙滅巴達克山不足爲據）現今道光二十七年賊首提拉糾集布魯特人衆攻樸色呼庫勒巴達克山回子協該處駐守之伯克堵禦擒斬多名餘匪竄散（見五月邸報）

愛烏罕即退木爾沙在巴達克山西距葉爾羌四十驛亦大回國也有三大城曰喀賓曰堪達哈曰默沙特其汗都默特沙城舊屬伊蘭部為其汗并地廣數千里北界布哈爾南界溫都斯坦東界巴達克山勝兵十萬自兼并溫都斯坦後綴則金絲玉則工鏤亦奄豎傳令聲明文物出諸國上乾隆二十七年入貢以覘中國廣大古為大月氏國也再西隔沙漠即回教祖國

溫都斯坦距葉爾羌九十四驛西隔葱嶺亦西域回部之大者也轄大小回城三百七十其人高鼻多鬚言語回子亦不能辨衣做前襟帽纏花布地極溽暑瘴癘為害服車耕土多取給於象亦有牛馬無駝羊騾驢無游牧事粳糯秔稻及瓜果蔬菜靡不繁植檳榔桄榔櫻榈橘柚在在成林 人習技巧金漆雕鏤制作精奇製玉器

薄如蟬翼文成如髮抽金銀爲絲織紬緞氈布徧貨各國　人居掘地深數丈旁掘洞爲室精絶飾及金玉從無地上起屋建園亭之事其城村似曠邈無人煙處也　郭外一大澤山明水秀花木蔚然居人多攜眷以游多美釀尙宴會亦多載酒泛舟　其地公私事務農工商旅操作交易皆於夜閒爲之日出則伏　國旣富庶風俗奢靡其地亦有玉山獨少白金與中國甆器尤貴大黄爲至寶一切疾病瘡瘍得之卽愈人若經年不服大黄則死　其地江河皆通海洋時有閩廣海航到彼停泊兩廣福建之物往往有之或重販至葉爾羌轉入中國矣哈什噶爾回子買得漳絨一端上有漢字天順字號固閩貨也　其國西隅有巨澤圍數千里澤

中有山高入雲天曰人間第一高山也山中產獅子頭大毛虬黃質黑章尾形如帚時登山頂望月咆哮有飛十數里而墜死山谷中者國人以豢獅爲上戶飼以牛吼如雷霆滿城震動取之之法當秋月皎潔山中負雛而來者潛以礮擊斃其母而取其雛一擊不中則拋山裂石人無噍類矣　乾隆中爲愛烏罕所幷

克什米爾距葉爾羌五十一驛亦回子亦大國也人戶百萬深目高鼻黃睛多鬚衣圓領窄袖無髮辮飲食尤多禁忌禮拜尤虔時序和平冬無嚴寒夏無酷暑地土饒沃產名香白檀紫降人多奇巧精關捩之術能於山麓起樓引水逆上使樓檐如掛水晶之簾人善貨販俗尚宴會喜歌舞國中隔一氷山人畜至此須土人牽

引而過其險尤甚於木素爾達板　娶婦花燭之夕必有物先入洞房眯惑新婦評夷地娶婦何必有洞房花燭之儀況其眯惑果有一定時刻又何難守而捕之此見傳聞荒謬故錄而申其辨　自嘉峪關外西及布魯特五六千里最多戈壁至喀什米爾別有天地矣

沙關記者葉爾羌回子霍逆之黨也霍既誅沙逃匿無人之地苟延性命同時逃竄回子準夷並集其地推沙爲汗有衆五千人卽其地建屋墾田成一部落寬暴喜殺爲商賈行旅患與葉爾羌阿奇木伯克鄂對仇讐乾隆四十一年鄂對之貿易回人經其地卽被擒縛然畏　天朝不敢殺置地牢四十日沙關記忽將其父母妻妾子女盡行殺害與回人觀之以示寬悍以爲好漢乃將回人

放回以告鄂對後鄂亦擒得彼來回子置地牢六十日出令偏視城池入戶兵防放回告以利害其地在葉爾羌馬行三十餘日將軍兆惠平霍逆會探其地因所經戈壁甚大故未剿辦

塞克又名布噶爾距葉爾羌四十驛西北界俄羅斯南界愛烏罕及布魯特不尚回教地廣數千里部落數百各分統屬而事權歸一冬夏和平風俗坦白人民殷庶喜歌舞尚宴會以豬肉為上饌野牲為常食人多力善射佩標鎗五枝取物於百步之外與敖罕為勍敵　人家院落中各立木竿向之禮拜　新疆識畧松筠奏回疆事宜十條云敖罕境狹人稀外之不及布噶爾什二內之僅當阿克蘇一隅其繁庶惟安集延一區亦不盡為所屬也道光二十二年布噶爾滅

敖罕虜其酋長頭目遣使告捷於卡倫

布噶爾自古聲教兵力所不及乾隆以來惟通市不朝貢旣併敖罕始接邊陲西域聞見所謂塞克也然謂塞克去葉爾羌二萬里卽是大西洋國則大不然

俄羅斯北方一大國也其君察罕汗歿無子國人立其女爲汗自此傳女巳七世皆稱察罕汗其人深目高鼻碧睛鬚髮黃赤男女皆薙髮女梳高髻裙衫悉如漢裝不纏足耳　鑄銀爲錢重七錢餘文肖其汗面謂之阿拉斯朗　以洋算成歲分至啟閉建閏日月蝕纖杪不爽　喜樓居有四五上者金粉雕鑿極盡工巧窗開四達玻璃鏤金銀絲蔽幬之華整可觀室中牀几椅凳頗似中土

男女並不能盤膝坐一日兩浴見親友無跪拜揖讓儀惟接吻爲禮嗜茶然必調餹而飲啜之食以麥麪爲常饌魚爲上品豬次之嗜大茴以爲佳味　都城雄壯官制文武皆佩刀官階等級辨於刀柄　其兵善用火器其民耕田納賦爲兵三丁抽一自十六歲入營給馬匹器械不歸家不娶妻日隨營將訓練年五十而後出伍　刑罰嚴重男女犯姦盜殺人不分謀故鬬佚及私越別國者並以斧剁殺之　其教宗耶穌其書橫行自左而右其國名山大川甚多地之肥沃壤鹵亦錯雜土産餹紙哈拉明鏡玻璃元狐黑貂猞猁猻銀鼠灰鼠海龍水獺一切果蔬咸備

考俄羅斯前臣服於元時乃北海邊千餘里之小國耳及明其國

始大因內亂乞援其鄰西費雅國割地那爾克城賂之後其國寖强有大斯科四大斯科若中國省治所屬小斯科十百若府縣然至康熙時地日以拓又設大斯科三其境西達大西洋大海東至黑龍江東海我

大清自崇德四年俄羅斯極東部落羅刹侵逼黑龍江歷順治康熙戰爭不已後藉荷蘭貢使達意邊界乃定時俄羅斯注意西費雅圖里雅兩國近在肘腋無意羅刹所爭於是東北千里不毛之地盡屬版圖從此通貢使遣其倭秀入我國學受四子書而去及阿睦爾薩納之故土爾扈特之嫌貢使又絕

乾隆以來俄羅斯愈强其新立察罕汗梟雄成性於兒童日事戰爭向西費雅在俄羅斯西北索前所割地連兵數載竟併其國數千里遷

都於此有大斯科八又與圖里雅（在俄羅斯西南）爭阿藻城大戰拔其城圖里雅乞和還其城而盡奪阿藻東北境地

回疆南近天竺（五印度）除北印度喀什噶爾已入版圖外其東印度孟阿臘南印度孟邁西印度白帽回（即白頭國）嘉慶以來英吉利吞併中印度溫都斯坦後卽溯印度河北上凡夾印度河城郭國已半為所有而俄羅斯由黃海攻至黑海又沿裏海南侵凡葱嶺以西之布哈爾愛烏罕及裏海之游牧諸大國亦皆兼併然兩大之閒尚隔數回國也至道光十九年爭阿付顏尼部落（屬白頭國）二國僅隔一大山（曰興都哥士）阿付顏尼為英吉利攻得俄羅斯亦攻得機洼及木哈臘沙蘇野三部遂駐兵荷薩士河與英吉利中印度接界使

人習印度語言搆嚮導力圖進取而英吉利亦嚴爲備且議還阿付顏尼之酋於故地以息兵爭議未定而廣東嚴禁鴉片事起道光二十年七月澳門接英吉利所屬印度五月十四日(中土四月十三日)來信云三年前我英國與俄羅斯尚隔回國四五國今我英國印度之兵攻取巴社(卽白頭番回回祖國)之哥士山而俄羅斯邊境卽在此山之北蓋俄羅斯近年直攻至機注(游牧南邊部落)因我英人攻取阿付顏尼故也又約木哈臘(近阿付顏尼部落)要與同取阿付顏尼而後攻打印度爲我英國兵頭禦止俄羅斯前在希臘(亦近阿付顏尼)巳與巴社八立約欲取阿付顏尼以攻印度亦爲我兵頭禦止後以詭計取機注木哈達似亦可以退兵矣乃又與木哈臘立約欲取阿付顏尼

不知俄羅斯要到何地方肯住手又聞俄羅斯使者已由喀爾喀旱路來中國欲慫慂中國與英人爭戰并欲中國轉令緬國相助大抵英俄二國不久交兵我等宜早為之所矣

控噶爾（此其汗之名也）國曰圖里雅航海來廣東稱單鷹（旗上有一鳥）西域聞見錄侈大其詞並不足為據

郭罕回國其人短小長二尺牛馬高亦二尺羊高八九寸葉爾羌西馬行四十日可至

退擺特在葉爾羌南馬行四五十日可至與後藏相接種米麥亦游牧地斥鹵少出產汗取所部子女鬻他處似博羅爾

轄里薩普斯在喀什噶爾之西馬行三十日至其地人多巧思且

多妖術風俗淫惡城中有土阜誘他方人登其巔昏亂而受龍陽之汚評人至異域即或閑行應必有伴何至孑身游蕩而為妖術所誘乎

哈拉替艮在安集延南人戶寡弱不蓄髮不食豬肉居氈帳打牲冬嚴寒十月雪已盈丈三月始融地產獨峯之駝

布哈拉在葉爾羌西馬行二十五日可至氣候炎熱五穀一歲三收瓜爾熟錢用金銀銅三品人殷富重禮拜晝夜納馬玆數十次男女好修飾河有各種魚土產重骨羊其羊短小肉薄骨重多黑灰色者少自通中國大獲其利至今安集延西南諸國塡山塞谷皆重骨羊也

附絕域諸國

瑪轄提大國也地廣大土肥沃產同布哈拉多虎豹犀象洋磁白

糖栽毯金花白布善製大礮有自來火鎗及二百步通海洋與西洋近

安他哈爾多山人以松子核桃爲糧打牲爲業産白礬鉛鐵

賽拉斯地多山石沙㻩可耕者少居氊帳人戶少牲畜亦少盜劫爲生有獸形似馬頗調良施羈勒行如星電四出剽掠

噶拉特人居大水之涓食必有魚多龍黿亦牧牲畜

馬爾古特雅爾土産西瓜甜瓜長七尺圓如車輪沙棗大如梨

盤家戡特小麥色白如粉大麥碧綠桑椹有赤白黑綠四色皆大五六寸國人藉以爲粮

巴喇哈大國也産各色寶石玻璃鐵白如銀五穀六畜百果諸花

皆盛常有赤蟒飛舞空中噴熱風如火人觸之輒斃惟多食葱蒜大茴可免又產獨角野羊多水牯風俗淫亂

科罕築室耕田造旨酒琥珀色味極清芳富者以金銀絲緞噶拉明鏡爲衣倭緞爲緣以海龍爲帽長三尺餘皮韡木底下密排鐵釘不解騸馬人乘牡馬風俗獷悍

阿薩爾以豆腐爲飯土產寶石玻璃

噶爾洗地廣人稀多高山產獅象其人終日謀醉

薩穆大國也居室修潔織異鳥之羽爲衣光彩奪目

阿拉克控噶爾西北一大國也人多巧思

哈他木人多力善射屬控噶爾

阿諦在西海之濱其人男子長三四丈婦女姣好長短如恒人與長人匹不能生育必浴於河乃孕長人暴厲喜啖生人惟畏鎗礮鄰邦施鎗礮率戰慄遠竄虜其婦女而去

亞那巴特地多石山人運土上山種植一切杏實最大色白甘芳絶倫桑椹尤大人資之爲粮冬夏僅皮衣一領男女徧身皆毛冠而不視

居士評曰椿園氏居新疆最久其所著述自不同於尋常然記載廣博不無採自傳聞余參考他書爰爲增減之删改之以歸核實若外藩絶域人所罕到其云城池之大馬行九十餘日又云人巧能變冬夏之時製金木爲人可令服役俱近荒誕故自

控噶爾下其不足辨者概略而置之其不得不辨者姑存而評之所錄僅十二三焉

西域道里

嘉峪關西至哈密 共一千四百七十里

四十里雙井子　五十里惠回堡　七十里赤金湖
四十里赤金峽　三十里沙井子　三十里玉門縣
五十里三道溝　五十里八道溝　四十里卜隆吉
三十里雙塔堡　六十里小灣　七十里安西州
九十里白墩子　七十里紅柳峽　八十里大泉
七十里馬連井子　八十里猩猩峽　九十里沙泉子

八十里苦水 一百四十里格子煙墩 七十里長流水

七十里黃蘆岡 七十里哈密

哈密北至巴里坤 共三百三十里

一百十里南山口 七十里松樹塘 八十里奎素

七十里巴里坤

巴里坤西至烏魯木齊 共一千二百六十里

站數詳下伊犁日記

烏魯木齊西至伊犁 共一千二百十里

站數同前

哈密西至闢展 共九百十里

六十里頭堡　六十里三堡　七十里鴨子泉
八十里瞭墩　四十里助巴泉　六十里陶賴泉
一百四十里梧桐窩　一百二十里鹽池　一百八十里七克騰木
五十里蘇魯圖　四十里闢展

闢展西至土魯番共二百四十里

一百二十里陸布沁　五十里哈拉火卓　七十里土魯番

土魯番西至哈喇沙拉共八百九十里

七十里布幹　六十里托克遜　九十里蘇巴什
六十里阿哈拉布拉克　一百八十里朱木石阿哈馬　二百四十里烏什他拉
一百里特伯爾古　九十里開都河北岸即哈喇沙拉之城也

土魯番北至烏魯木齊 共四百九十里

五十里根忒克

一百里哈必爾漢布拉克

一百十里哈拉巴爾噶遜

一百十里昂吉爾圖淖爾

一百十二里鄂倫拜興卽烏魯木齊之城也

哈喇沙拉西至庫車 共九百六十里

九十里哈爾哈愛曼

六十里庫爾勒

七十里哈拉布拉克

一百里庫爾楚

一百六十里策大雅爾

六十里陽薩爾

一百里布古爾

一百里阿拉巴特

一百六十里托何奈

六十里庫車

庫車西至阿克蘇 共六百九十里

一百六十里河色爾

四十里賽生水

八十里拜

九十里爾雅斡　四十里雅爾哈里克　一百二十里哈拉玉爾袞

八十里扎木　八十里阿克蘇

阿克蘇西至葉爾羌共一千三百五里

八十里愛喦爾　六十里養阿里克　一百里都奇特

六十里伊拉堵　五十五里烏爾土斯克滿　四十里亨阿拉克

五十里庫庫車　八十里巴爾楚克　八十里折克得里克托海

七十里賽爾姑努斯　七十里必撒克抵　六十里阿克撒克瑪拉爾

六十里阿朗個爾　七十里邁拉特　七十里賴里克

九十里愛吉特虎　七十里葉爾羌回城

阿克蘇北至伊犁共九百七十里

八十里扎木　一百二十里特克和樂　四十里和樂伙羅克

八十里圖巴拉克　八十里胡斯圖托海　七十里他木哈他什

一百二十里噶克察哈爾海　八十里沙土阿滿　七十里特可斯

六十里伊什噶爾地　一百十里吉林遮克得　四十里遮林得即伊犁城

阿克蘇西南至烏什共二百四十里

一百二十里遮爾格吉克得　一百二十里烏什

葉爾羌西至喀什噶爾共四百二十里

五十里給拉古扎什　七十五里戈壁腰站　七十五里河塞爾察木瓏

五十里扎布拉克　八十里庫森塔斯渾　九十里喀什噶爾回城

葉爾羌南至和闐共六百七十里

七十里坡斯遷

九十里恭得里克

一百十里洛河克亮噶爾

九十里扁爾滿

一百八十里偓馬臺

一百一什里哈克哈什郎和闐城也

烏魯木齊雜詩　河間紀　昀著

余謫烏魯木齊凡二載鞅掌簿書未遑吟咏庚寅（乾隆三十五年）十二月
恩命賜環辛卯二月治裝東歸時雪消泥溢必夜深地凍而後行旅館孤居晝長多暇乃追述風土兼叙舊游自巴里坤至哈密得詩一百六十首意到輒書無復詮次因命曰烏魯木齊雜詩夫烏魯木齊初西番一小部耳　神武耆定以來休養生聚僅十餘年而民物之蕃衍豐膴至於如此此一統之極盛昔柳宗元有言思報　國恩惟有文章余雖罪廢之餘嘗叨預承明之著作歌咏休明乃其舊職今親履邊塞纂綴見聞將欲俾寰海內外咸知

聖天子威德郅隆開闢絕徼龍沙葱雪古來聲教不及者今已爲耕鑿弦誦之鄉歌舞游冶之地用以昭示無極實所至願不但燈前酒下供朋友之談助已也辛卯三月朔日河間舊史紀昀書

風土

山圍芳草翠煙平迢遞新城接舊城行到叢祠歌舞樹綠氍毹上看棊枰舊城卜東山之麓觀吏議移今處以就水泉故地勢頗卑登城北關帝廟戲樓城市皆俯視歷歷

廛肆鱗鱗兩面分門前官樹綠如雲夜深燈火人歸後幾處琵琶月下聞富商大賈聚居舊城南北二關夜市既罷往往吹竹彈絲云息勞苦土俗然也

萬家煙火暖雲蒸消盡天山太古冰臘雪清晨題牘背紅絲研水不曾凝向來氣候極寒數載以來漸同內地人氣盛也

雲滿西山雨便來田家占候不須猜向來只怪東峯頂曉日明霞一片開雲滿西山卽雨城東博克達山之頂日出前必有彩雲一片護其上別峯則否其理難明

雪地冰天水自流溶溶直瀉葦湖頭殘冬曾到唐時壘兩派清波綠似油庚寅十二月至吉木薩勘唐時廢城水皆不冰瑪納斯河亦不全凍皆以急流故也

百道飛流似建瓴坡陀不礙浪花鳴游人未到蕭關外誰信山泉解倒行水流迅急能逆行越坂數重宋進士昱極以爲怪不知來勢猛激故遇坎不能禦也

山田龍口引泉澆泉水惟憑積雪消頭白農夫年八十不知春雨長禾苗歲或不雨雨亦僅一二次惟資水灌田故不患無田而患無水水所不至皆棄地也其引水出山處俗謂之龍口

半城高阜半城低城裏清泉盡向西金井銀牀無用處隨心引取到花畦城內水皆西流引以灌溉啟閉由人不假桔槔之力

界破山光一片青，溫暾流水碧泠泠。游人儻有風沂興，只向將軍借幔亭。溫泉在城北十餘里硫泉也上無屋覆浴必支帳

亂山倒影碧沉沉，十里龍湫萬丈深。一自沉牛答雲雨，飛流不斷到如今。博克達山有龍湫初苦田水不足遣使祀之水即坌溢

長波一瀉細涓涓，截斷春山百尺泉。二道河旁親駐馬，方知世有漏沙田。二道河初設屯兵百名後其田澆水輒涸如漏巵然乃分移其兵於三台諸屯

南北封疆畫界勻，雲根兩面翠嶙峋。中間巖壑無人跡，合付山靈作守臣。山北屬烏魯木齊山南屬回部山中袤延深邃無分界之處

雙城夾峙萬山圍，舊號雖存舊址非。孤木地旁秋草没，降番指點尚依稀。烏魯木齊舊地在今城北四五十里已將近孤木地屯厄魯特人能道之今地俗稱紅廟廟址在舊城東是廟不知

建於何代因以名地
亦不知始於何時也

峻坂連連疊七層層層山骨翠嶙峋行人只作蠶叢看卻是西番下馬陵 根忒克西北凡峻坂七層最爲險阨番人過此必肅然下馬如見所尊未喻其故或曰畏博克達山之神也

斷壁菩花十里長何年雄鎮控西羌金瓶舍利行人見築塔當從阿育王 吉木薩東北二十里有故城周二十餘里街市譙樓及城外敵樓十五處制度皆如中國城中一寺亦極雄闊石佛半沒土中尚高數尺瓦徑尺餘尚有完者相傳有行人於土中得一金管中有圓珠數顆攜往奇台不知所終細詰其狀蓋浮圖所藏佛舍利耳厄魯特云是唐城然無碑誌可據庚寅十二月余與永餘齋觀察奉檄往勘議增營壘於其地往來巡視誠舊鎮之餘址土中時露煙煤蓋火攻所陷也

古蹟微茫半莫求龍沙輿記定誰收如何千尺青崖上殘字分明認火州 哈扯火卓石壁上有古火州字不知何時所勒

南山口對紫泥泉即白楊河回鶻荒塍尚宛然只恨秋風吹雪早至今荒草罩寒烟白楊河山口內回部舊屯址基尚存約可百戶然六七月往往降雪可種青稞一熟故竟無墾種之者

城南風穴近山凹一片濤聲萬木梢相約春來牢蓋屋夜深時捲數重茅相傳鄂倫拜星有風穴每聞城外林木聲如波濤不半日風至矣動輒發屋春月尤甚庚寅一歲少減

驚飇相戒避三泉人馬輕如一葉旋記得移營千戍卒阻風港汊似江船三個泉風力最猛動輒飄失人馬庚寅三月西安兵移駐伊犁阻風三日不得行

良田易得水難求水到秋深卻漫流我欲開渠建官牐人言沙堰不能收四五月需水之時水多不至秋月山雪盡消水乃大來余欲建牐蓄水咸言沙堰淺隘牐之水必橫溢若深濬其渠又田高於水水不能上余又欲濬渠建牐而多造龍骨車之入田衆以爲庶幾未及議而余已東還矣

鋃瓶隨意汲寒漿鑿井家家近戶旁只恨青春三二月卻攜素綆

上河梁土性壁立鑿井不圯每工價一金即得一井故家家有井然至春月雖至深之井亦涸多取汲於城外河中

開畦不問種花辰早晚參差各自新還憶前年木司馬手栽小盎四時春諸花皆早種早開晚種晚開不分節候木同知署歲除尚有盆種江西蠟

秋禾春麥隴相連綠到晶河路幾千三十四屯如繡錯何勞轉粟上青天中營七屯左營六屯右營八屯吉木薩五屯瑪納斯四屯庫爾克拉烏素二屯晶河二屯共屯兵五千七百每兵穫多者逾十八石少者亦十三四石

典制

金碧觚稜映翠嵐崔嵬紫殿望東南時時一曲昇平樂膜拜聞呼萬歲三萬壽宮在城南偶遇聖節朝賀張樂坐班一如內地其軍民商賈亦往往在宮前演劇謝恩邊氓芹曝之忱例所不禁庫爾克拉烏素亦同

爐煙裊裊衆香焚春草青袍兩面分行到幔亭張樂虹橋錯認武夷君部議兩廳建文廟因兵力未暇修舉至今張幔以祀

煙嵐遙對翠芙蓉鄂博猶存舊日踪縹緲靈山行不到年年只拜虎頭峯博克達山列在祀典歲頒香帛致祭山距城二百餘里每年於城西虎頭峯厄會特舊立鄂博處修望祀之禮鄂博者累碎石爲蕞以祀神番人見之多下馬

綠塍田鼠紫茸毛搜粟眞堪賦老饕八蜡祠成踪跡絕始知周禮重迎貓舊有田鼠之患自祀八蜡迄今數歲不聞

初開兩郡版圖新百里都依故事陳只有東郊青鳥到無人簫鼓賽芒神百禮畧如內地惟未舉迎春之典

蘘砧不擬賦刀環歲歲攜家出玉關海燕雙棲春夢穩何人重唱

望夫山安西提督所屬四營之兵皆攜家而來其未及攜家者得請於官爲之津送歲恆有之

烽燧全消大漠清弓刀閒掛只春耕瓜期五載如彈指誰怯輪臺萬里行攜家之兵謂之眷兵需糧較多三營耕而四營食更於內地調兵屯種濟之謂之差兵每五年更代鹽菜餱糧皆加給而內地之糧家屬支請如故故多樂往

戍樓四面列高峯半戹荒途半戹衝惟有南山風雪後許教移帳度秋冬卡倫四處以詰逋逃一曰紅山嘴一曰吉木薩皆據要衝一曰他奔拖羅海一曰伊拉里克卡倫十月後即風狂雪阻人不能行戍卒亦難屯駐許其移駐紅山嘴以度殘冬

戶籍題名五種分雖然同住不同羣就中多賴鄉三老雀鼠時時與解紛烏魯木齊之民凡五種由內地募往耕種及自塞外認墾者謂之民戶因而賈而認墾者謂之商戶由軍士子弟認墾者謂之兵戶原擬邊外爲民者謂之安插戶發往種地爲奴者當差年滿爲民者謂之遣戶各以戶頭鄉約統之官衙有事亦多

問之戶頭鄉約故充是役者事權頗重又有所謂園戶者租官地以種瓜菜每畝納銀一錢時來時去不在戶籍之數也

綠野青疇界限明農夫有畔不須爭江都留得均田法只有如今塞外行每戶給官田三十畝其四至則注籍於官故從無越畔之事

民俗

一路青帘掛柳陰西人總愛醉鄉深誰知山郡纔如斗酒債年年二萬金西人嗜飲每歲酒商東歸率攜二三萬金去

雕鏤窗櫺彩畫椽覆簷卻道土泥堅春冰片片陶家瓦不是劉青碧玉甎惟神祠以瓦爲之餘皆作瓦形而覆以土歲一圬之云磚瓦皆雜沙礫易於碎裂

成屯處處聚流人百藝爭妍各自陳攜得洋鐘纔似粟也能檢點九層輪流人既多百工略備脩理鐘表爲至巧技有方正者能爲之

涼州會罷又甘州簫鼓迎神日不休只怪城東賽羅祖累人五日不梳頭諸州商賈各立一會更番賽神剃工所奉曰羅祖每賽會則剃工皆赴祠前四五日不能執藝雖呼之亦不敢來

冉冉春雲出手邊逢人開篋不論錢火神一殿千金值檀越誰知是水煙西人嗜水煙游手者多挈煙箱執火筒逢人與吸不即取值朔望乃登門歛貲火神廟計費千餘金乃鬻水煙者所醵則人衆可知矣

客作登場打麥勞左攜餅餌右松醪僱錢斗價煩籌計一笑山丹蔡様曹打麥必需客作然客作太多則罄麥價不足抵工價印房蔡掾種麥估值三十金客作工價乃需三十五金彷徨無策余曰不如以五金遺之省此一事衆爲絕倒

嬾嬾哀歌徹四鄰冬冬畫鼓碎聲勻雷同那解西方病只合椎羊夜賽神有病必禱禱必以夜唱歌擊鼓聲徹城中

婚嫁無憑但論貲雄蜂雌蝶兩參差春風多少羅郎怨阿母錢多總不知娶婦論財多以逾壯之男而娶髫齔之女者土俗類然莫喻其說

顛倒衣裳夜未闌好花隨意借人看西來若問風流地黃土墻頭一丈竿凡立竿於戶內皆女閨也或曰以祀神耳非有他故無從究詰莫得而明

茜紅衫子鷫鸘刀駿馬朱纓氣便豪不是當年溫節使至今誰解重青袍土俗以卒伍爲正途以千總把總爲甲族自立學始解讀書

家家小史素參紅短笠輕衫似畫中留得吟詩張翰住鱸魚忘卻憶江東流人子弟多就食城中故小奴甚衆

半居城市半村閒陌上牽車日往還贏得團圞對兒女月明不唱念家山烏魯木齊之民有司皆不令出境與巴里坤異

穲稏翻翻數寸零桔槔到手不曾停論園彷彿如朱荔三月商家已買青二三月間田苗已長商家以錢給農戶俟熟收糧謂之買青

到處歌樓到處花塞垣此地擅繁華軍郵歲歲飛官牒只爲游人不憶家商民流寓往往不歸日此地紅花土語謂繁華也其內地父母呈請移牒拘歸官爲解送歲恆有之

藍帔青裙烏角簪半操北語半南音秋來多少流人婦僑住南城小巷深遣戶有妻者秋成之後多僑住舊城內外開春耕作乃去

鱗鱗小屋似蜂衙都是新屯遣戶家斜照銜山門半掩晚風時裊一枝花昌吉頭屯及蘆草溝皆爲民遣戶所居

卷卷兵書有姓名羽林子弟到邊城心情不逐東風變絃索時時作北聲掌古鑲藍旗綽爾門等一百九十一人讁入民籍入綠營充伍土人目爲藍旗雖隸西籍而其飲食起居與西人異

雞柵牛欄映草廬人家各逐水田居豆棚閒話如相遇曲港平橋半里餘人居各逐所種之田零星棊布雖近鄰亦相距半里許

萬里攜家出塞行男婚女嫁總邊城多年無復還鄉夢官府猶題舊里名戶民入籍已久然自某州來者官府仍謂之某州戶相稱亦然

界畫棋枰綠幾層一年一度換新塍風流都似林和靖擔糞從來謝未能塞外之田更番換種以息地力從無土著之說

辛勤十指埒烟蕪帶月何曾解荷鋤怪底將軍求手鏟更人只道舊時無田惟拔草不知鋤治伊犂將軍牒取手鏟一時不知何物轉於內地取之

麗譙未用夜誰何寒犬霜牙利似磨只怪更深齊吠影不容好夢到南柯家家喜畜犬暮夜多升屋而蹲一吠百和滿城狺狺然頗聒人睡

十里春疇雪作泥，不須分隴不須畦。珠璣信手紛紛落，一樣新秧出水齊。布種時以手洒之，疎密無定，南插北溝所不知也。

酒果新年對客陳，鵞黃寒具薦燒春。近來漸解中原味，浮盞牢丸一色勻。新年客至，必陳饊餌四器，佐以燒酒，比戶類然。近能以糯米作元夕粉團，其他糕餅亦畧如京師之製。

燒殘絳蠟闔梟盧，畫出龍眠賢已圖。老去杜陵猶博塞，陶公莫怪牧猪奴。土俗嗜博，比戶所同。

生愁蜂蝶鬧芳叢，但許桃花種水東。只有氈車經陌上，脂香粉氣偶春風。庫爾喀扯烏素三屯兵丁遣犯皆孤身，恐狂且佚女或釀事端，自瑪納斯河以西不許存一婦女。

森嚴刁斗夜丁當，場子深深小徑長。莫遣月明花影動，金丸時打野鴛鴦。城中小巷謂之墻子，夜設邏卒以禁淫奔，謂之查墻子。諸屯則日暮後驅逐外來男子，謂之搜墻子。

赤繩隨意往來牽頃刻能開並蔕蓮管領春風無限事莫嫌多剩賣花錢遣戸男多而女少爭委禽者多雀角鼠牙之訟國同知立官媒二人司其事非官媒所指配不得私相嫁娶也

半帶深青半帶黃園蔬已老始登牀可憐除卻官廚宴誰識春盤嫩甲香鬻菜者謂之菜牀瓜菜必極老乃採以鬻否則人嫌其嫩惟官種之園乃有嘗新之事土俗實不可解

割盡黃雲五月初喧闐滿市擁柴車誰知十斛新收麥纔換青蚨兩貫餘天下糧價之賤無逾烏魯木齊每車載市斛二石每石抵京斛二石五斗價止一金而一金又止折制錢七百文故載麥盈車不能得錢三貫其昌吉特納格爾諸處市斛一石僅索銀七錢尚往往不售

山城是處有絃歌錦帙牙籤市上多爲報當年鄭漁仲儒書今過幹難河鄭樵七音畧謂孔子之書不能過幹難河一步初塞外無鬻書之肆間有傳奇小說皆西商販貨帶來自建置學額以後遂有專鬻書籍者

花信闌珊欲禁煙晴雲駘宕暮春天兒童新解中州戲也趁東風放紙鳶塞外舊無風鳶之戲近有藍旗兵士能作紙鳶遂相習成俗

芹香新染子衿青處處多開問字亭玉帳人閒金柝靜衙官部曲亦橫經迪化甯邊景化阜康四城舊各設書院自建設學額以來各屯叉開鄉塾營伍亦有義學二所教其兵丁子弟禮樂弦歌儼然中土

氆氇新裁短後衣北人初見眼中稀松花慘綠玫瑰紫錯認紅妝出繡幃地本軍營故以長褂爲褻衣以短褂爲公服官民皆用常色惟商賈多以紫綠氆氇爲之

閩海迢迢道路難西人誰識小龍團向來只說官茶暖消得山泉沁骨寒佳茗不易致土人惟飲附茶云此地水寒傷胃惟附茶性暖能解之附茶者商爲官製易馬之茶因而附運者也初煎之色如琥珀煎稍久則黑如黳

義岢高轂駕龍媒大賈多從北套來省卻官程三十驛錢神能作五丁開大賈皆自歸化城來土人謂之北套客其路乃客賂蒙古人所開自歸化至廸化僅兩月程但須攜鍋帳耳

土番部落久相親賣果時時到市闤恰似春深梁上燕自來自去不關人土魯番久已內屬與土人不異往來貿易不復稽防

勅勒陰山雪作開汗轖隊隊過龍堆殷勤譯長稽名字不比尋常估客來蒙古商民別立蒙古鄉約統之稽防較密

物產

蒲桃法酒莫重陳小酌鵞黃一色勻攜得江南風味到夏家新釀洞庭春貴州夏髯以紹興法造酒名曰仿南風味不減

茄家法醋沁牙酸滴滴清香瀉玉盤琥珀濃光梅子味論功眞合

祀元壇茹把總大業黑面人目為黑虎好事者因目其婦曰元壇神婦善釀醋味冠一城餽而不驚人尤珍之目為元壇醋

不重山殽重海鮮北商一到早相傳蟹黃蝦汁銀魚鮝行篋新開不計錢一切海鮮皆由京販至歸化城北套客轉販而至所謂銀魚郎衛河之麪條魚也

紅笠烏衫擔側挑蘋婆杏子綠蒲桃誰知獨重中原味榛栗楂梨價最高土人重番賣果者雖多而土人惟重內地遠來之果榛栗楂糕有力者始致之

種出東陵子母瓜伊州佳種莫相誇涼爭冰雪甜爭蜜消得溫暾顧渚茶土產之瓜不減哈密飲茶一盞則性易消

甘瓜別種碧團圞錯作花門小笠看午夢初回微渴後嚼來眞似水晶寒瓜之別種曰回回帽斷之其形酷肖味特甘脆但不耐久耳

旋繞黃茅葉葉齊登盤春菜脆玻璃北人只自誇安肅不見三臺

綠滿畦（三臺黃芽菜不減安肅萊菔亦甘脆如梨）

雪壓空山老樹枯一番新雨長春菇天花絕品何須說持較興州尙作奴（地產蘑菇然不甚佳不及熱河諸處營盤蘑菇也）

朱橘黃柑薦翠盤關山萬里到來難官曹春宴分珍果誰怯輕冰沁齒寒（柑橘皆有但價昂耳）

依稀諫果兩頭纖松子來從雪嶺南嶺上蒼官千萬樹只能五鬣綠鬖鬖（松子瑣屑殆似空蓬間有自南路來者形肖橄欖味亦佳）

臘雪深深坼地寒經冬宿麥換苗難農家都是春初種一樣黃雲被隴看（雪深地凍宿麥至春皆不生所種皆春麥也）

收麥初完收穀忙三春卻不入官倉可憐粒粒珍珠滑人道多輸

餅餌香俗賤穀而貴麥故納糧以麥不以穀

漢唐舊史記青稞西域從來此種多輕註蹲鴟成一笑如今始悔註書訛青稞乃大麥之類可釀酒亦可秣馬人亦可作麨食之向修熱河志書於烏桓傳中得此名而不能指其爲何物頗疑爲黃稗之屬今乃識之

新稻翻匙香雪流田家入市趁涼秋北郊十里高臺戸水滿陂塘歲歲收高臺戸所種稻米頗類吳秔

配鹽幽菽偶登廚隔嶺擕來貴似珠只有山家豌豆好不勞苜蓿秣宛駒諸豆不產惟產豌豆民家種之以飼馬官馬飼以青稞并豌豆不種矣

菽乳芳腴細細研截肪切玉滿街前只憐常逐春歸去不到榴紅蓼紫天豆腐頗佳冬春以爲常餐夏秋則無鬻者

新榨胡麻瀲灩光可憐北客不能嘗初時錯認天台女曾對桃花飯阮郎胡麻卽脂麻東坡集言之甚析而西人以大麻爲胡麻其油氣味甚惡非土人不能食也

夜深寶氣滿山頭瑪納斯南半紫鏐兩載驚心馳羽檄春冰消後似防秋瑪納斯南山一帶皆產金恐游民私採聚而生衅雪消以後防禦甚至近得策斷其糧道乃少弭

温泉東畔火熒熒撲面山風鐵氣腥只怪紅爐三度煉十分纔賸一分零鐵廠在城北二十里役兵八十人採煉然石性絕重每生鐵一百觔僅煉得熟鐵十三觔

漉白荒城日不閒採硝人在古陽關頽垣敗堞渾堆遍錯認深冬雪滿山硝廠在陽巴拉克遜古陽關也役兵二十人採煉近積至六七萬觔伊犂塔爾巴哈台所需皆取給於此

澄澈戎鹽出水涯分明青玉淨無瑕猶嫌不及交河産一色輕紅似杏花土產青鹽味微甘勝海鹽每二斗五升止值制錢二十文其紅鹽則自闢展來

雲母窗櫺片片明往來人在鏡中行七盤峻坂頑如鐵山骨何緣似水晶

雲母産七打坂下土人謂之寒水石搨以糊窗澄明如鏡

鑿破雲根石竇開朝朝煤戸到城來北山更比西山好須辨寒爐一夜灰

城門曉啟則煤戸聯車入城北山煤可供薰爐焚之無煙亦無氣易熾而難燼灰白如雪每車不過銀三星餘西山之煤但可用之炊煮灰色黃赤每車不過銀三星其日二架梁者石性稍重往往不燃價更減亦有石炭每車價二星貧家用之

誰能五月更披裘尺布多從市上求懊惱前官國司馬木棉試種不曾收

戸民不艱食而艱衣國同知試種木棉未竟而去其事遂寢或日土性不宜或日人不習種法卒無成就

槐榆處處緑參天行盡青山未到邊只有垂楊太嬌穉纖腰長似小嬋娟

柳至難長罕見高丈餘者

梭梭灘上望亭亭鐵榦銅柯一片青畢竟難將松栢友無根多半

似浮萍［梭梭柴至堅作炭可經夜不熄然其根入土最淺故斧之難入拽之則仆］

依依紅柳滿灘沙顏色何曾似絳霞若與綠楊爲伴侶蠟梅通譜到梅花［向聞塞外有紅柳以爲閩中朱竹之類及見之似柳而非特皮色微赤耳其大者可作器］

罌粟花團六寸圍雪泥漬處勝澆肥階除開徧無人惜小吏時時插帽歸［罌粟花開徑二寸餘五色爛然其子冬入土中臘雪壓之較春蒔者尤暢茂］

姹紫嫣紅廿四畦香魂彷彿認虞兮劉郎儻是修花譜芍藥叢中定誤題［虞美人花巨似芍藥五色咸備使院所植尤爲一城之冠］

千瓣玲瓏綠葉疏花頭無力倩人扶因循錯喚江西蠟持較東籬恐未輸［江西蠟花徑二寸千瓣五色望之如菊但葉瘦耳］

紅葯叢生滿釣磯無人珍重自芳菲儻教全向雕闌種肯減揚州

金帶圍（芍藥叢生林莽花小瓣稀遣戶黃寶田移植數本如法澆灌與園圃所開不異）

八寸葵花色似金短垣老屋幾叢深此間頗去長安遠珍重時看向日心（葵花向日與內地同）

土屋茅檐幾樹斜移來多自野人家微風處處吹如雪開徧春深皂莢花（皂莢花白生林中可以移植）

河橋新柳綠濛濛只欠春園杏子紅珍重江南孤戍下剛留一樹裊東風（地不宜杏惟紅山嘴卡倫一本）

前度劉郎手自栽夭桃移得過山來阜康城內園池好尚有妖紅幾樹開（烏魯木齊舊少果樹國同知自山南移種桃花今特納格爾縣丞署花圃之內尚有數株蒲桃無人分植舊種盡矣）

息雞草長綠離離織薦裁簾事事宜驟裹經過渾不顧可憐班固

未全知芨芨草生沙灘一叢數百莖莖長數尺卽漢書息雞草土音訛也班固謂馬食一本卽飽然馬殊不食
蘆荻颼颼綠渺茫氤氳芳草隱陂塘行營不解西番法秋老誰尋
瑪努香瑪努香生三台諸處葦塘中形似蒼朮氣極清郁西番焚以祀神亦以療疾但未詳主治何症耳
露葉翻翻翠色鋪小園多種淡巴菰紅潮暈頰渾於酒别調氤氳
亦自殊初尚川菸漢中菸後尚北套菸近土人得種蒔之法處處暢衍其蓋露數葉味至濃厚而别有清香之致頗勝他產
芳草叢叢各作窠無名大抵藥苗多山亭宴罷扶殘醉記看官奴
採薄荷藥草至多不能盡識去年六月宴射廳提督巴公有小奴言闌旁是薄荷審之良是
長鑱木柄劚寒雲阿魏灘中藥氣薰究竟無從知性味山家何處
問桐君阿魏生野田中形似萊菔氣絕臭行路過之風順卽聞土人煎膏溲炒麪爲鋌每觔得價二星不知是眞否也
照野猩猩茜草紅無人染得付良工年年驛使馳飛騎只療秋塍

八蜡蟲茜草遠勝內地而土人不解染色惟伊塔爾巴哈台取療八蜡蟲傷此蟲形似蠶蛾而大飛逐螫人立死惟以茜草根搗敷之可治

綠到天邊不計程葦塘從古斷人行年來苦問驅蝗法野老流傳竟未明境內之水皆北流滙於葦塘如尾閭然東西亘數百里北去則古無人跡不知所極相傳蝗生其中故歲燒之或日蝗子在泥中燒不能及且蝗食葦葉則不出無食則轉出矣或燒或不燒自戊子至今無蝗害事亦難明

鴨綠鵝黃滿市中霜刀供饌縷輕紅加餐便憶坤司馬不比無端主簿蟲鵞鴨之種皆坤司馬所攜來今則滋生蕃衍矣

徹耳金鈴箇箇圓檐牙屋角影翩翩春雲澹宕春風輭正是城中放鴿天地宜鴿畜養易蕃風和日暖長空千百為羣鈴聲琅琅頗消岑寂

綉羽黃襟畫裏看鴛鴦海上水雲寒如何夜夜雙棲夢多在人間

鬬鴨闌 諸爾譯言海也在城東南中多鴛鴦較內地稍小土人取雛家鳬中蓄之

白草初枯野雉肥年年珍重進彤闈傳聲貢罷分攜去五彩斑斕

滿路歸 野雞脂厚分餘歲以充貢

春鴻秋燕候無差寒暖分明記歲華何處飛來何處去難將蹤跡

問天涯 燕鴻來去之候同中土但不知去往何處耳

山禽滿樹不知名五色毛衣百種聲前度西郊春宴罷穿簾曾見

是鶯鶯 山禽可愛率不知名畜養者亦少

飛飛乾鵲是多情晚到深林曉入城也解巡檐頻送喜聽來只恨

是秦聲 喜鵲亦同惟音短而重濁

荒屯那得汝南雞春夢迷離睡似泥山鳥一聲天半落卻來相喚

把鋤犁（有白鳥曰鑽天嘯每至四更即決起長鳴各屯以爲工作之候）

一聲嗀矢唳長風早有飢鳶到半空驚破紅閨春晝夢齊呼兒女看雞籠（鳶最猛鷙能就人手中奪肉尤爲畜雞者之害防守稍疎或無遺種）

誰言天馬海西頭八駿從來不易求六印三花都閱徧何曾放眼看驊騮（自互市移於伊犁塔爾巴哈台外番之馬不至故佳馬至爲難得索馬者每言烏魯木齊不知皆已往之事也）

山珍入饌只尋常處處深林易獵場若與分明評次第野騾風味勝黃羊（野騾成羣肉頗腴嫩）

西到甯邊東阜康狐蹤處處認微茫謀衣卻比羊裘易粲粲臨風一色黃（土產羊不可衣狐乃易致）

白狼蒼豹絳毛熊雪嶺時時射獵逢五箇山頭新雨後春泥纔見

虎蹄踪境內無虎惟他奔拖羅海卡倫寔協領曾見虎踪擬射之竟不再至月黑風高迅似飛秋田熟處野猪肥諸軍火器年年給不爲天山看打圍野猪爲屯田害歲給火藥防之三白有一巨猪如牛率羣猪出獵犬七並爲所噬人奔馬以免頗不易獵

牧場芳草綠萋萋養得驊騮十萬蹄只有鳴駝千里足冰消山徑臥長嘶地不宜駝強蓄之入夏損耗特甚

茸茸紅柳欲飛花歌舞深林看柳娃雙角吳童眞可念誰知至竟不辭家深山中有小娃高尺許明秀端正色澤膚理無一非人每折紅柳爲圈戴之羣舞其聲呦呦或至營帳竊食爲人掩得輒涕泣拜跪求去不放即不食死放之且行且顧至稍遠乃疾行去甚遠無能得其巢穴亦無有能生嚮之者邱縣丞天寵曾得其一腊而藏之細視其狀殆僬僥之民非山獸也

昌吉新魚貫柳條笭箵入市亂相招蘆芽細點銀魚膾人到松林

十四橋秦地少魚昌吉河七道灣乃產之羹以蘆芽或蒲笋頗饒風味

撥刺銀刀似膾殘有人相戒莫登盤魚苗多是秋蟲化倚杖曾經仔細看劉都司洪在烏魯木齊不食魚云此間魚苗皆泥中蟣蟲秋來入水所化在呼圖壁屢親見之

凱渡河魚八尺長分明風味似鱘鰉西秦只解紅羊鮓特乞倉公製膾方凱渡河魚冬月自山南運至倉大使姚煥烹治絕佳

蛺蝶花邊又柳邊晚春籬落早秋天只憐翎粉無多少葉葉黃衣小似錢花間時有黃蝶其小如錢

亦有新蟬噪晚風小橋流水綠陰中人言多是遺蝗化果覺依稀似草蟲夏亦有蟬首似蟬而翼似阜螽或言蝗化未之詳也

翦翦西風院落深夜涼是處有蛩音秦人不解金籠戲一任籬根

徹夜吟地多促織從無蓄鬭之戲

小蟲何曾似鰒魚惱人幽夢夜深餘貧家敢恨無眠處燕寢清香尚不除壁蝨至多雖大官之居不免侍郎徐公以兩錢一枚募捕冀絕其種竟不能余建新居不半月已蠕蠕滿壁此地氣所生不由傳種

五月花蚊利似錐村村擬築露筋祠城中相去無三里夜捲疏簾不下帷田中蚊蝱至毒城中則無之或曰蚊蝱依草而居也

斑斕五色徧身花深樹多藏斷尾蛇最是山南烽戍地率然陣裏住人家山樹多蛇尾齊如截伊扯里克卡倫尤不可耐

游覽

秀野亭西綠樹窩杖藜攜酒晚春多譙樓鼓動棲鴉睡倘有游人

踏月歌城西茂林無際土人名之曰樹窩坤同知因建秀野亭二三月後游人載酒不絕

斜臨流水對山青疎野終憐舊射廳頗喜風流豐別駕邇來擬葺醉翁亭舊射廳在新射廳西南頗爲疎野近以稍遠廢之寍邊通判豐君署事廸化擬重葺余方東還不及見其落成矣

絳蠟熒熒夜未殘游人踏月繞闌干迷離不解春燈謎一笑中朝舊講官元宵燈謎亦同內地風俗而其詞怪俚荒唐百不一解

犢車轣轆滿長街火樹銀花對對排無數紅裙亂招手游人拾得鳳凰鞋元夕張燈諸屯婦女畢至遺簪墮珥終夜喧闐

搖曳蘭橈唱採蓮春風明月放燈天秦人只識連錢馬誰教歌兒蕩畫船燈船之戲與內地彷彿

地近山南估客多偷來番曲演鴦哥土魯番呼歌妓爲鴦哥誰將紅豆傳新

拍記取摩訶兜勒歌春社扮番女唱番曲絛脩不解然亦靡靡可聽

簫鼓分曹社火齊場燈相賽舞狻猊一聲唱道西屯勝飛舞紅箋

錦字題孤木地屯與昌吉頭屯以舞獅相賽不相下也昌吉人舞酣之時忽噴出紅箋五六尺金書天下太平隨風飛舞衆目啖觀遂爲擅勝

竹馬如吟郭細侯山童丫角囀清謳琵琶彈出明妃曲一片紅燈

過彩樓元夕各屯十歲內外小童扮竹馬燈演昭君琵琶雜劇亦頗可觀

玉笛銀筝夜不休城南城北酒家樓春明門外梨園部風景依稀

憶舊游酒樓數處日日演劇數錢買坐畧似京師

越曲吳歌出塞多紅牙舊拍未全訛詩情誰似龍標尉好賦流人

水調歌王昇齋集有聽流人水調之詩　梨園數部遣戶中西莊昆曲者又自集爲一部以杭州程四爲冠

樊樓月滿四絃高小部交彈鳳尾槽白草黃沙行萬里紅顏未損

鄭櫻桃歌童數部初以佩玉佩金一部爲冠近昌吉遺戶子弟新教一部亦相亞

烏巾墊角短衫紅度曲誰如龍相公事出東坡仇池筆記贈與桃花時頮面

筵前何處不春風伶人龍燕子以生擅場然不喜盥面

半面眞能各笑啼四筵絕倒碎玻璃搖頭優孟誰描寫擬赴龍門

作品題簡大頭以丑擅場雖京師名部不能出其上也

逢場作戲又何妨紅粉青娥鬧掃妝彷彿徐娘風韻在廬陵莫笑

老劉郎劉木匠以旦擅場年逾三旬姿致何在

老去何堪出玉門一聲楚調最消魂低徊唱煞紅綾袴四坐衣裳

涴酒痕遺戶何奇能以楚聲爲艷曲其紅綾袴一闋尤妖曼動鬼

稗史荒唐半不經漁樵閒話野人聽地爐松火消長夜且喚詼諧柳敬亭遺戶孫七能演說諸稗官掀髯抵掌聲音笑貌一一點綴如生

桃花馬上舞驚鸞趙女身輕萬目看不惜黃金拋作埒風流且喜見邯鄲塞外豐盈游人鬻技者麕至畿南馬解婦女亦萬里聞風而至蓋昔所未覩云

神異

靈光肸蠁到西陲齊拜城南壯繆祠神馬驍騰曾眼見人間銜勒果難施初民間有馬不受鞚施於廟中充神馬乃馴順殊常然非行各牧場中皆以其來爲喜每朔望輒自返廟中尤爲可異云

破冦江山八月天髑髏春草滿沙田當時未死神先泣半夜離魂欲化煙昌吉未變之先城上恒夜見人影即之則無亂後始悟爲其死匪徒神褫其鬼故生魂先去云

白草颸颸接冷雲，關山彊界是誰分。幽魂來往隨官牒，原鬼昌黎竟未聞。己丑冬城西林中時聞鬼嘯或爲民祟父老云客死之鬼不得官牒不能過火燒溝也檢籍得八百二十四人姑妄焚牒給之是夜竟寂又戶掾葉吉與官爲移眷其母死於古浪一日其妻恍惚見母到驚而仆方入署而驛遞其母之文至其鬼蓋隨文而來云

築城掘土土深深，那許相呼萬杵音。怪事一聲齊注目，半鉤新月蘚花侵。昌吉築城時掘土數尺忽得弓鞋一彎尚未全朽厄魯特地初入版圖何緣有此眞不可解

深深玉屑幾時藏，出土猶聞餅餌香。弱水西流寧到此，荒灘那得禹餘糧。昌吉築城又掘得麪一罌罌隨敝而麪尚可食亦不可解

居士評曰紀文達公遣戍時烏魯木齊入版圖纔十餘年耳以蓄牧之窮荒改而爲樹藝之樂土人民聚集商賈輻輳迄於今

百年之深諒必爲聲明文物之邦矣然昔時草昧初開其風景亦未可過而不留也故其詩傳其詩之註亦傳俾後之君子溯古而得稽考焉亦載筆者之所不可以已也己酉孟春下旬録而付梓

舟車所至

伊犁日記

陽湖洪亮吉著

嘉慶四年八月二十日本衙門乞假已準擬於九月初二日叩送
純皇帝梓宮後南行
二十四日上書　成親王
二十五日　王以書進
呈是日傳至軍機問供申刻有
旨革職交刑部即偕刑部司官劉珏從隆宗門出西長安門同車
到刑部撥入南監
二十六日五更上刑具復車押至

內西華門外都御史衙門聽候軍機王大臣會同刑部嚴審未刻訊畢入
奏照大不敬律擬斬立决次日
恩旨從寬免死改發伊犁交將軍保寍嚴加管束
二十八日出監至江蘇司聽事卸刑具傳送兵部車駕司撥車一輛即日押出彰義門諸友人同官同鄉欲送者皆誤以爲明日是以皆不能及今畧記在都御史衙門來省者陶孝廉登瀛王編修蘇莊上舍曾儀趙舍人懷玉張吉士惠言在南監中來省者王編修上舍朱公子錫經錫庚王編修引之貴吉士慶吳吉士鼒宋吉士湜葉舍人繼雯喬比部某方比部體汪學正端光余孝廉懷清

陶孝廉劉少府某某友人月升子韓比部對而李比部于培爲余壬子薦卷門生時當提牢又朝夕省視并饋贐出監日在門外候送者繆駕部炳泰蔣表弟書山趙表弟方什表姪戸部學翰文學某崔知縣景儼管知州學洛黃上舍載華邵舍人葆祺方比部體趙檢討未形龐檢討士冠出彰義門相送者王編修戴比部敦元趙舍人施孝廉錫蕃邵舍人莊上舍世交王公子長年管知州同在普濟堂相候時日已曛黑因相與茶話而別惟偕崔知縣莊上舍聯車而進一鼓至拱極城武衙門投文撥兵相送兵部差官乃返抵蘆溝橋左覓店投宿則同里張吉士已扶病相待張君本故人因本年五月

恩派教習庶吉士張君適在所派十三人之內執弟子之禮甚恭余不敢當也其餘諸君亦絡繹出送致贐并具呈不欲派新教習余急止之曰此必重余罪然亦具見諸君之相愛矣是夕與崔莊張三人抵足劇談四鼓乃卧

二十九日平明兒子飴孫始具轎車一輛大車一輛畧備衣履行費偕來又派隨行三人趙坤同里人隨余三年唐福壽貴州修文人余視學時所僱車夫趙立生山東濟南人亦相隨三年兒子又偕其同年陶君及芮甥玉衡來送相與共飯畢堅辭諸君惟攜兒子及芮甥二人至良鄉是日有追送不及者王給事念孫法祭酒式善汪學正端光及其二子張檢討問陶方比部體陳明經文燕

許治中學范攜贐出送者阮少農元朱四及十一兩公子餘則不及知也

九月初一日早自艮鄉發因命兒子芮甥回都并命兒子於次日僱車偕崔君旋里支持門戶惟屬以闔門待罪恐懼修省八字他不多屬遂隻身長行是夕二鼓宿涿州東關

初二日宿定興縣城外

初三日宿安肅縣城外

初四日未刻抵保定稍補綴衣履日夕清苑令李君來訪李君上蔡人舉人入官初不相知慰勞甚至并致贐及食物卻之不得談次表弟趙孝廉鍾書江寍陳上舍淳繼至各持說部書一二種相

贈偹道中流覽
初五日行九十里宿望都縣南關小雨
初六日晴行六十里宿定州城外日始中
初七日行五十里宿新樂縣城外
初八日行九十里宿正定府城內
初九日雨未刻始晴不及行
初十日巳刻渡滹沱河行六十里宿獲鹿縣城外知縣長洲孔君
傳經來訪時已卧婉辭去
十一日行七十里宿井陘縣城外泜水上
十二日行六十五里宿樂平故縣栢井鎮

十三日行六十五里宿平定州西關外兩日中山道甚險每日步行三十里方得達

十四日行八十里宿芹泉驛

十五日行八十里宿西嶺鋪

十六日行七十里宿榆次縣城外西關知縣仁和陳君曰壽來訪詢之庚子同年也劇談至夜爲料理一切甚周并饋贐乃去夜半教諭朔平崔君登雲率諸生何郁曾等來謁家人辭以久睡乃坐門外待曙余知之急起延入崔君選拔貢生何生年已七十各攜酒果來餉余嘉其意受之瀕行各袖出贐金以饋余不得已受崔君二金餘並卻之送客出復偃卧半晌方曉

十七日行七十里至徐溝縣城外宿半道逢同年吳觀察樹萱赴任四川兼解餉銀在永康鎮茶話而別抵徐溝日巳將晡知縣豐潤佟君謹思來訪甲午同年也談久乃去

十八日行六十里宿祁縣城外

十九日陰行五十里宿平遥縣城外東關

二十日晴行八十里宿介休縣城內出訪文潞公祠道逢同年董觀察教增亦赴任四川兼押餉銀者立談少刻而別同行宋太守鳴琦亦到逆旅相訪時雲南鄭孝廉丕清亦在坐皆談至定更乃去孝廉普洱人將赴四川學使幕

二十一日行八十里宿靈石縣水頭嶺晚出步汾水上行二一里許

二十二日五鼓行二十里下車步行過韓侯嶺凡二十里又六十里宿霍州城內先曾祖舊治也蔣刺史榮昌來訪蔣君睢州人丁酉舉人堅欲留至署中余以負罪之人一路皆不入衙署乃止因約明早至本州附生范爾照別墅小飯余諾之定更後范生偕吾鄉惲上舍從禮來謁惲君現爲此州山長三更後光州胡觀察鈺路過來訪皆以久睡婉辭去明早蔣君來速即同至范生處與惲君共四人飯罷乃行蔣君以夷堅志范生以元百家詩相贈

二十三日午刻行五十里宿趙城縣南關

二十四日雨行六十五里宿臨汾縣東乾井鎮

二十五日陰行二十五里抵平陽府繆太守晉同里同年臨汾令

清苑張君五倫庚子同年並來訪久談乃去又雨行四十里宿趙曲鎮

二十六日五鼓行八十里至曲沃每過州縣必換文書是以必又詣治所非驛路也下皆同三十里宿侯馬驛

二十七日行八十里宿聞喜縣東關

二十八日行五十里至夏縣又四十里宿安邑縣北關已二鼓次日清早知縣吳縣嚴君廷燦來訪嚴君籍直隸庚寅舉人與王少林孫淵如皆至好久談乃去

二十九日行六十里宿猗氏縣東關

三十日行四十里宿臨晉縣城外東關

十月初一日行七十里宿蒲州府城內
初二日行七十里渡黃河宿潼關城內同里余秀才館於此來謁久談乃去明早復來送
初三日行四十里謁華岳廟小憩又五里宿華陰縣城西關華山兩日來皆重霧相蔽至是忽開朗因怡坐店門淸切看山半日
初四日行七十里至華州同年錢州判坫攝此州苦邀至署住宿本城王公子志恬志沂來謁又海豐李公子式郿同來州守李君帶雙之孫也
初五日同錢君騎馬至少華山半憩白衣菴回途詣兩公子別墅一日綠天閣一日蓮屏閣日昃乃回爲兩公子書篆榜及條幅

至二鼓方散
初六日早飯後行錢君贈贐甚厚并貽書五六種六十里宿渭南縣城內客邸知縣餘杭俞君廷璋來訪談久乃去俞癸丑進士同年比部廷掄子也
初七日行八十里宿臨潼縣城外華清泉上先是在霽口早飯時晤常熟鹽大使屈煥發相與久談抵縣知縣阮君坦亦來訪阮上元人亦同鄉也送客後至新開池浴月上又浴明曙又詣太子池浴
初八日行五十里抵西安省城長安令同鄉費君濬為備樓北客館而友人程上舍敦欲邀至車家巷宿余以就近卸行李於樓北

而程君已來因偕至車家巷賀宅午飯歸寓後同鄉繆孝廉緩莊表兄寶璐年家子龔縣丞遂祖來訪龔君江西臨川丞解餉甘肅回過此

初九日雨海鹽陳理問望曾來訪午後至書坊購書十餘種

初十日雨止午後偕繆孝廉緩騎馬訪薦福寺小雁塔長安令費君濬兩次來訪甫得見久談乃去并饋贐續同鄉程縣丞鵬王上舍敬思咸甯賀君廷佐臨潼馬封君並來謁並各饋乾餱食物苦辭不允皆酌受一二種

十一日晴行五十里渡渭河宿咸陽城內客館館甚幽敞月光亦倍皎潔因憶壬寅年冬與孫兵備星衍同宿此已十八年矣不勝

今昔之感
十二日道中小雨行七十里宿醴泉縣西關
十三日陰翳行四十五里宿乾州城內客館
十四日甚雨行四十里宿監軍鎮
十五日雨作雪行四十里宿永壽縣城外東關客館邠州守莊君炘已遣人相迓莊君舊交又表姊壻也是日泥濘甚在途次羈留至半日
十六日行四十里至邠州界太峪莊君已遣人備小飯於此因飽食而進又行三十里月甫上至州署與刺史及表姊談至二鼓方睡

十七十八兩日在州署

十九日午後偕同里程丞孝諸人出州北門眺涇水上遂折至東門浴於皇澗上客邸乃歸

二十日陰巳刻乃晴凡宿州署五夕每夕必談至三鼓瀕行刺史夫婦饋𧗞百兩以及禦寒衣裘果餌乾餱無不備

二十一日早刺史昆仲暨陳君丞孝同送至二十里外憇大佛寺徧觀宋明人磨厓又共飯而别是日行八十里宿長武縣城南關日已暝

二十二日行一百里宿涇州郭内日乍落

二十三日渡涇水行七十里宿平凉白水驛亭中饋食者誠敬而

豐腆獲戾之人覺惕然難安矣
二十四日行七十里抵平涼距城二里平涼令徐君寅來迓徐君錢塘人壬午副榜入城宿縣東客館徐君復來久談乃去
二十五日行九十里宿瓦亭驛客館明日爲太宜人諱日是夕焚香行禮夜久乃息
二十六日行十五里至樂蟠山山甚險峻下行二十里過山頂復車行十五里宿隆德縣城客邸
二十七日行九十里宿靜寧州西關客舍
二十八日五鼓行九十里宿會寧縣清家驛日乍昃
二十九日五鼓行九十里宿會寧縣城外西關日未晡

十一月初一日五鼓行九十里宿安定縣青嵐山頂日未晡

初二日五鼓行三十里抵安定縣換車同年吳江王君錕前來脩華昌已擢浙江臬使行已二十餘日特留人相迓并饋食余以適飯罷辭之然意可感也又行六十里宿秤鉤驛

初三日行一百二十里宿迓道至金縣新月已上縣僻無逆旅寄宿野人家見禾黍滿階紡車盈側覺田廬之樂矣卧甚適

初四日日出始行九十里抵晚至甘肅省城楊方伯揆已遣人相迓郎入署與方伯兄刺史芳燦與化黄大令驛談至二鼓出就客邸宿

初五日下午楊刺史黄大令來訪久談乃去

初六日晨刻無錫嵇大令承裕來訪詢以出關事宜大令甚悉蓋大令久在口外又現自玉門縣避姻親調三原不日將發矣續浦江周公子惟漢狄道陸文學芝田及楊公子承憲來謁午後楊方伯來訪久談乃去并邀同至署在蓺香花圃圍爐久坐劇談至三鼓歸寓

初七日晨刻姜廉使開陽過訪久談乃去本城生員秦維岱維巖維岫來謁并饋食物皆同年秦編修維岳胞弟也午後車行出城登五泉山寺

初八日晨刻嵇君復來訪姜廉使邀過署午飯以將東襄辭之午後訪方伯署話別時方伯爲上下人製出關衣履甚周備并詣謝

留話至定更乃歸方伯廉使各饋贐百兩西安守朱君勳寄至贐金二百

初九日晨刻周楊兩公子及陸秦諸文學來送午後刺史方伯同來又邀入署餞別二更乃返

初十日晨刻詣姜廉使話別廉使復到寓相送出城臯蘭豐大令及黄大令並出送秦文學維岱送至三里外是日行四十里宿沙井驛

十一日五鼓行七十里宿苦水驛日乍昃

十二日四鼓行一百二十里宿平番縣西關

十三日早韋大令佩金相訪韋江都人甲午同年以進士官廣西

知縣亦以貽悞軍務發伊犂相約至涼州同行蓋韋部署尚未定
也是日巳刻行七十里宿岔口鎮日仄落
十四日四鼓乘月行一百二十里宿黑松營日欲晡
十五日五鼓行三十里至古浪縣又六十里宿靖邊營日仄昃
十六日五鼓行七十里抵涼州府東關客館同里無錫蔡君驤來
訪渠久在口外一切出關事宜皆托其料理
十七日陰蔡君約至武威署早飯
十八日晴安定陳文學正常偕蔡君來謁爲料理一切日晚乃去
同年韋君亦至約余先在肅州相待
十九日行四十里宿四十里鋪

二十日四鼓行六十里宿義學堡日乍中

二十一日四鼓行八十里過永昌縣二十里宿日欲落

二十二日四鼓行七十里宿丁將廟日乍晡

二十三日四鼓行九十里宿山丹縣城內日乍斜

二十四日平明行七十里宿張掖古城汛

二十五日五鼓行四十里至甘州府東郭日乍高唐大令以增周二尹能珂來訪皆殷拳饋贐周又贈騾一頭因至大合署中飯幷識令弟夢莊大令歸安人丁酉選拔孝廉共出王韓城師門下

二十六日長至日出行七十里宿沙河堡日未落客邸瞰月樓正對天山

二十七日四鼓行四十里抵撫夷廳同鄉于通判時兆駐此以病不能出遣人邀至署於客室相見久談復共飯而别通判丙子孝廉文襄猶子也又行四十里宿高臺縣城東關縣令蔡君本榮福建孝廉葛山師從子也堅邀移寓公廨因順訪縣署即留共饌更定并親送至邸中久談而别

二十八日四鼓行一百里宿深溝驛日欲落

二十九日四鼓行一百十里宿黃泥鋪時交申

十二月初一日四鼓行六十里抵肅州城内客邸午後李刺史景玉來訪湖南人甲午同年也繼山陰徐上舍應鵬來謁刺史客也

初二日本城王儲英韓成憲兩孝廉武永清文學來謁久談乃去

午後刺史約小飯并爲徐君等書篆字柱帖十餘幅

初三日僱定伊犁長車二輛下午徐君約入署小飯吏目長洲蔣君維宗及李君弟景春與武威潘明經炯張文學子齡來謁久談乃去

初四日州學正三原趙君敬業來謁下午蔣君招飲刺史餽出關食物甚周悉

初五日清晨李刺史及蔣吏目來送巳刻行七十里宿嘉峪城外東關新月乍上巡檢山陰高詞來謁

初六日辰刻出嘉峪關以風大四十里宿雙井子

初七日四鼓行一百二十里宿赤金湖日平西

初八日四鼓行一百三十里宿玉門縣城東關日欲昃署縣事昌邑姜君華典史無錫顧君光顯來謁久談乃去家人煮臘八粥甚美

初九日平明姜君約入署早飯并使其子出見兼饋驢飯後行五十里抵三道溝安西州守山陰胡君紀勳以比糧至此因約至公廨小飯晚刻乃回

初十日以車夫一人逸去重僱定過午乃行五十里宿八道溝

十一日四鼓行一百十里宿沙棗園日仄下

十二日四鼓行九十里抵安西州半道胡刺史已遣人相迓因即進州署劇談至更定乃出并使其二子出見宿州東客邸

十三日在安西州辰刻李學正榕來謁韓城人丙午孝廉又吏目徐秉中來謁山陰人上午刺史來訪並約至署早飯飯後爲書篆字楹帖十餘副更定乃回刺史餉食物及短襟皮衣兼贈贐

十四日四鼓行九十里抵白墩子日正中其旁即疏勒河

十五日四鼓行七十里抵紅柳園甫及巳刻

十六日四鼓行八十里抵大泉日未中

十七日四鼓行七十里抵馬連井日正曙

十八日四鼓行八十里抵猩猩峽日未中

十九日四鼓行九十里抵沙泉子日方中

二十日四鼓行八十里大風抵苦水汛日未中水苦而鹹刺口不

可飲

二十一日三鼓行一百四十里抵格子汛日過中

二十二日五鼓行七十里抵長流水日乍中有烏魯木齊釋回知縣陳君世章來訪談半日乃去陳君江西萬載人癸丑進士官湖北保康知縣以邪教案發新疆三年期滿減徒入關者也

二十三日三鼓行一百四十里抵哈密西關日過中哈密通判王君湖遣人相迓并爲供帳於乾泰店將晚王君來訪王君漢軍正紅旗人由中書歷官知府降調通判又調至此談至三鼓乃去

二十四日印房主事塔宸阿來訪塔滿洲駐防古城人續欽差駐哈密大臣三等伯伍彌烏遜過訪蒙古人前大學士伍彌泰長子

亮吉前客西安與大學士亦有舊喬梓俱有學識論世事亦甚通達談至閣時乃去又署副將何守林來訪午後通判王君邀小飯口晚方回伍伯送食物甚夥定更後王君又來送并饋贐

二十五日平明行一百十里宿南山口巳二鼓屋後泉聲淙淙徹夜不歇如卧江南山水窟中矣

二十六日平明入南山一路老柳如門飛橋無數青松萬樹碧澗千層雲影日輝助其奇麗忘其爲塞外矣過嶺風色頓殊雪飄如掌闌干千尺直下難停嶺頭一外委率十餘兵助挽始下至晚雪已盈丈是日行七十里宿松樹塘已無徑路望夾道松株方克前進抵旅舍已定更矣

二十七日平明雪行八十里抵奎素日過未至申刻雪愈大

二十八日侵曉行九十里抵鎮西府（即巴里坤）城內宏順店日乍昃

二十九日奇寒宜和縣景安饋食物

三十日奇寒午後於客帳祀先抵晚景君復饋食物

嘉慶五年元旦在鎮西府

初二日午後至滿州城閒步

初三日雪後大風巳刻行七十里抵蘇吉未至半里車夫不知何往馬驚車覆壓客幾死半時許逢人救乃甦至客邸已暮矣

初四日五鼓行八十里宿肋巴泉日交申

初五日五鼓行一百三十里宿噶順日已落

初六日大風雪午刻始行六十里宿北山子日乍晡
初七日巳刻行六十里宿大石頭汛山甚險且雪積没路至日落
甫到
初八日平明行一百二十里抵三個泉明月已高積雪千里天與
地皆一色眞清涼世界也
初九日平明行九十里大風雪宿木壘河月又出
初十日平明行九十里抵奇臺縣日乍午卽詣同里張縣尉潮海
署飯因留宿前尉山陰孫球亦來謁并饋食物
十一日立春巳刻自尉署起行九十里抵古城日過中微雪午後
出訪長白少司寇珼玗久談留飯回寓後卽來訪時以領隊大臣

新擢刑部侍郎巡檢鄉寍李君泰饋食物及果餌李君昨在奇臺解后尚未回署也雪益緊更定少司冦又遣人送食物

十二日雪辰刻行五十里雪霽又四十里抵吉木薩城日仄縣丞長洲蔣君錦成來謁談至上燈乃去并饋春餅牢丸及南菜數種

十三日五鼓冒雪行三十里又誤行二十里復回車就正道雪亦稍霽又行八十里抵四十里井日已酉重車至月上甫到

十四日破曙行一百里抵大泉日平西

十五日五鼓行四十里過阜康縣又七十里抵黑溝日平西重車至定更方到因分餉酒肉是日寒不可耐篝火亦不溫然飯後尚

南北行各半里許山光四面撲人氷雪中爆竹一兩聲惟見山禽桀桀村犬狺狺而已是夕寒不能寐

十六日五鼓行六十里抵烏魯木齊漢城北關外客店日仄車至滿城都統輿奎處挂號因便訪同年江都徐午江西首縣緣事發此今已納贖不日南回矣又訪廸化州滿洲那靈阿亦甲午同年也

十七日早至漢城西門外江南巷訪同鄉托買零件飯後徐君來訪久談乃去并贈中毛馬挂一件佩刀一口續那君來訪值余至漢城久待乃歸復坐談半刻乃去

十八日那君約早飯并詣徐君話别午後都統遣人答拜同鄉高

姓饋醬菜茶食

十九日徐君約早飯坐中有那州守及大興熊君言孔長洲顧君掞熊君壬辰進士官浙江知縣顧君丁酉舉人官福建知縣皆緣事戍廸化又闢展巡檢沈仁澍亦半席來預坐飯後徐君同車送至滿城北關外乃别是日行八十里宿昌吉縣東關日乍落王上舍壽朋過訪房師王觀察從子并致到觀察所寄書署縣事長白百慶饋食物百君舊御史亦緣事至此

二十日天曙行九十里抵呼圖壁日乍西沈君以闢展巡司署呼圖壁糧務事尚在紅廟未回其家饋食物及南小菜數種甚精潔

二十一日平明行六十里抵土古里日欲中

二十二日平明行九十里抵綏來縣東關外日過中飯後詣清真寺旁浴池浴甚適

二十三日平明行早日晴和覺塞上春光豔如吳越元宵燈火社日雞豚欸枕車箱忽然念及可云遐想矣是日行八十里抵烏蘭烏素口宿日欲西

二十四日平明行八十里抵安濟海日欲下

二十五日雞鳴時行八十里抵奎敦日乍西

二十六日平明行七十里抵哈爾烏素天微雪日交午原任山東巡撫伊江阿新補古城領隊大臣道過此即來訪并致保中堂手示久談乃去去後復饋食物糧務通判漢軍羅某亦過訪飯後答

拜伊羅兩君并至都統雅處挂號自哈密至安濟海以東地皆冒
雪或盈丈及數尺不等從未見地自此而西雪稍開霽稍露石文
林木叢茂清流紆徐蓬蒿深黃一望靡際迥非沙磧可比矣
二十七日平明行七十里抵布爾喝濟台日過中
二十八日平明行六十里微雪抵托托克日交申
二十九日三鼓行一百四十里抵沙窩頭日未昏
三十日平明行九十里抵精河日巳下重車至更定乃到
二月初一日巳刻行八十里抵托里台日已酉
初二日五鼓行八十里抵托霍木圖台日過中
初三日五鼓行九十里抵四台日未中

初四日五鼓行八十里抵土爾卜穆台日未中

初五日巳刻行半道忽大風雪如山崩電裂并前雪積成丈許四十里至松樹頭店重車已不能行輛車復冒雪行二十里抵二台時已及申未然自松樹頭至此二十里中茫茫雪海惟高下千萬松頂露青亦奇觀也是夜無卧具無食物冷坐一宵

初六日稍晴復雪待重車至日晡方到是日僅食炒米數撮屋前後左右皆松濤聲吳越中得此一二株即以爲佳樹至此則斷作槽析爲薪鋪作道皆百丈青松也又不止屈作屋材而已

初七日晴巳刻行半里許山澗中積雪二丈没及馬首復回至原宿處日將午是日綏來城同鄉遣人來迓并云已在頭台備飯因

遣先行因便致書王荔園先生處

初八日晴辰刻行約六七里至陡坡雪深山險人皆下車步行乃得過然山益奇峭急湍西下如箭距水一寸飛雪皆積成氷時合時開觱流飛出山中氣候雖異然時已春仲候適晴和曉日乍升青松叠蔭飛泉百道削壁千尋鳥不避人魚能瞰客域中無此幽境也二十里外仍復飛雪夾道間有雜樹然柳已發青水多萍緑共行四十里過三十餘飛橋方抵頭台日乍中蘆草營祭將那山綏定城總戎納爾松阿及糧員李洵廵檢林廷焕並遣人相迓而同里趙君已遣僕偹飯於此趙君名自怡七年前緣事至此今在綏定城烹飪盡皆鄉味爲之飽餮重車至日晡乃到

初九日巳刻冒大雪行四十里抵蘆草溝雪深没轂至日過午方到入城至公館飯罷仍出就逆旅以便來日早行

初十日破曙行六十里至綏定城同里趙君處早飯又行三十里抵大城泥溢難行因下車步入城泥没靴及膝至將軍衙門報到

附出塞紀聞

王黄州禹偁黜黄州日時同官蘇易簡新知貢舉奏眞宗云禹偁同館朋侶遷謫可憫乞使新及第孫何等一榜出郊相送眞宗允之故禹偁贈何等詩云綴行相送我何榮老鶴乘軒愧谷營三入承明不知舉看人門下放門生余以本年五月蒙

恩分教庶吉士得仁和湯金釗等十三人二十八日余以遣戍

押出國門諸君子皆陸續出送同里張吉士惠言又舊友也相送獨遠因書一絕貽之并寄諸同館云春明門外駐征輪章紱同來唁逐臣我覩黃州已僥倖綴行相送較情親

至保定甫知有

廷寄與伊犁將軍有不許作詩不許飲酒之

諭是以自國門及嘉峪關凡四匝月不敢涉筆及出關後獨行千里不見一人徑天山涉瀚海聞見怳奇為平生所未有遂偶一舉筆然要皆描摹山水絕不敢及餘事也

新歲初三日從巴里坤西行六十里將抵宿處忽車夫遇里中人留話馬遂掣韁奔逸從削岸斗下雙輪齊覆轅馬壓余身幾

死半時許始遇救得免及抵前汛問地名則蘇吉也落鳳栢人類皆前定不爽如此

附天山客話節錄

余謫戍伊犂於嘉慶五年二月十日抵戍所至閏四月三日奉旨釋回計居惠遠城僅百日自闢新疆以來漢員賜環之速從未有如斯者世執商邱陳巡撫淮以下皆賦詩送別閩縣黃州判聘三云賈生猶待三年召韓愈何曾百日還皆警策有新意

余抵惠遠城將軍給西城官墅一所置頓行李其正室名環碧軒溝水四周朝增夕減有如潮汐蓄魚百頭游泳堂下前後左

右高柳百株午不見日前吳江全太守士潮居之爲鬼所嬲竟以此卒余從八不及三分之一居及十旬曾未一覩其異也
自嘉峪關至伊犂大城萬一千里所見園亭之勝以綏定城總兵官廨爲第一荷池五六處飛樓傑閣繞之老樹數百株皆百年外物掌古納總鎮乞余題額爲名之曰香遠堂曰衆芳園
伊犂桑椹極佳長者及寸余飽啖之土人云尚不及葉爾羌諸處所産然已遠過内地矣
白菜極脆美自三月至冬十月爲常饌塞外百菜皆勝内地
伊犂河魚極多類皆無鱗而皮厚雖欲烹鮮殊難下箸綏定河出墨花魚則較美

伊犁稻粒極大但資雪水澆灌性寒

伊犁雉兎並佳而雉尤美冬月以此爲上味産烏魯木齊及奇台者亦相倣

馬在塞外冬夏皆食青稞故壯佼有力

皂鵰兩翼皆大如輪慣欺獨客手中有物亦能攫之

四月中花事極盛果子溝百花競放土人統名爲果子花顏色頗似海棠而且異鳥成羣鳴聲上下過其下者遇風日清華輒有出塵之想余以五月初回途過此花事已闌桃杏萬株並纍纍成實矣

陳巡撫寓廬本叅贊公廨射亭在西偏纍棗數畝大者如盤或

一花具五色皆內地所無
自精河至烏蘭烏素數百里中楊柳夾途草香花寄與戈壁中
風景絕異但蚊蚋多耳
伊犁南北山石皆可採以飾池館然皆直上無致似內地石筍
之劣者
塞外雖兩三家村必有關帝廟其土房用火宿客之處窩如蜂
窠一室除土炕外地僅尺許又煙塵薰雜余冬往夏返夜皆宿
車箱未嘗一詣土室可啖惟麥餅尙烘炙有法余年雖過五十
齒利如鐵日可盡一枚常戲呼之爲婆餅焦春燕皆巢於土室
余紀事詩云只有寒垣春燕苦一生不及見雕梁

烏蘭烏素至瑪瑙斯數程內遙瞰南山石壁色如丹沙與天台之赤城無異瑪瑙斯浴池如斛僅容一人水上可及肩製頗精潔北地之盆池江南之澡堂皆不及

總統將軍公署以印房爲機速之所册房爲圖書之府此外則糧餉處營務處駝馬處功過處統計五六處（册房合於印房）大抵吏禮之事司於印房册房戶則糧餉處兵則營務處工則駝馬處若功過處則又如都察院之稽察六部而滿漢刑名則又歸於東西之二廳並設同知一員滿事隸東漢事隸西此將軍衙門之大略也又有摺房專管

國書摺奏又有督催處總催五六處稽遲事件皆印房所分余

未到伊犁以前册房爲任邱舒大令其紹閩縣黃别駕聘三皆南北詩人也余與同年韋大令又繼之於是人以泒册房辦事爲榮督撫藩臬大僚謫戍者類派糧餉處提鎮類泒營務處餘又有軍器庫及船工屯工銅廠等處軍器庫事最簡一月止上衙門一次以優貧老者船工屯工則須移駐城外以便督率銅廠則更加賠累矣

總統將軍體制極尊陳廵撫淮以初到日用銜名呈帖爲將軍所訶自是無不具腳色手本初次進見皆帶刀長跪命起乃起

惠遠城博戲最甚有貧至不能償者遷客惟賢者種花養魚讀書靜坐而已其餘不免沾染若出城必須報門出北郭則人皆

屬目蓋北關外狹斜之地極多也然若易服徒步不用車馬雍容亦無從稽察矣伊犁地形高出陝西西安府八百一十里余歸途抵靜寍州時教匪正蹂躪城外勢甚洶洶州守以一弁五兵護行僅乃得過宿逆旅夢中得句云隔岸射人坡盡赤亂流飲馬水全紅餘醒後已忘他日當足成之也

居士評曰洪亮吉文章詩古負盛名而偏執誕妄致罹讁戍之咎其所著伊犁日記皆寅官之饋貽同人之投贈千萬里車塵馬跡不過是道里之考耳又有天山客話稍及新疆之風土人情然云伊犁地勢高西安八百一十里亦見荒謬特以出塞者實多而著紀事者絶少故姑並錄存之

金川舊事

輯錄武功紀盛金川紀瑣諸書

金川爲漢冉駹外徼隋置金川縣唐屬維州至明隸雜谷安撫司與九土司曰綽斯甲布曰革布什咱曰巴旺曰布拉克底曰丹壩曰鄂克什曰工噶克曰梭磨曰卓克采壤相錯康熙五年其土司內附後土司庶孫莎羅奔從將軍岳鍾琪征羊同有功雍正元年授安撫司遂自稱大金川以舊土司澤旺爲小金川旋妻以女澤旺受制於妻乾隆十一年劫澤旺歸奪其印總督慶復檄諭始還澤旺於故地十二年又侵革布什咱諸土司巡撫紀山遣兵彈治反傷我官兵　上調黔督張廣泗提兵征討十三年春諸將多失事　命大學士納親往視師急催戰總兵任舉

叅將買國良皆戰没張廣泗又任用非人爲賊耳目自五月至八月無寸功　上並罷斥　命大學士傅恒爲經畧增兵進討莎羅奔及其兄子郎卡懼乞降因罷兵俾仍爲土司無何郎卡漸狂悖逐革布什咱土司及澤旺之子僧格桑三十一年總督阿爾泰責諭始返諸土司侵地未幾轉以妹妻僧格桑狼狽爲姦澤旺老且病事皆僧格桑主之郎卡不久死忽有野豹羣至夷寨傷人衆合圍殲之不日郎卡死其子索諾木益亢狡結僧格桑侵殺各土司不已竟與官兵抗拒　上命大學士溫福統兵阿桂爲參贊共討賊兵兩路進三十七年冬溫福克僨拉美諾小金川國都俘澤旺解京三十八年春溫福駐營木果木賊翻山來攻降番爲應兵大潰全軍覆没阿桂勢孤亦歛兵

退小金川之地仍陷　上授阿桂定西將軍副以豐昇額明亮海蘭察等添兵辦勦阿桂身任滅賊十月進兵五晝夜直抵美諾克之盡復小金川地三十九年分路進兵阿桂由西明亮由南堅碉要隘無不勉力克獲賊衆不支鴆僧格桑而獻其屍及其各頭人乞罷兵將軍械送京師攻益急四十年兵五路進東路灌縣至懋功南路打箭爐至章谷西路雜谷至撫邊北路綽斯甲布至綏靖中路木坪至鄂克什六月十三日抵勒烏圍逆酋舊都也西臨大江木城石碉鱗次櫛比長及一里爲番中第一要害聚集之所將謀兵力逐漸攻下斷其嘉爾日礫橋八月十五日克之索諾木已先率衆逃入促浸噶拉依金川國都大兵四路進圍之急番衆大小男婦紛紛投出其大頭人及索諾木之母阿倉姑阿青與其姊妹皆來降知莎羅奔索諾木并造謀之巴

丹沃雜爾等皆在圍中可一網盡大兵圍之數十重烽火連天礮聲震谷大江中亦施鐵網以防逃逸適奉　諭生擒故功已垂成而攻反少緩四十一年春將軍遣人往諭諸賊猶懼死不敢出至二月四日索諾木計窮乃率莎羅奔等及其兄弟妻子與大小頭人番衆二千餘人捧印跪獻軍門露布告捷八日到京金川平

金川後析爲綏靖崇化二屯小金川後析爲懋功撫邊章谷三屯合兩金川地不過千有餘里僻在四川省之西其西北通甘肅回部西南控前藏與十八家土司部落毗連然重關疊隘中橫屈曲大江（此江數歧滙而入川與岷江合流）天若使之自成一域者蓋其地皆山道路羊腸一綫紆折於懸崖峭壁雖將軍大臣過險難行亦多徒步其

阨隘處必建碉樓甃石而簇於牆垣以鎗石外擊進兵必從鎗石中過一碉不過數十人萬夫皆阻故須步步立柵自護以次進逼轟大礮擊碉使賊陝輸不能立足官兵得入而破之若碉多徑阻則或投火彈或繞別道乘其不備昏夜捫蘿攀石手足並行而克之計五年攻戰用兵七八萬從未列堂堂正正之陣以決勝負也

初兩金川以控卡山梁爲界後金川日强遂越山梁據小金川之大牛廠小金川懼退保小牛廠卑詞厚幣結爲婚姻僧格桑之妻即索諾木之姑朋比爲姦包藏禍心憑陵各部落其與革布什咱鄰近陰賂其土司左右每事務使預知值土司率妻子赴熱水塘澡浴即率輕騎襲殺土司俘其妻歸欲據其土地其下小頭人多不服因又告

其衆曰爾土司不道是以殺之會須立其子孫為後約日於交界地方會議但彼此不得攜兇器衆信之欣然俟命不料已密瘞兇器於彼至期並解衣以示誠信忽發利刃梟梗令者百人餘皆慴服於是各部落望風懷懼咸納女奉幣以圖存後金川既平始復革布什咱土司職

小金川與沃克什連界乾隆十三年攻圍沃克什岳鍾琪率兵討之輸欵乃止植碑以紀其事後小金川生聚日盛復攻之官兵彈治亦被傷　命將申討克美諾俘澤旺僧格桑奔金川有一大頭人力勸勿納或納而獻之軍前索諾木惑其姑阿青僧格桑妻之言不聽竟與黨同拒命致有木果木之失而其殄滅自此定矣

大兵圍金川逆酋之小頭人先歸順者俱賞給頂帶加土都司土守備職銜將軍卽遣回招降比時索諾木自知稔惡頗悔禍會有一二頭人與耳語遂變喜爲怒責其悖叛又來賺我釘其腦碟裂肢體以狥夷衆又有番民歸順後復被逆酋擒獲抉去兩目實石灰於眶禁錮之事平得不死將軍錄功給土外委職歲時參謁也署見其目眶空洞令人驚惻

僧格桑有臥牀雕刻龍鳳繪彩陸離形製甚巨可臥數十人有知者云逆酋居中妾媵環外其淫縱何如旋兵火焚之矣

索諾木旣降將軍遣兵弁搜檢其巢穴忽地雷藥發轟然大震屋宇片瓦無存數百人並爲虀粉猾賊狡詐至死尙如此也時總鎭

烏爾納結營江滸相距二里爲飛石擊死其餘死傷不計自此噶
拉依無人復入數年後有翻弄其破瓦頹垣者下得地室空曠中
砌方石池積水未涸有一枯髏頸際猶挽銀鑲衣服水漬已腐磚
礫頂帽尚儼然戴首土人云是水牢又獲銅印一方大如斗漢篆
金川土司之印六字意是前明頒給

夷事

夷寨土人稱其土司署曰官寨地必雄險堅碉四衛小金川祇美
諾一處今懋功屯地　金川官寨有四一在噶拉依今崇化盤營基一在勒烏圍
今隸綏靖屯舊時寨外多梨棗柑栗核桃石榴諸樹蔽芾
可觀爲用兵翦伐僅存荒山童然建　御碑亭於山巔　一在馬
爾邦今隸崇化屯巍然尚存　一在獨松今隸綏靖屯危碉峻牆屹立舊爲逆酋倉厫　逆酋索諾木

恒居噶拉依其餘歲時游覽而已　民居曰寨子先砌石作牆架巨木為梁橫搭雜木蓋土於上築令極堅雖大雨不漏正中一間必空地為爐置鼎鍋為舉家炊爨所或支鐵架或懸鐵索下垂大小鼎鍋一時並舉爐四圍男女雜坐烤火無間冬夏寨子之旁亦必有碉樓一兩座為守望之所頭人土目家寨子並有經樓轉經樓俱華贍精緻

碉樓方如小城下巨上小砌亂石為牆遙望冰紋齊整按高低大小中分數層至數十層獨木作階梯斫如鋸齒凹處僅容半足漢人並不能登蠻負重上下猨捷如飛每層四面開方孔可施鎗礮頂上豎各色布旗旗上各印佛經以多為貴　龍登碉屬懋功屯尤險

峻攻三年不能下後四路夾攻乘其懈破之實藉黔兵力蓋黔地亦尺寸皆山其人習慣履巉巖如平地也

火彈即西瓜礮牛皮爲殼入火藥然藥線投擲入碉藥發人物並成灰燼甚至堅碉坼裂其功用爲不小矣

武勇夷人咸習雖婦女亦解談兵聞徵調踴躍向往勦囘逆臺匪兩金川屯練錄有戰功者如綏靖頭等侍衛巴圖魯丹比西拉布給二品銜廕伊子屯守備銜河西屯都司勒爾瓦照壁山屯千總阿忠巴布里屯千總綽窩斯甲小金川巴圖魯散秩大臣銜穆塔爾俱屢立戰功

女千總崇化獨角寨屯千總肯朋死子幼其妻板登爾躋攝職撫治番民歲時隨各屯弁參謁官長服男子頂帶畧無怍色竟與明季秦良

玉不異古時夫人城娘子軍皆女子擅名若晉天水李毅爲校尉持節統兵鎭南中毅卒子釗任洛未還部下以毅女秀明達有父才遂奉領州事可知流官且有以女襲職安論土司

夷弓小如箕弦控牛筋箭鏑以竹片鏃甚利徹札然不能及遠

夷鎗形小異鎩矟有飛鎗手十餘人能獵飛鳥

佩刀男子衣毯袍長僅及脛圍帛兩端垂綴尻後如尾貧富所同獨腰間佩刀長尺餘外鞘鑲嵌有値數十百金者禁未盡革

負任山路嶔嶇肩挑貨物不能横擔但立木架縛貨物於上而背負以行於山梯石磴雖曲折上下無阻礙勞頓則植架倚石亦可脫身小憩

刑法　獲盜賊綑縛而投大江殺人者罰牛馬銀物入土司贖罪規避徭役不遵土司飭遣者籍没其家將其人幷妻孥分賣各部落爲奴至姦淫卻未見有告訐者或私自罰柴數百觔而已

襲職　各部落土司父子傳襲從無更變卽有貪縱淫虐百姓至死不貳夷俗上下之分素嚴也下至頭人百姓亦莫敢不敬卽其妻亦不敢與抗禮若自遠歸妻必率家衆跪迎數里外

品秩　土司襲宣撫司銜者秩三品安撫司宣慰司秩四品長官司秩七品漢官銀章銅章土官鐵章有因功獲陞賞戴珊瑚頂孔雀翎者章服已居極品然見漢官執禮甚恭

生番　綏靖邊外有一種名墨帳房生番性好剽殺取禽獸爲業廣

蓄牛羊無屋廬居牛皮帳遷徙無常意郎青海部落亦無頭目以剽悍爲雄長附近居民不遠千里結隊販茶鹽布帛鼎盌等物至彼恆獲厚利然慎防搶刼其地產馬性極驍騰騍試或不能馭

義烈墓木果木地今爲懋功崇德汎有大阜上立碑曰衆士義烈墓方兵潰時三官橋下跨大江爲往來要道士卒民夫奪路過橋擁擠墮落無數須臾橋斷一鬨而前盡塡天塹屍積斷流人馬蹂躪而過賊又追殺於後一軍之衆幾無孑遺事平後白骨如山好義君子封爲巨塚春秋祭享居民附燒楮帛爲冥資錠會

衙署綏靖等屯所建房屋多用木板上葢壓以碎石民間多土室偶或用板其板以杪木曝乾斧劈自成片段無需鋸解然狂風走石飛板

下擊時足怖人年來漸有瓦屋民間亦鱗鱗相錯矣
屯田兇穢掃蕩空無居人江岸山坡招徠內地民戶到金川屯田每戶給地三十畝使爲恆產路遠挈妻孥準大口日給盤費銀一錢小口日給銀三分粮各一升自本籍至屯所沿途牧令給發至屯所給屋廬無則折銀二兩并給耒耜兩戶又給一牛無則折銀十兩每戶又給籽種二石初種免粮五年自六年起每戶納粮亦僅一斗二升或青黃不接又準赴屯倉借貸還新抵陳於是戶口日增報墾漸無隙地　屯戶有就爲商在金川者中饋乏人納金頭人租夷婦助理若他去其婦須送還不能挈之俱行亦不若打箭爐雜谷腦之租夷婦有三年五年期限也

夷俗

體質兇殘之輩均已剿滅今之土著恭順之餘也然臉俱黑色塵垢滿之目睒睒如鬼獨齒牙潔白殆未食煎炒故也其耐冷自幼所習兒初生不浴不襁褓綳裹以漸長大不見傷於寒而病其行旅往來裹糧夜宿長林豐草雖氷雪亦披毯坐臥薹垢膩不洗腠理自固故無害也

節令番地囘人不少其人奉正朔外復於歲中扣滿三百六十日爲一週是日互相稱賀不計閏與月大小及冬夏　又夷俗特重十月十三十一月十四兩日頭人家及土人在官者通事譯字之屬必集親戚男女及所屬百姓宴飲歡笑竟日儻亦吹豳息蜡之意

跳歌裝每嘉會日里黨中男女各易新衣合包巾帕之屬罄所有雜佩其身以爲華贍男女紛沓連臂踏歌欣然以喜腔調佶屈無一可解然觀其手舞足蹈長吟咏歎又似有一定之節奏暇日官署亦令跳歌賞酒肉歡欣將事

徭役夷俗多力役之征一家更番出應終歲幾無虛日惟喇嘛及土僧（爲僧而家居者）得優免此外雖頭人兄弟亦與齊民同作苦也

名字兒初生延喇嘛誦經咒祈福命名自一二字至六七字大抵取藏經中美號爲之以致什百雷同且有父子同一名可笑

夷語水曰答幾火曰突米稱其頭人曰達爾土司曰甲而布居其地數年無通事不喻其朝貢在京者習燕音清利誰知其生長

蠻中即其儀容服佩中土好自修飾者亦無以過之也

首飾　幼時穿耳漸使孔巨至可以貫拇指故墜環大於臂鐲雖中空不重亦何以堪　髮梳小辮數十挽結作髻非半日不辦故月祇一梳其解而垂髩即入月洗裙日也　俗不貴珠玉特重珊瑚寶石綠璁硨磲用金銀鑲嵌作首飾

下裳　俗畜牛羊春夏翦其毛績線作毯爲男女衣服又橫披大幅長毯若釋氏袈裟日以蔽風雨夜以代衾褥寒暑不改男女好徒跣閒有革韈形製詭異男子穿袍袴女子穿短衫長裙無袴裙帶闊尺許亦毛織下垂五色流蘇其重足以壓風數十畝之家必種麻三五畝以爲苧衣近來蠻女下裳多用棉布藏紬邊幅紅鑲襞

積細緻如百疊裙頭人家女裙多用碎錦鑲成臨風飄颺似舞衣若布拉克底（毗連崇化）巴旺（毗連章谷）兩部落其未嫁女子不穿裙袴用蔴線毛線長尺許千百條如簾箔前掩後裹獸革髀股以下皆赤露貧富所同幾與躶形國相近矣

婚姻夷俗淫昏男女率先私合而後婚配男家倩喇嘛擇日通知女家至期各延喇嘛誦經親鄰咸集男家倩一人如媒往女家饜飫豬膘壺漿以迎男家人長跪而飲女家人端坐不動也飲畢羣擁新婦至夫家笑言謔浪相率跳歌裝跳畢各侈飲啖既醉飽忽如鳥獸散而新婦亦飄然逝矣自此往來不常食宿無定所迨生有子女然後依棲夫家夜來男並臥碉上女並臥碉下暗中下梯

摸索未聞有以悞入桃源詆諆者惟土司及頭人家漸循華禮夷葬人死有天葬水葬火葬悉於索卦決之天葬剮屍如泥和麪成丸投羣鳥啄食或舉全屍餵虎狠水葬委屍大江飽魚鼈火葬積薪燔屍是也官爲嚴切禁止始知有土葬云

崇信喇嘛

廣法寺距崇化屯署三里乾隆四十一年修欽差堪布喇嘛西藏約束衆喇嘛如頭目然住持帶徒弟十六名俱黃帽黃馬褂小喇嘛百許披黃袈裟並食糈有定額喇嘛分黃紅兩教堪布爲黃教宗師番民信重每年正月十五及十月十九兩日四方土司頭人等挈妻孥與百姓以萬計來寺誦經邀佛福進獻牛羊肉脯如林酥酪不計土司頭

人咸跪獻哈達（素帛三尺許有如漢人之用銜刺）閒有大喇嘛親手爲之持呪挽結套其頸而撫摩者人皆羨之餽獻不留餘力此兩次大會並跳布札一次（人各左手執雜器右手執連髮腦骨一片共相舞蹈或龍頭虎額或長袖巍冠兼飾枯髏如人雜演其間鐘鼓喤喤屢舞僊僊聒耳眴目擾攘竟日）其餘凡喇嘛寺歲時並有佛會聚集類是

勝因寺（在懋功屯）挑雜谷腦喇嘛住持三年一換屬廣法寺堪布管轄

藏經夷人不知有儒教讀書識字皆奉藏經爲授受如中土讀四書五經然字畫又與西藏稍異其有遠赴西藏從達賴班禪處博覽羣經久後歸來便翹然自異衆以喇嘛目之抗衡於土司酋長之列徭役賦稅俱免親戚朋黨俱㩦華恐後若延之誦經贈貽倍優以故民閒兄弟多者必有一二爲僧

轉經樓　樓中設機軸如車輪四圍刻佛像印經卷推之即旋謂佛像經卷俱從身過不啻宣誦佛號　又銅管長三寸許卷疊佛經貯其中名轉轉經亦有機捩可旋懷於臂日夜撚動亦當宣誦

疾病　延喇嘛誦經咒捻酥油作病者形爲替身送諸荒野

歲時逐鬼　先立土壇設紙供疊薪芻選兩長人蹋肩疊立蒙大衣偉狀殆如赤郭取食鬼之意衆執弓矢鳴鉦伐鼓四下尋索追至土壇將積薪焚之此猶周禮大儺也

人皮鼓　人家有事必延土僧及喇嘛禮懺經堂人家各有經堂口誦佛經手持牛羊肉脯咀嚼梵筵樂器中有聲似觱篥者削人脛骨爲之又有小鼓如鼗者截兩骷髏以膠漆粘連顱門骨兩面蒙人背肋

皮薄似羊皮色微黃腥穢特甚令人毛髮森植

歡喜佛凡喇嘛寺殿如浮屠中間空洞直上四旁重簷疊栱塑釋迦像如中土餘俱塑歡喜佛多至千百皆青面藍身作男女交媾狀機捩隨手轉動不穿寸縷或立或坐醜態萬端却無臥像清淨祇園轉甚唐宮鏡殿云是佛公佛母身並有纓絡寶玉嵌飾兼以骷髏作雜佩或綴垂馬纓身下襯藉者無非骷髏更有所謂牛頭大王者形如夜叉獨立諸歡喜閒瞠目注視下陰翹然手自捧持似未得其偶而流涎者爲護法菩薩廣法寺四壁亦多繪此

不齋夷人所食惟酥油饘粑及牛羊豬與鳥獸肉畧煮即食若內地烹飪煎炒醯醬之用從不知茹菜蔬守齋之事喇嘛活佛皆然若水族喇嘛有未見聞

戒土人亦牛不食緣水葬多而腥惡特甚也評中上則戒淫戒殺爲淨脩豈所以做法西方乎

飲食

饘粑炒青稞或大麥小麥豌豆磨粉入牛乳酥乳凝成酥捻成團名饘粑食畢舐手及鉢手黑終身不浣無碗筯亦無鹽醋諸物調劑頭人偶或用鹽甚珍貴

咂酒紹興佳釀價較省數倍金川苦寒用者絕少自郫縣至口外所釀爲小麯酒味薄劣久飲致病朋來時敘沽內地大麯酒勸酬若當地咂酒以小麥青稞黍子燕麥煮半熟曝乾拌酒麯入皮簍暖護數日聞有酒氣乃貯於罈牛糞封固使氣不洩用時貯銅瓶

入滾水少許插細竹管數枝男女雜吸似喫烟然官長初到屯練守備跪道供咂酒以迎嘉其意或略嘗之若知其詳必至嘔吐

茶老茶熬湯入牛乳加鹽（夷俗食淡惟茶用鹽）不能常用渴則飲水而已

豬膘豬散放荒山食草萊糞穢瘦瘠骨立喙尖毛紅黑相間皮厚及寸剖背去腸胃撐開風乾名豬膘爲極珍貴物宴會始用

物產

黃金江沙所產金川命名以此撫邊產者上赤其餘麩金甚多

土參俗稱山蘿蔔三椏五葉苗不異參根味較薄僅如上黨

佛掌參根五椏平列如掌鮮時腴潤不減柔荑味甘平食之益人

寶砂形八角大如黃豆至堅屑之可以治寶玉章谷江灘甚多淘

漉之一人可日得半升砂中且有玉璞或檢令玉工治之甚佳

雲母章谷山石多如水晶日色照耀徧地作金銀光彩拾其巨者揭之片片薄於蟬翼用糊窗牖明晃可嘉皆雲母也

貝母有三種枝葉叢生根如百合者上一莖數葉根如獨蒜及僅有一大瓣抱蔚者次之花色青從莖下垂若懸燈者下

土鹽產深山夷人偕衆入窖取色如灰土雜砂礫其鹹可用味微苦滷未去也章谷甚多

冬蟲夏草冬本蟲也夏則上及土面抽芽一縷如鼠尾無枝葉採者伏地尋覓於細草中因芽及根芽從尾茁頭嘴倒植土中短足對生背有蹙屈紋稜稜可辨實是殭蠶然剖之已成草根歲惟四

月杪五月初可採早則蟲未變遲則成草根不類蟲矣味甘平同鴨煮去渣食益人

天星米（意即吳中番芝蔴）番地所種祗有二麥青稞黍稷蕎粱豌豆胡豆若稻固難種即種亦不實故內地大米來路險遠斗值千錢土人有生平未一見者惟天星米粒如黍亦可作糧其葉如老少年秋來紅黃滿山植於庭墀點綴秋景

燕麥 楊升庵丹鉛總錄謂滇南霑益一路土人以燕麥爲糧金川亦有種者其實細而長饘粑咂酒並用之

南瓜 形如巨囊大至一二百觔上官來巡取一枚需四人扛之

西瓜 有紅黃二種金川平有某總鎮攜種來植稱鎮臺瓜

羌活魚長四五寸四足一尾形如守宮可以治心痛當地羌活徧生走卒路渴折取咀嚼清涼如蔗苗高二三尺根下每有水潭或生此魚　綏靖建倉削平山石下有水一潭雙魚游泳尤奇

猴經獨松汛山高箐密猨猱充牣其牝經血堆積一處未肯輕棄土人攀緣上取多至數十百觔貿易市肆云治婦女經閉

雪蛆綏靖治東一百里其地雪積雖三伏不消中生雪蛆大如臂然不常得偶有一見者

孩兒魚產大江中無鱗四足一尾能上岸行鳴聲如嬰兒啼小牛廠民家盆養二尾並長尺許云可治跌撲傷爪似雞距售而縱之江後又獲一大者重九十觔市人環觀哀鳴不獲救居民烹之

造紙楮樹皮煮爛椎熟澄清水中竹簾木架如漢制隨造隨曬頃刻可成質厚理麤者不堪書寫細薄者佳

竹金川所少綏靖正地溝有數十叢笋味苦章谷有巨竹

牡丹五六月盛開綏靖爲最深山花滿谷備各色然皆單瓣者

蘭花自山中移植庭墀葉闊花瓣甚巨盆種草蘭花開並蒂

菊花別駕蔣榕園雅愛之苟有異種雖千里必往購取崇化署中多詠賞花事闌珊取萬朶楦枕幽香入於夢寐矣

雪蓮生深山積雪中花淡紅獨莖無葉土人結伴裹糧窮搜雪窖一見卽取苟一指顧便失所在徧覓不可得矣

夜光木深山枯朽之木沍林箐中陰氣忽遇暑雨理同螢化隨山

水下入大江土人撈獲以獻至夜一如洪爐熾炭數日乃暗

延壽菓叢生沙土實如羊棗去皮和米煮粥極香甜又有實如桑葚味甜未熟時略酸澀用染可作紫色

圓根乃蔓菁大頭菜之屬比蘿葡堅實比薯蕷帶藥氣歲歉夷人亦藉濟飢葉可飼豬

雞大者僅觔許常飛鳴在樹　又有翠角雞頭生兩翠角驚怒則其角伸否則下垂頸項毛色陸離其翎末各有眼如孔雀翎白色

鴨有建昌鴨大如鵞頭有冠如雞　野有黃鴨較小毛羽深黃有網得翦其長翎與家禽同蓄而馴聞呼慮慮競前逐食

雪鵝喜眠食雪中與家鵝形相似

犬高至三尺毛尾鬖鬆似猨猊能緣牆上屋形既猙惡聲亦噌吰喜啖生肉投以鹹食輒病不救尤畏暑帶入內地經夏必死

山羊自深山羣出先一羊大如馬餘羊數百隨之行次整齊走甚捷距人既遠前羊少憩餘羊皆止獵者云必計得其魁可掩羣而獲不然越山超澗所得不多獵戶嘗獻一山羊頭有騣鬣周身羯色脊有黑毛一線直至尾劇似驢性很難馴作大木籠鎖貯後悞餧桃葉死

熊有人熊馬熊狗熊豬熊四種屯署蓄一狗熊喜啗米飯餅餌生才四五月食已兼數人高已三尺徧體黑毛惟心胷間有白毛如偃月能作人立吼怒時一二人盡力不能制後漸高於人常竊雞

以食性極淫俯吮其勢咽精嗚嗚殆即豪豬自爲牝牡之意鎖項鋃鐺甚鉅時被掣斷幸馴熟不傷人惟入庖廚攫食庋閣常被傾折後需熊膽爨之云熊油能透物試擦手心中果透手背其掌未得烹飪法膻臊膩人不堪下箸

草豹 夷人獵猛獸於其必由之山徑屈高樹之條繫索下就設機於地獸足踐之機發足懸雖猛獸無所用其力名放索子惟草豹靈狡能嚙斷繩索逸去祇用鎗箭制之

山驢 嘗獲其駒高二尺餘與馬駒同牧而馴惟頭戴繭栗爲異

氂牛 性極馴其身大倍水牛毛長尺餘下垂如纓絡尾可爲拂亦可飾兜鍪昔有人以貽漢昭烈帝自爲結帽者即此

鼠亦如常惟丁未歲麥將割忽田鼠成羣嚙麥穗數日幸未成災

鸚鵡麥熟時千百蔽空而下農民持竿守護設械生擒性極畏煙觸之卽病以死雄者紅喙可學人語雌者黑喙難教語也

陽雀形類斑鳩長尾鳴聲曰貴貴陽聯綿不絕徹晝夜土人目爲雀王深棲茂樹衆鳥供蟲豸以飼之其便遺下活蟲如蚊母　金川無蚊偶有一二大如蜻蜓不螫人

桐花鳳又名么鳳大僅如拇指五色咸備視丹山鸑鷟具體而微胥得綴婦女雲鬟可與釵頭雙燕爭勝歲二三月羣來成都府屬灌郫一帶啄食桐花花過卽歸章谷屯入於深巖不復出

道路

皮船取堅强樹枝作骨蒙以牛革形圓如缸而大可坐四五人中一人持槳撐撥順流而下倏忽百里急灘洪濤過如奔馬至應泊處挽停登岸欲返將此船艤岸負之而行輕如戴笠溪巒無剞劂之製惟此汎汎大江比甘肅用渾脫渡黃河更便

篾索橋往來要道阻於大江中斷水勢險惡既不可以横舟通渡石岸空闊又不可以立礎成橋者軍興時多建篾索橋濟之今惟存章谷屯三所歲給帑修葺其製兩岸植樁千百鎮巨石施長綆平鋪板片又施巨索約於旁爲欄人行板上隨足傾陷如履泥淖然及至其中風來簸蕩如紙鳶在天從板罅下窺百仞憑虛怒濤洶湧命懸一線頓喪魂魄趙光祿璞函度汶川縣索橋詩錄於左

平明出郭門駕言度繩橋征人黯無語水石爲怒號入關（岷江由黃勝關至汶川縣）江始雄蕩激百丈濤黿鼉駕無力乃欲仗索絢兩頭繫巨杙壓以石屋牢如鎖支祈獸恐挾駭浪逃僕馬駕少留短策手自操俯聆雷驚鳴仰矚浮雲飄中流一掀簸目眩心魂搖

溜筩橋在綏靖因不能行索橋之制不得已而爲之其危險又倍索橋但使兩岸高處各植一巨柱低處亦各植一巨柱共四柱傍柱各建屋一區各設夫二三名爲往來接應此岸高柱與彼岸低柱聯一長鐵索索上套一巨竹筩用牛革及生漆膠裹極堅固筩上又牽一小索爲收放過此者人與物從高處束縛於筩夫役放索緩緩從高順下直抵彼岸彼來者亦從彼高順下至此岸

盂邊橋長百丈下跨大江徐公麟趾管章谷時所建爲打箭爐入金川要道僉稱徐公橋頌德也久漸傾圮清泉繆明府率衆重建堅固永久今名盂邊橋

山險地窄金川到處略同行旅所經每至程站居民歇店僅十數家屋內數閒相通喧黑雜暗餱糧須自致門外或逼危坡或橫溪水或架偏橋雨淋地滑咫尺前途不能飛越牛頭山一路丁未戌申閒有道士余某董其事鑿山闢道公私捐助二千餘金數十里蠶叢頓變坦夷　崇化刮耳崖爲金川要路蜿蜒綫棧長數百丈石壁峻嶒下視大江雷厲行人手捫崖石轉側傴僂勢與俱傾苟一昏眴顛蹶何底乙巳管理屯務蔣榕園與本營游戎亮福率衆

修理阻礙者剷之墮嶮巇者椎而平琢石架木橫板鉤聯外約曲欄路寬數尺可掉臂游行矣

雜記

【氣候】一日之間寒暖倏殊咫尺之地陰晴各異三冬天晴日午亦可春服盛夏天陰早晚亦必披裘四時雖無大寒大暑然倏忽更變稍不自謹立可致病

【大風】春日所常有懋功章谷尤甚偶或失檢屏障畫軸捲而裂

【雪牆】金川雖夏月有時亦雪控卡一帶尤甚四時所積夏月消而薄冬日又積而高及於數丈至山上一望無垠城牆卡房果在何處夫役循路曲折如行小巷兩面雪牆數仞蓋汛兵日事剷築通

行旅一綫也得入塘房烤火炊茶亦可小憩而天光照耀眞在琉璃世界中也　簷溜氷條長及於地漸壯成柱交夏而倒至於折檻慈雲亭落成復建石牆圍抱於後始安

氷雹　挖卡山頂極高夏亦積雪午後猝多大風人馬必擇黎明時過之山巔凹水盈盈廣可數十丈經此必屏息潛度苟一出聲風雹立至土人云此中有三足蟾蜍昔某將軍過此施鎗礮警之狂風陡發雹大如拳困頓殊甚　綏靖後山內多水潭平時風雹必從此起獨懼鎗礮民閒播種刈穫官時爲之備乙巳六月一日亭午天晦狂風雹大至急施鎗礮得止　巴布里山上亦有水潭有一青蛙大如屋踴躍漣漪中不與氷雹爲害　乙巳三月綏靖雨

雹大者如栗小者如豆自辰至午徧滿山谷每雹中有雀毛一片驗之皆然亦異事也

温泉 一塘在綏靖屯東六十里塘長半里熱可澡浴時有浮漚泛湧雖嚴冬亦蒸氣上騰山下有硫故也此泉出塘流入大江

石龍 綏靖建屋沙礫中有大石横礙搜剔之鱗甲具備乃一石龍大可合抱首尾不可尋姑以柴燔燒去其二丈一段建屋

石髓 綏靖屯祠牆外有石阻道鑿去之中有竅出黄水汪汪數日乃止

石井 西里站山半天然石井深曠無底民距江遠賴此以汲

神樹 綏靖後山枯樹一株骨榦離奇數百年物自屯田招墾樵蘇

所及山爲之童惟此枯本云有憑附犯之必死是以獨存

獨松 大江中有一島長千餘弓細沙圓石寸草不生前卻有巨松一本高插雲漢旁枝尚可蔭十餘畝地金川將滅松忽隕折以死今存枯本約半高尚數尋其地猶以獨松名也

痘 夷人終身不出若有患此裹糧舁置深山岩洞父母兄弟不一顧懼相染也以故出痘者十死七八若幸痊得歸舉家欣慶必延喇嘛誦經數日

醫 蠻中固無良醫雜肆中藥餌不全眞贋淆混綏靖屯務龔公捐資購藥餌合經效丸散以濟疾苦眞善事也　有患流痰踰年未愈乩示一方斫桑樹皮去外靑用中白皮同生桐油搗爛貼患處

立效後歷試諸瘡腫毒皆效　又刀傷用生熟松香和敷立止血

卜筮夷人先布土石雜物於地上乃手持牛毛繩八條每繩兩端各有散毛如流蘇隨手挽結擲地成卦取土石分行標識如是者三以定吉凶

夷書用竹籤削尖蘸墨汁寫如蛇蚓似亦有行楷變化其橫寫倒讀則在清書回字之閒

夷畫綏靖土僧羊中爾吉爲第一用緇布畫佛像施朱傅粉仍藉漢筆然佛像外翎毛花卉俱不足觀

居士評曰山川物產風俗人心金川與西藏維西並無同異三編或此詳而彼略或此略而彼詳照原本紀載錄之耳所慨其

地儒經不到初不知前有堯舜禹湯文武周公孔子諸聖至於生棄倫常死滅骸骨惟喇嘛之教是奉而莫與辨是非也然其民事上不貳是能忠也出入必告是知孝也喪服遞盡是守禮也徵調有勇是尙義也苟爲之明白開導諭以生人有不可解之至情有必當循之正路異學安可悞趨邪說何堪妄信應必翻然悔悟乃索諾木僧格桑諸酋以刼殺爲長技以狡詐爲良謀反道敗德舉國效之

聖天子度量寬洪同於天地迨屢檄不喻屢警不悛不得不赫斯怒整斯旅滌蕩兇殘以淸邊徼俾天下後世知惡積而不可掩罪大而不可解者宜申天討如此

清末民初文獻叢刊

舟車所至

（下册）

［清］鄭光祖 輯

朝華出版社
BLOSSOM PRESS

維西見聞

節錄安陸余慶遠原本

維西於唐爲吐番東封明萬歷間麗江土知府木氏寖強率麽些兵攻吐番以巨木作碓崩其碉屠其民徙麽些戍之諸番懼皆降於是維西及中甸並現隸四川之巴塘裡塘木氏皆有之收其賦稅內附

本朝初屬於達賴喇嘛康熙時逆藩吳三桂叛其孫世璠割以賂青海求援維西復淪於吐番後收復以土官羈縻之雍正時以其爲雲南西北門戶乃分隸鶴慶府移通判治之建城設兵舊頭目七給土千總銜三土把總銜四分治其地而受約束於通判乾隆

十九年改隸麗江府

滇省視中土爲極高而維西又滇之上游地廣二三百里袤千四百里在浪滄金沙江之岸有土可耕居其民而治焉但兩江之間皆崇山峻嶺道路循沿江一綫江沙産金岸內之山産銀及銅亦滇地所同今取其不同者紀之

近城山環而風不烈氣候稍溫春夏多霪雨秋冬多嵐霧三伏晴明亦必衣絮雨必衣裘四時入夜尤寒八月即隕霜四月方止九月雨雪十月成片而下踰時盈尺然十一二月雪積數尺而人郄可不事重裘夜結堅冰晝則悉融故夏寒甚於他方而冬寒轉遜於中土

其宗喇普逼近金沙江地卑氣暖夏甚溽暑冬日和煦彷彿昆明

穀麥多豐花木最勝

康普葉枝在浪滄江干地勢卑氣亦暖環山積雪與近城相似

奔子欄亦在金沙江岸地隘夏炎暑峯頭多雪冬令殊寒

阿墩子近西藏青海雪山亘古引領常見冬嚴寒黃霧頗同塞外

多西北風四月猶雨雪也

粟地坪在城東四十里適維西之路經焉高三十里峻嶺重複緣

溪險仄如階如梯喬木壅蔽上不見日嵐重多雨雖盛夏衣裘三

冬積雪盈丈前者路旁每丈立一高竿離地三尺又繫一橫欄路

被雪積督兵卒循欄往還踐之二三月雪初融人猶可行馬尚慮

陷立夏後路乃出若深山之雪積自上古也近年兵卒路熟雪亦少減不復立竿矣

白鋩山在城北一千三百里高四十里九月積雪六月始消七八月已風寒徹骨人升高氣喘口鼻迎風不能呼吸輒僵不甦土人謂之寒瘴一至山頂黃霧四塞五步之外不復見人若高聲言笑卽召拳大之雹人馬多斃

棱石坡在城西北四百里自城往阿墩子所必由其山沙石相雜長及三里下臨浪滄江或風或雨沙卸石頹江干樹木觸之立折人必無風雨方可踏沙以行若行未竟而忽風作人馬以斃聞者屢也別駕謝公欲至對岸開路又欲於江上置舟相度形勢均不能辦

溜筩江金沙浪滄兩江水並洶惡舟不可渡橋不可建乃設溜筩兩岸繫大篾纜此高彼低以大竹筩式如瓦戴於纜筩下絡繩渡者人物就絡從高順下登彼岸史記所謂笮也數處皆同

麽些　唐書有麽些兵元籍麗江明木氏土知府攻取吐番徙麽些居之後漸蕃衍倚山而居覆板爲屋自建設以來男皆剃頭辮髮不冠多以青布纏頭衣盤領袴不掩膝　婦髻向前耳環粗如藤所綴銀銅視家貧富衣白褐及臍爲度以裙爲裳蓋膝爲度不著袴裹臁肕束花布帶女紅皆不習

男婦老幼率喜佩刀爲飾不沐不浴衣不澣雪亦跣足嚴寒則背覆羊皮或白毡近頭人效華服冠履改制而婦妝仍舊

地大戶繁者爲土千總土把總下爲頭人爲鄉約爲火頭皆各子
其民子繼弟及世守莫易稱爲木瓜猶華言官也所屬麼些見皆跪拜
奉物對語屈一膝有事赴愬若不率頭目鞭笞之火頭見土官頭
人則拜而侍坐若賓主爲禮俯首以手撫胸久不見及節序則交
拜父母在子有往必告必面出返必拜
俗多畜牛羊及琵琶豬冬來屠豕去足撐腹醃令如琵琶形爲富農時助頭目工三
日穀將熟取其青者蒸而舂脫粟曰扁米家獻二三升臘奉雞米
元日頭目以酒飯勞之愚氓性情悉不善治生河干山麓可耕之
地多不墾蔬圃果木之利不興惟喜獵愛犬有易三犢者穀麥未熟先
以半值售其五六及熟則治衣釀酒坐食之故麥秋一月而飢西

成三月而飢至於蔬食菜羹併日而食習以爲常
人無姓氏以祖名末一字父名末一字再加一字爲名遞承而下以誌親疎　有字跡專取象形人則圖人物則圖物以爲書契
俎高一尺鋪毡踞坐貧則草茵延客肴不過三酒一盂餕餘客攜去　臥無衾褥夜則攢薪置火各以席袒裸環睡反側而烘腹背盛夏亦然富者備衾枕毡褥亦置火露上身烘之　娶以牛羊爲聘頭目家并用馬或至數十　人死無喪服棺以竹席爲底盡懸死者衣於柩側而陳設所有頭目家喪則屠羊豕所屬麽些弔皆飯之死無貴賤三日後舁至山厝薪灌酥焚而棄之但取骨炭一寸瘞之每六月五日則祭於瘞所迎神於家豕小豕祭焉三年後

不復祭　病不醫藥延巫禳祝竭貲以酬　俗淫昏閒則男女歌
相悅之詞其詞比體音商以哀彼此唱和每奔合於幽澗深林
喇嘛之長至少長男女皆禮拜佈施無吝貧則釜甑之微亦以奉
若西藏大喇嘛至禮拜佈施益甚得其片紙隻字必厚酬貧者雖
其糞穢亦供奉不怠頭目有二三子必以一爲喇嘛歸則踞坐中
庭父若母皆拜
自設流官以來其人俱恭順畏法讀書識文字者多有之補弟子
員者四人中式武舉一人
古宗卽吐番舊民也是木氏屠未盡者散處於麽些之間爲麽些
古宗惟婦髻辮髮百股又耳環細小與麽些異其餘略同若聚族

於奔子欄阿墩子者爲臭古宗以土覆屋喜樓居近衞市者男則剃髮衣冠尚仍其舊僻遠者男披髮於肩冠以長毛羊皮染黃色爲檐頂綴紅線纓紅絲十字文罽爲衣冬羊裘不表闊袖束帶佩尺五木鞘刀著紅皮靴出入乘馬鞧韀極麗　婦辮髮下垂綴珊瑚綠松石爲飾衣藍腹百褶裙藍褲別俱彩罽爲之項掛色石數珠裙或文罽襪單革軟底無袴履一　婦裝飾有值數百金者　土官頭目剃頭辮髮入城衣冠用華制歸則易之

墾山地種青稞黍麥炒爲麪畜牛羊取酥熬濃茶入酥與麪搦爲糌粑食止拳大一團延客置酒盈尊俾自酌牛羊肉物食不盡以衣裹去食巳手脂膩悉揩於衣貴賤皆然其身率㲡穢不可近此

其所以爲臭古宗也
兄弟三四恆共一妻指各有玦入房則繫玦於門不紊不爭兄弟六七者乃娶二妻　或欲獨妻則謂之不友女家亦不許故土官頭目家非不裕亦同染汚俗子女互配華人或通其妻亦莫之問也　凡交易皆與婦人議持數珠會計甚捷他方人商其地類租婦以主貿易去則婦還古宗收其所生之子女爲酬焉
人死或掛木食鳥或投水食魚或火焚骨棄阿墩子以上人死延喇嘛誦經三日吹笳而鵰至剝肉食之剝工取髏骨一　臁肋骨二以爲値髏售爲器臁售爲笳也
民見頭目之儀與麽些同訟以賄多爲直　制竊盜法最酷或斷

手足或剜目炙酥灌之　其工頗巧製鋈銀鐵器極精華人亦不能爲　歌曲雖不解而抑揚淫液節奏可聽琵琶三絃胡琴之類俱備特形製少異耳　亦知歷法月大小及閏稍有前後日月食但知時刻分杪則不能推矣

臭古宗性强悍難制稍不如意即糾黨互鬬喇嘛爲排解乃散其受治流官凡事執自明舊規以爲說動肆桀驁後必有以處之

那馬本蘭州民流居巳不能考其時代姓氏男女衣飾雜用古宗麽些之制而受制於麽些　土官頭人女嫁先巳與人苟合有子悉從嫁夫喜之既嫁遂禁人近　人家女與人通父母不之禁其兄知則殺通者　同堂之子女即互配　死置屍於庭陳設死者

衣冠而哭姻婭弔於百步朋友弔於五十步攜尊酒灌屍口擗踊卒哭而拜五日舁而焚之葬骨立墓歲時俱祭喪服尤嚴五世後子姓姻亞皆有服先重後輕以次不遺故其人長年皆白衣也

巴苴元世祖取滇其隨從流落者不知其爲蒙古何部落也滇滄江內板屋與麽些雜居男挽總髻耳帶銅環自建設以來亦知剃髮衣服同麽些　婦人辮髮爲細縷披於後瑪瑙硨磲爲串繞於項垂於肩行作錚鏦之聲頂覆青布衣盤領及腹裙如鐘掩膝不著袴膁裹毡跣足能辟纑縫紉　兄弟死婦女歸於一人

栗栗男挽髻戴簪編麥草爲纓絡綴於髮間黄銅勒束額耳帶銅環色尚黑出入佩刀婦挽髮束箍耳帶大環男女常跣　喜居懸

岩絕頂墾山而種刈穫釀酒晝夜沈酣粒食罄執勁弩藥矢獵禽獸疾走於危峯絕壁婦女從之獲則或烹或炙雖猿猱亦食　採草木爲和合藥男女相悅暗投其衣遂奔而從　婚以牛聘喪則棄屍　借貸刻木爲契負約則延巫祝釜熬沸膏爲誓能手不爛者爲直一切賭信同然　性剛很嗜殺然麼些土官頭目猶能制年奉頭目麥黍共五升新春必率而拜焉　栗栗一種在滇爲夷中最劣維西者受制麼些猶云馴順

怒子　居怒江內界連緬甸素號野夷男女披髮面刺青文首勒紅藤麻布短衣男著袴女以裙俱跣覆竹爲屋編竹爲垣穀產黍麥蔬產薯蕷獵禽獸以佐食無鹽無馬騾無盜賊路不拾遺非禦虎

豹外戸可不扃人精爲竹器織紅紋蔴布麽些不遠千里往購之性怯懦常苦栗粟侵凌雍正八年聞維西巳設官建城因貢黄蠟八十觔蔴布十五疋山驢皮十麂皮二十求納爲民永爲定例官爲上聞　奏許之犒以砂鹽官爲嚴諭頭目約束栗粟毋侵犯邇年其人以所産黄連入售内地夷人亦多負鹽至其地交易其人敬禮而膳之不取値且衞之出自入貢以來受約束知法度省志謂其剛很好殺過矣

喇嘛有紅黄兩種葢佛教本天竺在怒子國西相傳達摩起教至今巳千六百餘年矣本紅教也黄教宗客巴在明永樂時從紅教自別爲黄教究正宗旨不事邪術傳兩弟子曰達賴喇嘛曰班禪額爾

德尼傳五世達賴班禪預知我
大清之必將撫有中土也取道蒙古越萬里朝貢　盛京獲封號
至今黃教在維西者皆達賴宗派　紅教有十三種在維西惟格
馬一種衣冠皆紅其食肉嗜利與黃教同經籍亦不異古宗奉黃
教者多若麽些皆奉紅教

物產

青稞質類麰麥莖葉類黍耐霜雪高寒之地皆種之經一年乃熟
七月種次年六月穫夷人炒而舂成粉入酥爲糌粑
珠薩莖葉類人薩其根皮質亦似薩而圓如珠故名若奔子欄與
栗地坪所產皆在雪盛之地味更苦而性燥並無補益

佛掌薆產奔子欄莖葉稍類薆而根形如佛掌質性又在珠薆下

雪茶阿墩子奔子欄大雪夏融中生草葉白色無根採取作茶汁色綠味苦性寒能解煩渴然多飲則腹泄蓋積雪寒氣所成者

小桃紅葉如海棠花赤色實如龍眼而扁有楞香類木瓜二月華十月摘實鄉城皆有之

藏桃奔子欄有五株葉如楊柳花絳色似桃而瓣長大十二月放花三月始盡六月實熟味澁不可食其核內肉味香而甘相傳康熙時種來青海取其核再種之皆不生

紅嘴鴉形如雞嘴較長鳴聲如烏人飼之馴行則翹翥飛隨

飛鼠即爾雅鼯鼠浪滄山谷皆有之飛不高遠弩取之爲裘有耀

松根豹大於豹穴地食松根毛燦黑質白章善走噬人

雜記

人髏飲器人髏四片有理無隙相合不開古宗漆之而盛於囊佩於身謂可郤鬼若盛湯水供佛非此不敬其飲茶酒亦必用之阿墩子以上剃工售此器其他或於棄屍肉潰而取之

人髏甏用二髏骨漆合之又以人肱骨爲柄脛骨帶筋漆聯之爲兩旁耳作佛事則持而搖黃紅兩教喇嘛皆用之此即金川人皮鼓

人骨笳兩教喇嘛各有一笳以人臁骨爲之吹以逐鬼及作佛事聲如觱篥而淒商過之聞之令人悲而栗取骨於屍貴生時其人修而肥者竅深大而其音肆尤貴華人者其骨薄潤而其音清尤

貴生剉華人修而肥者之骨其音肆而清且有生氣而應愈遙西藏夾霸盜賊也刧華人至其地者奪其財貨又生剉其二臁䏶黃教喇嘛不惜數十金求之

羊骨卜 夷人食羖取其髆骨焚香而懸於佛堂之門其卜也焚香取骨置爐上再拜祝以所謀炙灼閱時反骨視其文直者吉丫义而文明有理者次之亂者凶昔契丹今蒙古並有羊骨卜同此

餛飩 革囊也剝羖皮紮足嘘氣令飽騎以渡水

皮爐 剝羖皮縫合縛竹筒通氣以手按之同於橐籥

熊夾 熊力大而好拔木椿栗栗伐巨木劈其半削木牡釘劈處使開張數寸熊過騎於木而拔之牡去牝合夾其腎囊斲肉獲之

猿檻　掘地成坎上釘木柵留孔僅容猿手置菓於下猿以手取而縮不出狂嘯而不知釋菓可脫多為人獲

藥矢　及鏃皆削竹而成鏃沾烏頭汁射中禽獸立刻麻木而僵若穴地縛小羊於下機絆穴口虎豹至以爪攫羊機動矢發中其胷脇行數武即倒

夷字　麼些古宗皆有字用楮墨而無筆竹錐三寸膏煎以堅其顛以大指食指掐而書之

鐵章　稱信子大小方圓不一大不徑寸厚二分刻古宗字土官頭目則刻其地衙木柄長寸有孔可繫組佩麼些那馬巴苴皆有之上及下色用赤下奉上色用黑　又熬茜草汁成紫色膠為餅同

鐵章佩之凡紙緘皮囊烘膠塗口而印以鐵章人莫能拆

口琴 竹片爲之長四寸闊三分刓虛之而中存一線之篾爲絃首尾橫處皆存絃首聯於橫尾視橫齊處長一分刓下其橫處而絃寄於其間如是者三具絃粗細等而下以左手大指食指排持三片之頭張口而置其正中於口閒以右手食指中指無名指摶上中下片之絃之尾長處錯落而彈嘘氣大小以定七均之高下古宗應些那馬西番皆以筒佩之彈以應歌曲彈者身舞足蹈而與歌合節

舟車所至

西藏紀聞　　輯錄聖武記衛藏圖志諸書加評

藏地凡四部曰前藏中藏後藏阿里統稱西藏其八曰唐古忒

前藏在四川打箭爐西以察木多亦名康又名昌都又名客木爲都會自打箭爐西經裡塘巴塘至察木多皆前藏地雍正二年平青海之叛留兵鎮以駐藏大臣收裡塘巴塘歸四川設宣撫司治之以維西中甸歸雲南設二廳治之轄城九此所謂城壘地小大官舍民房塹山建碉是也至京九千餘里

中藏在前藏西南以拉撒即喇薩亦名衛又名危爲都會轄城三十至京一萬二千餘里

後藏在中藏西以札什倫布爲都會轄城十八至京一萬三千餘里

阿里在後藏西亦轄城十二至京一萬四千餘里
合四部之地東西六千餘里南北五千餘里東界四川打箭爐雲
南麗江府東北界金川青海海周數百里十三峯環之海中有二島人跡不至番僧習禪定者氷合時裏一歲糧往休焉其民皆蒙古共二十九旗佛教之盛同於三藏北界黃河源沮洳千里布達拉西北三百里有騰格里海周數千里其北岸大山橫亘爲和闐庫車東來藏必由之要路冬雪封山夏有鐵索橋爲天險西北界葉
爾羌西界雪嶺岡底斯山在阿里西三百里爲天下諸山之太宗幹卽葱嶺之南幹此山除北路黃河源外其餘大小金沙江及瀾滄江怒江岷江皆源於此西南界廓爾喀其外爲天竺五印度國南界雅魯
藏布江下歸大金沙江由緬甸入海東南界怒江其外爲狢猶野人

源流

虞夏時爲三危舜竄三苗於三危卽三藏也

商時爲氐羌來享來王

周平王東遷後羌逼諸夏雜居隴山伊洛之間

漢武帝拒之塞上曰西羌

晉懷帝時有赤亭羌姚萇滅苻秦稱帝於長安後爲劉裕所滅

隋時有索倫贊者居牂牁西滅吐渾以禿髮爲號訛爲吐番

唐太宗時其王弄讚遣使朝貢請婚不許入寇敗之謝罪太宗以宗女文成公主下嫁弄讚別爲公主築城居之漸慕華風遣子弟入國學習詩書

則天時弄讚孫又請婚以所養雍王女金城公主下嫁亦別築城居之

睿宗時請河西九曲地不久叛
元宗時恃强悖慢破之請和命使臣往視金城公主朝貢如初後
乘唐閒隙盡有戎境
肅宗時吐番遣使請盟郭子儀令於鴻臚寺歃血以申番戎之禮
代宗時吐番入長安立廣武王爲帝郭子儀擊之遁
德宗時遣官盟於淸水卽大詔寺前甥舅連盟碑也後吐番助渾
瑊大破朱泚許以報未與入寇大破之盡復所侵地
穆宗時復請盟以其地乃臧河之所流臧當作藏自此名爲西藏
後不復叛其國亦衰
周世宗時西河節度使奏請授吐番官

宋太祖時有回鶻二十[illegible]及僧十八人自朔方來欲取經天竺詔褒答之此番僧所由來也太宗時吐番入貢優禮之朝貢不絶授官於宋然亦未嘗無邊患遼時亦入貢

元世祖郡縣吐番之地設官分職領之於帝師帝師八思巴者生七歲誦經數十萬言國人稱爲神童封帝師八思巴爲大寶法王賜玉印所以敬信而崇奉之者重且周也

明初以其部落有烏斯藏頗馴謹因統名西藏爲烏斯藏懲唐世吐蕃之亂因其俗用僧徒化導

成祖聞西僧哈立麻有道術遣使迎至京師爲高帝后薦福於靈

于闐所臣

國寺現卿雲甘露青鳥白象諸瑞因封爲大寶法王其徒三人皆封國師其地倚中國之茶爲命當時入貢者優以茶布諸番戀貢市之利且欲保世官終明之世授官加號羈縻之不敢爲變也

本朝

太宗文皇帝崇德七年後藏班禪額爾德尼謂東土有聖人出偕中藏達賴喇嘛越數萬里來朝因嘉納之約歲通貢表後順治中第五輩達賴喇嘛入覲

世祖章皇帝　特賜冊印封爲統領西天佛教普覺斡濟達賴喇嘛時蒙古估什汗以兵滅藏遂有藏地傳其子達彥汗孫達賴汗皆敬附中國後第巴三謀亂估什汗曾孫拉藏誅之遣使入告

聖祖仁皇帝　命嗣爲汗而達賴喇嘛又生於裡塘青海蒙古迎至西宼塔爾寺坐牀建牙開府之謂適準噶爾生釁攻殺拉藏汗虜其子蘇爾札名爲興教而實滅之藏民籲吏上請　特遣將軍額倫多等統兵援之賊欲北遁有姦僧黑喇嘛從中煽惑賊衆復逞螳臂抗我戎行

聖祖仁皇帝赫然震怒、命將統六師撻伐誅黑喇嘛及僞藏王即將塔爾寺之噶爾藏嘉慕　恩錫達賴喇嘛名號給冊印坐牀於布達拉以土地人民　賜之時康熙五十九年九月十五也並勅封拉藏汗舊臣康濟鼐阿爾布巴隆布鼐頗羅鼐札爾鼐五人爲貝子貝勒台吉噶隆有差分守藏地雍正元年胡土克圖自喀

爾喀來朝卒於京年九十矣
世宗憲皇帝親臨致奠錫名號冊印遣使護其喪歸五年胡土克
圖轉生庫倫　詔賜銀十萬造寺以綏喀爾喀之衆冬阿爾布巴
隆布鼐札爾鼐忌巴勒康濟鼐之權殺之欲投準噶爾　特遣左
都御史查郎阿進討頗羅鼐時守後藏料札什倫布之衆至詔地
擒爲亂者俟大兵至奏請誅之藏地復安　敕封頗羅鼐爲貝子
總領藏事留正副二大臣統川陝兵二千鎮守之是爲大臣駐藏
之始是年嚴兵備準夷收前藏東西二巴塘裡塘隸四川中甸維
西隸雲南惟察木多以外仍屬西藏乾隆四年晉頗羅鼐爲郡王
領藏事如故後頗羅鼐卒子襲王爵於十五年謀逆伏誅遂除

西藏王爵凡藏事　命駐藏大臣與達賴喇嘛相協裁決二十二
年準夷殄滅三藏無北顧憂矣四十五年七月後藏班禪額爾德
尼來朝舊例達賴班禪入朝惟跪不拜至是固請拜
高宗純皇帝嘉其慕義從之賞賚惟厚又在京王公大臣及草地
各蒙番所虔誠供奉者無慮數十萬其寶冠瓔珞念珠晶玉之鉢
鏤金之袈裟旃檀華旛磁茗綵帛珍瑰不可勝計十一月班禪形
化於京次年春舍利金龕西歸
篤幸西黄寺送之班禪兄仲巴呼圖爲治事財寶皆爲所有班禪
弟舍瑪爾巴亦習紅教垂涎所有無分惠又衛藏數千里番騎萬
有四千步兵五萬皆達賴所轄班禪惟住持寺廟不轄地故於達

賴所屬之戴琫諦巴（各職事名號）等及守藏之唐古忒兵皆外視之亦無施于藏地苦寒仲巴載寶旋歸一切罟為已有於是舍瑪忿唆廓爾喀引之入寇藏備適弛飽掠而去駐藏大臣飾奏賊璧乞降諷以入貢受封賊遂藐視內地此五十五年事也次年賊以責負為名再舉深入大掠札什倫布全藏大震駐藏大臣飛章入告特遣福康安海蘭察統大兵往討連敗之盡復藏地又大舉深入六戰六捷適其鄰印度知而截其後廓爾喀舉國大恐遂卑詞乞哀乃允其成留官兵四千戍藏自是駐藏二大臣行事儀注始與達賴班禪平等其四倫布（大頭目也）及一切番目缺均會同選授又須金奔巴瓶供大詔寺遇忽必爾罕胡土克圖出世彼此互報不同

者納籤瓶中大臣會同達賴班禪於宗喀巴位前掣而定之於是事權歸一自唐宋以來未有以郡縣治衛藏如今日者矣

中藏

拉撒譯言佛地也倚隄爲城堡爲中藏都會舊有城郭康熙六十年定西將軍毀之故築石隄起郎路山脚至招拉筆洞山止長約三十里外遏恆河山民內圍駐防衙署及大小詔寺布達拉山藏地類皆高峯插天時沍冰雪若低窪之處又甚溽暑有十里殊裘葛者惟拉撒四境沃野亞於蜀地平原東西四五百里南北四五十里冬無嚴寒夏無酷暑田盡膏腴人皆秀好隄內寺廟殿閣巍峩街市井井可觀四郊羣山朝拱百水環流居民夾岸而梁其上爲西土豐樂之城

衙署在堡內大街龍斯岡駐藏大臣所居

丹巴所至

俗皆敬信喇嘛（當地僧也）遵奉黃教初藏地佛教本尚紅明代諸法王皆賜紅綺衣本印度袈裟舊式也其後紅教專持密咒流弊至以吞刀吐火炫俗盡失宗旨有高行喇嘛宗客巴者生於永樂十五年觀時數當改郎會衆弟子令各自黃其衣冠演大乘（以靜修爲宗慈愛爲本質淳意遠淵然如神）教二弟子一曰達賴喇嘛云是觀音分體爲世活佛（有如俗家大宗）一曰班禪額爾德尼云是金剛化身爲世活佛（有如俗家小宗）並稱死不迷性（死必自言其所往生衆弟子又迎而立之）達賴分治前藏轄寺廟三千一百五十餘所喇嘛三十萬二千五百有奇百姓十有二萬一千四百三十八戶班禪分治後藏轄寺廟三千二十七所喇嘛一萬三千七百有奇百姓六千七百六十二戶其餘衆弟子學道能轉世

者達賴班禪即諸之□□□□□稱呼必爾罕（□言再來）亦活佛也
一方一□所在多有（西藏三十□□□□九漢南蒙古五十七□海□□□□四川察木多番地五又駐京□四共一百六十）亦人人頂禮而皆遜領於達賴班禪計闔藏僧
多於民布施多於□□（番民病故所有之財半供達賴班禪半施各寺諷經追薦）所生活佛之
父母人稱為佛公佛母云
大詔寺（詔譯言如來也）高樓四重殿宇闌干皆銅鎏金供釋迦牟尼佛（唐公主鑄自中國請來西藏者）內殿神像萬計（釭酥為燈）左廊塑唐公主與吐蕃弄讚及其妾白布國（即天竺）王女像云公主好修善與其妾同參淨業故並祀焉　舊制凡有公事駐藏大臣會諸貝子及達賴議於大詔寺後來議於公署　每歲首眾喇嘛聚大詔內諷經畢共增石隄一

層一喇嘛終年惟此一役餘皆不及殿門外有唐碑二其一德宗盟碑即云甥舅聯盟碑也其一穆宗盟碑旁有唐時柳尚存鬱若虬龍今惟德宗碑在然已剝蝕不可讀矣

寺壁畫唐高僧師徒四象按高僧傳曰三藏法師元奘陳留人姓陳氏貞觀初肇自咸京誓往西國窮覽聖蹟經六載至摩迦陁城凡十二年備歷聖君龍庭之文鷲嶺之秘皆碾機覩奧矣又造迦葉結集之墟千聖道成之樹虔心頂禮焚香散花設大施會於是五天億衆十八國王獻氈投珠咸稱法師為大乘也法師身長八尺眉目疎朗凡所游歷一百一十國此寺亦三藏曾至者

小詔寺宏敞壯麗不異大詔在大詔北半里供珠多吉佛其顏額書寂默能仁亦釋迦像也兩詔寺皆唐公主所建

札什城在詔北二里駐藏漢兵居焉乾隆十一年所修

布達拉山在詔西五里由平地矗起二峯其一為招拉筆洞其一為布達拉釋典言普陀有三一在天竺南海中一在中國浙江定海一在西藏即此山也建寺因山勢迤邐疊甃而成樓十有三重高三十六丈七尺八寸達賴喇嘛居之上有金殿三金塔五僧舍萬餘間金玉銀銅佛像無數歷代寶器充牣耀曰西殿黃酥油上有手足印是與起黃教宗客巴遺蹟番民頂禮以大銅缸貯酥油然燈寺藏古軍器劍長五六尺鳥鎗長八九尺至一丈與今之九子礮等更有大弓長箭殊為異觀

招拉筆洞山其巔建寺形如磨盤下瞰藏江為高行喇嘛靜修之所山後湖水漣漪湖周四里中央壘土建亭高四重瓦以琉璃皮

船可渡是達賴靜修之所
宗角園卡契園經園皆勝地也是達賴過往停驂游憩之所
藏江上跨琉璃橋由詔而上布達拉所必經也江水浩瀚而澄澈
底多綠松石其大者竟如駝象亦異產也
甘丹寺（在東五十里）別峯寺（在西二十里）色拉寺（在北十里）桑鳶寺（在東南近甘丹）遠近
環列與大小詔布達拉招拉筆洞共八大寺每寺喇嘛多者五千
餘少亦二三千
歲首達賴聚衆喇嘛於大詔寺諷經一歲中凡過節達賴每至各
大寺或各勝地諷經疊氍毹數十重爲高座升座宣講圜聽膜拜
者千計番民得邀一摩頂一擊拂者如不世之遇所諷藏經以甘

珠爾經丹珠爾經爲最尊其次有吉祥天母經大游戲經龍王水經喇嘛供獻經長壽佛壇城經尊勝佛母壇城經大怖畏壇城經釋迦佛壇城經清淨經斗母經沐浴經寶匣經時輪王佛經上樂王佛經十六羅漢經救度佛母經財寶天王經秘密經毘盧佛壇城經　其作法有曰跳布札有曰放烏卜藏與中土僧家佛事不同

藏燈狀如弓鞋傳爲唐公主履　炊爨之具狀如幞頭傳爲尉遲敬德冠番人並仿而製之　銅佛愈小愈貴爲世所珍　糌粑炒青稞豆麥磨粉牛乳攪成團佛云奉之能除一切苦厄　子母藥大僅如菉豆以哈達手帕也裹之經時小粒漸增有子母相生之異云達賴默持佛咒以糌粑搓成者也　賽蘭香佛經名伊蘭花朶小如金粟戴髮

髻香聞十步後漢書所謂伊蒲之供也　藏地少竹其識字頭人番民所用竹籤備極珍惜有攜內地竹器至者輒不惜多方購致之　迤東澗多魚如鱸如鯿番人守佛戒未嘗取之作膾

後藏

後藏札什倫布在中藏西九百里山川靈奇土宜饒美建仍仲宧翁結巴寺為班禪額爾德尼坐牀之所寺甚雄麗佛像皆七寶莊嚴聲徹仙梵香生苾芻耆龜鷲嶺不是過也後藏敬禮班禪與中藏奉達賴等修持淨業精守戒律貫穿經典屏除聲聞凡喇嘛學經成者必於班禪所受戒若付以正法眼藏也或達賴圓寂後再降生則班禪為之講解上乘法俾參大道達賴之於班禪亦然蓋

互相傳授扶持黃教云

紅教

喇嘛黃教與紅教本同源唐時大西天（中天竺）有巴特瑪薩木巴瓦者到藏傳教即紅教之始後奉薩迦爲大喇嘛傳世屢矣明宗客巴道行高出諸法王上自改爲黃教在藏弟子從之者衆而仍依紅教者亦衆宗客巴初亦學經於薩迦廟故黃教之經典與紅教不異今之薩迦即元時帝師八斯巴喇嘛之後乾隆五十四年駐藏大臣舒濂奏薩迦本同黃教情形故在京在藏及諸番奉黃教者亦敬薩迦奉紅教者亦敬達賴班禪兩教並行不悖也惟黃教喇嘛無妻室而薩迦獨有妻室然僅朔望相見特爲生子襲衣鉢

計其差別以此若紅教中一切邪術乃紅教之末失耳

天竺佛國

天竺五印度其國在阿里南二千里中隔廓爾喀其在雲南騰越州西直徑不過一千七八百里中隔赤髮野人中天竺稱大西天東天竺稱小西天卽小西洋小白頭大白頭地查今之東天竺卽孟加臘已久爲英吉利佔據其地膏沃殷阜專產鴉片不與佛教已奉天主所稱佛國徒延虛名而已

大雪封山

藏地雪嶺非一處山凹冰凌深不可測人畜失足杳無踪跡山巔積累巍巍隨風傾倒勢更可虞寒沍噤人飛走皆絶康熙五十九

年滇兵二百名於[illegible]一株[illegible]夜宿[illegible]爲[illegible]

雪若未甚路已不辨猶勉[illegible]地[illegible]刀蝎白骨載途恆有之矣若雪[illegible]丈謂之封山雖有緊急公務文[illegible]通暹之又久待春[illegible]泮渙無虞[illegible]也其在維西中甸[illegible]雲南者如是其在庫車和闐來中藏如是其在廓爾喀來後藏如是其在察木多至拉里數站亦無不如是他不悉記

魏氏原評唐以前藏地佛教未甚故羅什元奘求經西出陽關達摩諸高僧來自南海皆不由藏也其後天竺佛教漸入藏地亦祗以道行受中土封冊而已迨宗客巴改紅教爲黃教始以轉生爲說歷二世至正德時遂以活佛聞於中國武宗遣使迎

之達賴不願行使者欲威以兵爲番人所敗旋世宗立果盡斥番僧咸以達賴之神通爲莫測矣然習俗相延殆亦有時數也初活佛自一世以至六世或出後藏或出前藏或出蒙古裡塘皆非一地一族近百餘年來活佛轉世不外兄弟叔姪且多出蒙古汗王貝勒子弟崇奉者未免存私乾隆末適活佛示寂而土舍圖汗之福晉有妊衆即指爲轉生及彌月郤生一女遂大損番人之敬信或又從而周旋謂宗客巴曾言六世後活佛不復再來今之登此座者憑乖仲也^(師巫)所爲非眞觀密諦也則人之敬信本亦可以已矣然葱嶺以東惟回部諸城郭國自爲教外其餘如土伯特四部青海二十九旗厄魯特汗王各旗喀爾

喀八十二旗蒙古游牧五十九旗滇蜀邊番十土司皆奉黃教使無世世轉生之活佛以鎮服其心則此數百萬衆必至互相雄長而不可制此堯舜周公孔子所不能馴也

高宗純皇帝威武神聖詔達賴班禪兩汗僧世世永生西土維持教化藏地安而西北之邊徼皆安記曰修其教不易其俗

大聖人神道設教　睿算如山海高深曼殊師利之尊稱（活佛表稱曼殊師利大皇帝曼殊佛花也）豈偶然哉

物產

秔稻（詔中畜水爲汙多種稻其耕耨亦如中土但牛具微小有五頭作一具者）　青稞　蠶豆

小麥　豌豆　菜子　菉豆　黃豆　四季豆　蔯荽　白菜

莧菜　葱　蒜　菠菜　萵苣　蘿蔔　藏核桃　藏杏　圓

根　藏棗　藏香有紫黃兩種眞者焚時煙麥霄漢蕊以珍寶屑成之者也　黑白香白香亦名吉吉香黑香亦名唵叭香　藏藺　藏紬　氆氌　栽絨　細鉄即緞氌天竺貴布也見涅盤經　鹽後藏之札野客登察噶産鹽多係沙土中刨出番民每貿以易各物　毽子　花紬　花布　藏

紅花　青金石　松蕊石　瑪瑙　琥珀　蜜蠟　珊瑚　硨

磲　硇沙　阿魏　黃連　胡連　茜草　紫草茸　石青

梓皮　訶梨勒　木椀其種有二一名札木札牙木色微黃堅潤有細紋能避毒一名渾拉爾木色微黃花紋略大亦能避毒其價並昂　馬　騾　驢　犏牛　犛牛　黃牛　牦牛

羚羊　青羊　盤羊一　獐頗[illegible]過五十觔　[illegible]雞小亦　黃鴨　白鵰　蒼

鷹　雉　兎　狐　天鵝　細鱗魚　牡丹　虞美人　翦碎

絨　蜀葵　金盞　木[illegible]　芍藥　山丹有紅白一種　賛[illegible]

藏菊花有紅黃二種　松　栢　白楊　朵禽

山川

布達拉山在詔西高百丈餘

招拉筆洞山形如磨盤

牛魔山在詔南高二百餘丈

朗路山在詔東北

東噶爾山在布達拉山西高四百丈設關山上西藏要隘

浪黨山在詔北色拉寺後平峻參半

甘丹山在詔東甘丹寺後

宋噶拉山在藏南聯絡重疊崎嶇難行

札拉山相連宋噶拉山

角子拉山在藏東北山上建寺路徑曲折鳥獸寂然如喇嘛振鐸呼之則山禽獐鹿畢集

渣羊宗山在藏東二百餘里上建多機札古寺

甘不拉山在藏西郎西崑崙山路崎難行

鍋噶拉山在藏南山高積雪多瘴

雨墨拉山在藏西高峻積雪有瘴

喇根拉山在詔北

克里野拉山在藏北途長淤沙積雪烟瘴遍入自羊八井入草地至北兎河皆大山難踰

沙羽克岡拉山藏北

乳牛山藏東北

通拉大山後藏西南千餘里峯巒峻峭積雪不消

岡底斯山在阿里西北周一百四十餘里四面峯巒陡絕積雪如懸崖山頂白泉聚流至麓郎伏實諸山之祖梵書所謂阿耨達山也

打母朱喀巴珀

山山形似馬郎干喀巴珀山山形似象生格喀巴珀山山形似獅馬珀家喀巴珀山山形似孔雀均與岡底斯山相連綿遠八百餘里所謂阿里大山也藏江一名白楮河其源有三一出三𡿨會流白楮河一出剛喇山巢會流白楮河一出鹿馬嶺入烏蘇江會流白楮河三江之水聚爲滙過大則得慶至西藏有木船皮船以渡彭多河去詔三門有鐵索橋渡有皮船哈拉烏素河去詔北八日皮船可渡阿克打木河去詔北二十五日春民諾爾河去藏北九日郎天池也春結河在詔南藏江異名洛巴河在詔南前後藏諸水俱於此合流業黨河在詔西有鐵索橋雅魯藏布江在藏西源出打母朱喀巴珀山岡布藏布河在藏東岡噶江源出岡底斯山年楚河後藏東源出沙羽克岡拉山怒江在藏南險不可渡陸海自札什倫布至阿里夏間隨地皆水故名阿耨達池在岡底斯南騰格里池在藏西北藏地湖澤泉也鹽池最多惟此最大

古蹟

附祿康插木在布達拉後池大四里中建八角琉璃涼亭卡契園在布達拉西五里有魚池經堂

多植名花係達賴喇嘛避暑之所

疏日岡 在布達拉西七里乃達賴班禪往來停驂飲茶之所

琉璃橋 在藏堡外上布達拉山大道

寵斯岡 在藏堡內大街昔為達賴喇嘛游玩之所今為駐防衛署

宗角 去布達拉札二里林木陰翳亦係達賴喇嘛避暑處

寺廟

布達拉寺 去詔五里平地突起雙峯一為布達拉建金頂寶剎達賴喇嘛坐牀處一為招拉筆洞建樓房二係有行喇嘛靜修處中建一塔峯巒蔚秀梵宇清幽西方勝境也

招拉筆洞寺 在布達拉西南寺內喇嘛皆業岐黃

大詔寺 在拉撒內周圍起樓閣殿宇瓦蓋飾以黃金中塑佛曰覺釋迦摩尼云自唐初侍公主來藏年甫十二歲成佛左廊又有唐公主及吐蕃贊普並白布國王女像其內神佛萬計中供 萬歲御座香花玉盞四季長輝東南隅有百喇末殿殿以神名威靈赫濯前廊壁繪唐元裴師弟四人求經像弃尉遲敬德鎭邊軍器門外殘碣剝落郎唐德宗甥舅聯盟碑也碑側古柳二株老幹蟠屈若龍虬然云植自唐時也

小詔寺 在大詔北半里亦唐時建宏敞壯麗不亞大詔中塑佛曰珠多吉云是覺釋迦摩尼之弟甫八齡成佛或云郎唐公主肉身也

甘丹寺 在拉撒東五十里甘丹寺番民

傳爲宗客巴成佛處或云即然燈古佛內經樓佛像幢幡寶蓋莊麗與大小詔寺畧同有闡講黃教堪布喇嘛居之

別蜂寺 在拉撒西二十里前臨大道後依山巖層樓環繞內有園亭乃達賴喇嘛避暑處每年一至講經凡各番學習藏經者多居此下山里許有垂仲殿此寺垂仲無妻室與他寺異

色拉寺 在拉撒北十里依山勢建金殿三座層樓高聳達賴喇嘛亦歲至講經寺中置一降魔杵云自大西天飛來其寺堪布珍之番人必歲一朝觀

桑鳶寺 在拉撒東南與甘丹寺相近其樓閣經堂佛像亞大小詔寺內供關帝像云唐以前其地多怪帝君降聖祛之因建寺奉祀達賴喇嘛亦歲至說偈

木轆寺 在小詔寺東經堂佛像寶器俱整齊爲西番衆僧習經之所寺西有經園刊布三乘經文

菊岡寺 毗連經園爲蒙古僧人學經之所

噶嗎霞寺 即垂仲殿在大詔寺東半里神像猙猛內居護法垂仲係喇嘛裝束仍娶妻有子世傳其衚即中土巫類每月初二十六日神頭帶金盔上插雜羽背插小旃五周身以白哈達結束穿虎皮靴手執弓刀登法壇與人判吉凶輒應出則人從裝飾鬼怪執旃鳴鼓導引各大寺皆有垂仲亦聞有婦女爲之者

楚布寺

葉郎寺 去拉撒北七十里各有掌教胡土克圖主之

多機札古寺 附近桑鳶寺在渣羊宗山之巔高至

下□丈□中□□□石□□白七可餐味如□□花□□蠹又名
其穴須然火而入後有一□云□張之人不□此必□番人畏
禪而不□致近焉**達隆寺**在拉撒北□鐘鳴山一□北宏麗**角□拉上寺****熱下寺**等
拉撒東北**仍仲盃翁結巴寺**大藏□禪去□日坐床處後**薩迦寺**在後藏薩迦大寅麻
卯元帝師八思巴後為紅帽之宗其大喇業嬰妻育子有後則不進室始登法座**關帝廟**在拉撒什城西北**雙**
忠廟在寵斯岡為傅拉兩公建乾隆十五年朱爾墨特邦木札爾謀逆兩公計誅之倉猝間為其黨所害**滂耶廟**
在拉撒東北**噶爾靼廟**在拉撒西北與沙羽克岡拉山相近**薩木他廟**在拉撒東南**孃孃廟**
在札什倫布東北**淋噶爾廟****阿克巴札桑廟****推薩木諾爾布淋廟**
挾爾仔廟**濟康廟**以上五廟俱在札什倫布**多吉爾拔姆宮**在羊桌白地海中山上寺
極宏麗有瀛洲蓬島之勝寺中乃女胡土克圖多爾吉拔姆所
居云是北斗之精化生昔碟巴三節亂藏時化豬遁去藏地呼
豬日拔
故名

中藏後藏昌都三處有名之寺三千有餘支糧喇嘛八萬四千有餘其大喇嘛曰胡土克圖祿養皆取給於所屬地方大胡土克圖下設倉儲巴一人以司地方事凡寺廟設堪布喇嘛一名約束僧衆有一品至八九品不等總以寺之大小僧之多寡定其品級大凡住持寺廟之喇嘛多有卽其寺名稱之者

糧臺　西藏委丞倅一員爲糧務又　欽派駐藏二大臣員外郎主事各一員筆帖式一員駐其地又分駐前後藏綠營官兵共六百二十一員名內游擊都司守備千把總各一員外委馬步兵六百十三員名三年一換

按藏例官兵口糧每分月支全折銀四兩約計歲支臺費銀四

萬餘兩　爐裡巴察拉五臺糧員月支費銀六十兩西藏七十兩各準帶僕從十三名通事譯字三名

打箭爐

打箭爐相傳漢武侯南征遣將郭達安爐造箭之地距四川省千里爲中國之極西西藏之極東天時多寒少暑層巒峻嶺峭壁懸崖中隔瀘河勢最險要昔爲南詔地向隸青海部落明永樂五年土目阿旺堅參以隨征明玉珍功授爲明正長河西魚通寧遠軍民宣慰司世職然當時第羈縻勿絶而已至

國朝聲教洋溢向化益誠於康熙三十九年被藏差營官昌側集烈等戕害竊據四川提督唐希順統兵進勦誅昌側集烈等直抵

打箭爐而安撫焉番民率衆歡呼跪迎歸附已故土司錫拉扎克巴乏嗣其妻袁噶通志作工喀承襲至堅參德昌始移駐打箭爐其子甲勒參德浸繼之現今之明正土司也管轄打箭爐十三鍋莊番民約束新附土司及土千百戶計新舊土民二萬八千八百八十四戶上納貢馬雜糧歲折銀歸明正土司征解之打箭爐以石爲城漢番雜處凡駐藏使臣及換藏兵丁均於此出口自爐以往多重茶悉由內地負販而爐又爲市茶總滙現設郡丞一員以理夷情兼司糧務向有監督権稅課今汰之並歸[illegible]承[illegible]、雖崇信浮屠規規小[illegible]然結以信[illegible]而[illegible]誠効順[illegible] 其志

[illegible]耗[illegible]呼嘛[illegible]也　白菜

[illegible]南無[illegible]山[illegible]百餘[illegible]巉險　岡山在爐東高陡盤折　郭達山爐東北[illegible]百餘丈路有青羊牌山而行相傳武侯南征遣郭達造箭於此故名　阿拉穆公山爐西高八百餘丈折多山[illegible]爐內進[illegible]要路　大蓋雪山北爐　瀘河源出折多山西南東流七十里至爐　魚通河諸與瀘河合　雅納溝河源出大蓋雪山西南流八十里至爐北　溫泉爐東南水性溫煖浴之能除積疾

寺廟　關帝廟　武侯祠　漢人寺均在爐東　郭達廟在爐西　惠遠廟在爐城西北雍正七年敕建　報國寺在爐西又名喇嘛寺　高日寺在東俄落南三十里

糧臺　自打箭爐至藏糧臺有六惟打箭爐爲出口首臺以郡丞司糧務駐防及護糧外委馬步兵四十六員名三年一換

按此臺過往官兵人員約計歲支臺費銀五百餘兩口糧米一百餘石炒麪一百餘石

裡塘

裡塘在打箭爐西六百餘里天寒多雨雪昔亦青海部落層巒疊嶂道路紆迴爲西藏要地有土城設糧務一員俗信喇嘛有掌管黃教之大喇嘛曰堪布爲一方崇祀之尊立僧俗營官各一董率事宜康熙四十七年達賴喇嘛降生擦嗎中自還住西寍塔兒寺後時西藏地方已被準噶爾澤旺阿喇布坦遣車零敦多布佔踞康熙五十七年護軍統領溫普及滿漢官兵由打箭爐出口渡雅龍江直抵裡塘宣諭

聖朝德威裡塘人心綏定預貯倉庫錢糧待　大兵西進次年定
西將軍噶爾弼駐兵於爐前鋒都統先帶兵進藏道經裡塘比時
青海差達哇朗章巴等陰謀把持裡塘營官遂有叛意官兵計誘
達哇朗章巴及營官三名至營誅之並革去堪布喇嘛該地番人
咸凜軍威各舉素所誠服者議立堪布一名復設營官以分治其
事雍正七年頒給僧俗營官印信俗營官安本授爲宣撫司僧營
官康卻江錯授爲副土司乾隆十年以明正土司屬土守備汪結
隨勦瞻對有功奏補正土司又因勦金酋時土舍汪爾結首先納
款充補額外副土司凡正副土司均照流官例不世襲輸誠納貢
供給徭役現今裡塘正土司業巴札什宣撫土司阿卻錯氏副土

司阿鄂策成業巴彭錯供其職而附近裡塘崇喜毛丫毛茂丫曲登四土官亦當時迎師嚮化之酋長今之四瓦述是矣

物產　藏金板　麩金　葡萄根木椀　鳳眼菩提子　貝母　冬蟲夏草出擦漲工山本草不載性溫暖補精益髓　牦牛　山羊　牛毯　酥油　青稞　大麥　圓根

山川　達俄岡山　赤喇岡山　出喇山　蟒拉山　大崧山　甲竭山　紫木剌山均在裡塘東　漳喇山在裡塘東南　阿喇梧桑山在裡塘西　南喇枯山與梧桑山相連　色勒隆宗山與喇枯山相連　勒東額山與隆宗山相連　雲龍一喇山　鎖龍山　火精[illegible]均[illegible]　九石濟山[illegible]　俄洛山在西[illegible]疊

[illegible]

松喇嘛山在喇爾　二郎雪山在二郎灣　三壩山在立登三壩　打山在毛茂丫　射鹿山在立渠河頭　毛丫山在曲登　窮藏山瞻對交界　雅龍江在裡塘東源出青海之娘錯流入霍耳咱地會金沙江過馬湖至敘州合川江　裡楮河在裡塘流合雅龍江　色隆達河在裡塘西南流會金沙江通巴塘大河　喇梯楮河源出立登三壩經流二郎灣入金沙江　交界河在鄉城朔竹　立渠河在裡塘發源射鹿山　溫泉塘

寺廟

關帝廟在裡塘漢人建　長青春科兒寺在裡塘大喇嘛堪布所居　貯經堂　金剛寺均在裡塘　工沙寺在牟納　空沙寺在上俄洛　納吐寺　蘇糖寺均在丫壩　桑登寺在喇爾布　乃吉策巴寺在上牟納　登沙寺在下牟納　工噶里寺在工噶　陽頂寺　幫補寺均在島巴　三配林寺在鄉城　立禪寺在喇嘛丫　申角寺在申壩

糧臺

裡塘委牧令為糧員駐防及護糧官兵二十四員名內守

備把總外委各一員馬步兵九十名三年一換又土馬步兵三百名每名月支折色口糧銀一兩五錢

按此臺約計歲支臺費銀五千餘兩口糧米一百餘石炒麪二百餘石

巴塘

巴塘在裡塘南五百餘里土地饒美天氣暄妍時令則儼然內地也無城郭設糧務一員山則峻標甲噶水則流合金沙昔爲西藏拉藏汗所屬有大喇嘛寺其掌管黃教之堪布由達賴喇嘛委放其管地方之碟巴由拉藏汗委放年滿更換歷代相傳至康熙五十七年護軍統領溫普帶兵由裡塘入巴塘至大所（通志作大朔）郎有

磔巴暨僧俗百姓赴營投見願附版圖及西征之役番民輸誠効力趲運糧儲無少懈雍正四年川滇兩省提督俱由西藏旋師會勘川滇疆界次年復遣官指授達賴喇嘛地即於藏屬之南墩寍靜山嶺（即莽嶺）立碑定界又於喜松工山於達拉兩界山巔亦立界山以內均屬巴塘山以外盡屬達賴喇嘛查造戶口分輸糧賦七年授土官查什盆錯（通志作札什朋楚）宣撫司授大頭人阿旺林青副土司均照流官例不世襲今之正土司彭錯春丕勒副土司成彩春平等皆於頭人中遴選補授者也

物產　白葡萄　葡萄根木椀　石榴　天鼠（似貓皮可為裘）水銀　犛牛　青稞　豆　麥　黃蠟　蜂蜜　酥油　白菜　圓根

韭　桃　李　西瓜　牡丹　芍藥

山川　甲噶喇山（在巴塘東凌霄插漢）　龍新山（在巴塘東險峻特絕）　卜意喇山（在巴塘南）　空子喇山（在巴塘西南）　盃靜山（在巴塘西詳見程站）　喜松工山（在巴塘西甚高峻）　巴冲楮河（在巴塘民堡之傍流合金沙江）　色楮河（即金沙江）　湶河卡（在江）

寺廟　大寺（環土垣百餘丈掌教堪布居之餘喇嘛築土房於寺內環繞而居）　喇嘛寺（院無口糧寺院八十四座有口糧寺院五十七座不悉記）　漢八寺（詳程站）

糧臺　巴塘糧務委員如前（以上三臺俱由內地土官考核）　駐防及護糧官兵三百二員名內都司守備把總外委各一員馬步兵二百九十八名三年一換又土馬兵六十名每名日支口糧麪一升折銀一分茶葉八錢折銀五釐每十名月支羊一隻折銀五錢

[illegible]三

[illegible]西藏闡教正副胡土克圖掌管

[illegible]克耶西藏之後卽以此地屬達賴喇嘛該處向

移置拉里大抵由爐城自莽嶺以西去成

[illegible]朝服籍日久擾來熙往實繁有徒則蠻鄉蹊徑

[illegible]之鼓而得之諮諏中者殊無異身親其境矣

物產　[illegible]　梨乾　葡萄　核桃　犏牛　綿羊　青稞

山川　指達拉山在作了東頗平坦　昂喇山在作了西北危峻難踰冬春多積雪　作喇山在作

了西北高陡險峻 勒楮河在大寺前源出昂喇山 樂楮河源發喇山作 甲倉楮河合樂楮河
到乍了界 色楮河源出上納奪流入察木多大河
寺廟 乍了大寺環土城百餘丈喇嘛人等俱居寺內其地方事俱聽該寺喇嘛及倉儲巴管理 轉經閣
在大寺前男女婚姻俱於此歌唱兩情歡洽男以糌粑結女之髮聞其婚遂定
察木多即昌都
察木多古名康距巴塘千餘里中隔乍丫路出西北天時無異裡塘
三山環匼二水合流為西藏門戶界通川滇北河有四川橋南河
有雲南橋滇省曾設鎮於此今并歸川省設臺站置糧務一員有
土城本屬闡教胡土克圖自康熙五十八年 大兵進勦西藏始
納款焉頒給正胡土克圖印信住坐察木多大寺其副胡土克圖

任坐邊壩之西喇嘛寺又有倉儲巴（通志作昌諸巴）五家分管大小寺院現今之大胡土克圖怕克巴拉二胡土克圖昔瓦納正倉儲巴丹中測望副倉儲巴多景囊結其俗崇信浮屠生子半爲喇嘛喜啖生物不尚滋味凡習俗與裡塘巴塘少異有由草地進藏之類伍齊亦築土爲城周二百餘丈內建大寺峻宇崇簷巍煥奪目有紅帽子胡土克圖協理黃教原隸西藏部落番民多居黑帳房自康熙五十八年與其地西南之洛隆宗俱投誠歸化洛隆宗之西又有碩般多亦屬西藏部落有碟巴二名掌理黃教後準噶爾佔據西藏亦遣陀陀宰桑夌轢其地僧俗人俱不勝其虐康熙五十八年定西將軍噶爾弼統兵進藏該處碟巴人衆迎師歸誠而陀陀

宰桑遂潛回西藏比總統遣弁改飾異服卽令碩般多碟巴嚮道
至索馬郎擒獲之於是干戈寧謐屬民咸恭承糧役無懈以上三
地方均奉　特旨賞給達賴喇嘛而達隆宗則在碩般多之南亦
藏所轄與洛隆宗同時納款因其四至遼濶差役繁劇又委熱傲
者三人治之其棲止有宮寨樓房窮荒僻壤葢別有風氣云
[illegible]多雖同屬藏地而其風俗有獨異於藏者女出嫁不歸寧卽
[illegible]寧亦僅止門外飲以茶酒毋至女家亦然大概婦女忌入人家
[illegible]不祥[illegible]廟宇尤嚴忌之若喇嘛犯姦將兩造剝皮楦草投水
[illegible]洋余聞藏地風俗婚嫁多苟合男女無嫌忌若喇嘛
[illegible]亦做　王入家飲食男女惟所欲豈昌都獨嚴其律乎姑錄

物產 秔稻 生薑 黃連 麝香 熊膽 波裡凹 牛毧
牦牛 山羊 青稞 大麥 圓根 豌豆 核桃 松蘂在
山川 達蓋喇山在察木多東山甚危峻 沖得喇山亦在東高峻沖霄 列木喇嶺亦在東 奪布喇山 鼎各喇山均在察木多東南 魚別喇山在察木多西南 裏角大山亦在西南冬春積雪 巴貢山 蒙堡山 擦瓦山 雲山 雪山 白奪山 納奪山 黃雲山 隱山 喇貢山 昂楮河在察木多左源出中甸通雲南亦名雲河 雜楮河在察木多右源出九茹通四川亦名川河二水合流入雲南界

寺廟 戎空寺一名江巴林寺殿宇壯麗亦三藏之勝區胡土克圖暨倉儲巴居之 普安堂漢人所建 講經堂 龍王廟均在察木多 大寺在戎空寺左寺內供萬壽御座朔望朝賀 漢人寺自察木多至拉子多有漢人寺非止一處 觀音閣在巴貢 善化寺 科兒寺 林光寺均在包墩

萬壽寺　雲頂寺　大牟寺　定海寺均在俄洛　長鳴寺　承定寺

白衣菴均在裏角　金剛寺　空沙寺　吉祥菴　大佛寺　雲臨寺均在喇頁

糧臺　察木多糧務委員如前駐防及護糧官兵三百三十三員名內游擊千總各一員把總二員外委馬步兵三百二十九員名三年一換又土馬兵十名每名日支口糧麪一升折銀九釐每十名月賞羊一隻折銀五錢

按察木多以外凡口糧米炒麪均折銀支給此臺約計歲支臺費銀一萬餘兩

類伍齊

類伍齊在察木多西南一百九十五里餘詳察木多內

物產　鐵　馬　騾　鹿　雞　牦牛　綿羊　酥油　牛毯

山川　瓦合大山在類伍齊西南山大而峻冬春積雪　擦噶喇山山頂平坦　葉達喇山勢頗平衍　紫楮河在類伍齊東北郎昂楮河下流

洛龍宗

洛龍宗在類伍齊西一百六十里餘詳察木多內

物產　犛牛　山羊　青稞　金星石

山川　得貢喇山在洛隆宗東山勢陡峻　得噶喇山在洛隆宗西　偶楮河在洛隆宗西源出噶爾藏骨岔海子流合瀾滄江　峽隆喜楮河在洛隆宗南源出噶喇山東流合偶楮河

碩般多

碩般多在洛隆宗西一百六十里餘詳察木多內

物產　青稞　莜麥　牛　羊　酥油

山川　章喇山在碩般多東高峻險阻　吾抵喇山在碩般多西南勢不甚峻　巴喇山在碩般多西南勢平坦　胡馬喇山在碩般多西郎賓瓦合山擒陀陀宰桑處　柱馬郎錯河源發噶喇山流歸偶楮河　胃楮河源發吾抵山流歸偶楮河

寺廟　大寺在碩般多建寺二座築土梵石為城枕山臨河內供佛像其經堂喇嘛碟巴居之

達隆宗

達隆宗在碩般多西餘詳察木多內

物產　麩金　銀礦　梨乾　核桃　馬　騾　牦牛　青稞　酥油

山川　必達喇山在達隆宗西平坦　沙貢喇山在達隆宗西崇山峻嶺　曾貢喇山與沙貢喇山相聯　撒楮河在達隆宗北源發剏馬喇山　邊楮河在達隆宗東南流合胃楮河　俄楮河源發沙貢喇山流合葉楮河　葉楮河源發曾貢喇山流歸偶楮河

拉里

拉里在達隆宗西北距察木多千餘里天氣寒冷山勢陡險原隸西藏無城設糧務一員所屬寺院歷委大喇嘛主掌兼碟巴事自準噶爾車零敦多布侵佔西藏其地黑喇嘛附逆偽稱河州喇嘛迎師嚮導陰遣番人截奪軍糧後定西將軍得其情計擒之改委喇嘛經理其地現今堪布臨喜江錯大業爾巴郤結札什自是永屬西藏無或僭忒又有工布江達在拉里西南工布則僻處一隅

而江達則西藏孔道天時和暖產稻米有水田絕域中之沃壤也先時準噶爾侵佔西藏工布人衆堅禦之敵不能入後以　大兵進藏迎師就撫自今仍隸西藏焉

物產　犏牛　綿羊　按拉里不產五穀以牲畜資生牛羊爲食故所產止此

山川　拉里大山在大寺西山勢如龍上下極險峻四時積雪　瓦子山番人呼爲卓喇山峻險漫衍多積雪

同安楮河在拉里東源發魯貢喇山流合得楮河　得楮河在拉里東北流合同安楮河　松茄楮河在拉里東流會得楮河　熱水塘在拉里東四時常溫番人呼爲擦楮卡

寺廟　丹達廟相傳雲南某參軍解餉過此墮雪窖中迨春夏雪消猶僵立鞘上土人驚異聞泰其屍而崇祀焉見沈敬菴太守從征紀事　大寺在拉里大山腰由山右盤旋而上管理地方之大喇嘛及僧衆俱住寺內

糧臺　拉里糧務委員如前駐防及護糧官兵一百二十八員名

内把總一員外委馬步兵一百二十七員名三年一換又土馬兵二十名每名日支口糧麥一升折銀一分八釐每十名月賞羊一隻折如前

按此臺約計歲支臺費銀八千餘兩

工布江達

工布江達在拉里西三百六十里

物產 秔稻 青稞 白菜 笋 竹片弓 毛氊 青金石 大面氆氌 大面羊絨 大面偏單 竹箭桿 驢 大頭狗

山川 鹿馬嶺在江達西綿長平坦風烈異常兼多積雪爲西藏要隘 江達楮卡河自鹿馬嶺發源流至工布會於藏河 烏蘇江西藏東北有皮船爲渡

西藏番民制度

〔歲時〕正月亦建寅以孟春爲歲首元旦爲一歲始然節令多與內地不同如十二月大建則以元日爲年節小建則以初二日爲年節不識天干惟以地支屬相鼠牛虎兎龍蛇之類紀年亦以十二月爲一歲亦有閏月但不同時耳如雍正十年閏五月其地則閏三月十三年閏四月其地先於上年閏七月見舊藏志更有閏日之異如閏初一則無初二卽接初三或於月內摘去一二日如二十五六日卽接二十八九日矣每月無小建有朔望晦日紀日以金木水火土五行配與時憲書不異其推日月交蝕亦纖毫不爽其推算占驗云皆唐公主所流傳

【氣候】藏地數千里大約平壤則熱居高即寒有十里不同天之語就拉撒詔論其四時氣候温和常如中土二八月但晴雨靡常風霾無定耳清明立夏閒草木萌芽首夏豆禾播種收穫亦在七八月秋有薄霜冬雪不厚積雷雹無異冰雹閒見若山獵水閫恆見冰雹頓作若云番人誦咒可止則妄

【風俗】每遇年節商民停市三日各以茶酒菓物相餽爲禮其日達賴喇嘛設宴於布達拉山寺延漢番官會飲有跳鉞斧之戲選幼童十餘人著綵衣戴白布圈帽足繫小鈴手執斧鉞前列設鼓十餘面司鼓者亦裝束如前於䑛籌交錯時相向而舞聽鼓聲之淵淵而綴兆疾徐咸中節揆其義蓋古之萬舞與越日觀

飛神乃後藏番民供此役以皮索數十丈繫於布達拉山寺上下人攀緣捷如猿猱以木板護胷手足四舒而下如矢離弦如燕掠水亦異觀也　過此擇日大詔內聚集各山寺喇嘛擁達賴下山謁佛登臺講大乘經謂之放朝番民越數千里來者踵相接以金珠寶物陳列炫麗舉於首而跪獻之達賴若受即以麈尾拂其首或摩其項者三出必誇耀於人以為活佛降福也

上元日懸燈大詔萬盞綴以五色油麪為人物龍蛇鳥獸窮極精巧自夜達旦覘天之陰晴及燈之明晦占一歲豐歉　十八日揚兵集唐古忒（藏人名稱）馬步三千戎裝執械繞詔三匝至琉璃橋南施巨礮以驅鬼魅礮大小不一其最大者鑄自唐時刊

威剿除叛逆五字演畢商上出金銀紬緞布茶勞之弁布施僧衆爲誦經之資歲凡支銀三百六十餘兩　越數日噶布倫戴綳及喇嘛各出幼童選快馬馳騁自色拉山寺東麓至布達拉約三十里疾驅角勝先至者受上賞復以幼童裸體跣足自布達拉西至拉撒東約十餘里一時爭道而趨亦以先後至較勝負如力不勝親友旁觀以冷水灌頂爲之助此每歲奪標之戲也　二十七日迦巴拉寺之飛來杵至拉撒詔　三十日諷經畢送老工夾布卽通志所謂打牛魔王也以喇嘛一人僞作達賴又賄致一番民面塗黑白作魔王直前詆其五蘊未空諸漏未淨達賴亦以理折彼此矜尚法力因各出骰一枚如核桃大

達賴三擲皆盧魔王三擲皆梟蓋六面一色也魔王作驚懼而逸於是僧俗人衆執弓矢鎗礮逐之預於對河牛魔山列帳房待魔王竄入擊巨礮迫以遠颺而止又預於其避居處儲數月食用待盡乃歸　二月初二日達賴上山至春暮將大詔寺中寶器珍玩陳設謂之亮寶翌日布達拉懸大佛像其像五色錦緞堆成自第五層樓垂至山麓約長三十丈又有喇嘛裝束鬼神及諸番人物虎豹犀象等獸繞詔三匝至大佛前拜舞歌唱竟月乃散　四月十五日寺門洞開亦然燈其燈以圓根盛酥油然之任番衆游玩　六月三十日別蚌色拉兩寺亦懸大佛像有垂仲降神番民男婦皆華服豔粧歌唱或翻桿及相撲諸戲無不咸備

亦二寺之大會也　七月十五日任碟巴一人以司農事其地之頭目從之游佩弓挾矢旗幡前導徧歷郊圻觀田禾射飲以慶豐年然後刈穫亦所以重農事也　七八月間臨河各設涼棚帳房男女同浴於河同上巳祓禊之意　十月十五日唐公主誕辰番民盛服至大詔頂禮　二十五日相傳宗客巴成聖日（或云即然燈佛）舉國皆於牆壁間然燈燦若列星亦於燈卜歲　除夕木鹿寺跳神逐鬼有方相司儺遺意男女盛飾羣聚歌飲以度歲節

【官爵】自唐高宗時始封其贊普爲駙馬都尉西海郡王歷代相沿俱受中國制命　本朝康熙五十九年平藏後封康濟鼐爲貝

勒阿爾布巴為貝子隆布鼐為公頗羅鼐札爾鼐為噶隆後頗羅鼐以擒逆功封至郡王領藏事後卒其子襲乾隆十五年謀逆伏誅遂除其王爵奉　旨凡藏地均屬達賴喇嘛其輔國公三人一等台吉一人噶布倫四人達賴喇嘛之輔各頒給敕諭戴翎五人藏地領兵鎮將碟巴三人司地方職事者堪布一人約束衆喇嘛如內地叢林監寺均給理藩院執照分司藏務受駐藏大臣及達賴喇嘛管轄各地頭人亦憑選擇取才品及家道殷實者設噶布倫四人分轄藏地設高爵一名察核地方諸務倉儲巴數名專司錢糧浪子沙數名分理刑名並供給差役中科爾數名在大詔司文書票簽戳記諸事紀綳數名主持計算中科紀綳半皆世職凡放大小碟巴皆於此等人中選用出使頭

人稱谷操傳事頭人稱若尼爾管理家事頭人稱業爾巴聽役頭人稱乃與巴其地各大頭人稱碟巴次稱熱熬稱十布凡統領兵馬之官有五總統之大頭人稱戴綳其次稱甲綳管兵二百名又次稱如綳管兵一百名賴綳管兵四十五名局綳管兵十名又有小頭人稱郭度以上所委之碟巴頭人即徵收所轄其地之錢粮以自贍

朝貢順治五年闡化王遣使入貢繳明季所給誥敕銀印奉旨換給禮部題定貢期三年一次道由陝西每次限以百人准十五人進京餘留邊著為定例七年闡化王又遣使入貢繳明季所給誥敕銀印十年十三年又連遣使入貢繳明季敕書玉印所貢鍍金銅佛畫佛銅塔舍利子珊瑚犀角黃左髻帽各色花氆氌各色氆氌棉阿魏黑香白海螺黑白纓子十七年如來大寶法王遣使齎漢番字印

表並進方物釋迦佛舍利子番像銅佛金輪珊瑚犀角珍珠寶石數珠琥珀珠蕊獸皮虎皮豹皮猞猁猻皮梵祖紅各色氆氇各色氆氇青白纓花褐花氆氇又灌頂國師及灌頂圓通妙濟國師並遣
使齎番字印表進番物灌頂進銅佛金輪犀角珊瑚珍珠花布花線氆各色氆氇花褐圓通進番像銅佛金輪珍珠珊瑚花布猞猁猻皮道由雲南自康熙五十九年定藏後達賴喇
嘛頗羅鼐為一班班禪喇嘛為一班各閒年一遣使入貢繕唐
古忒字表又幷進方物乾隆十五年朱爾墨特那木札爾謀逆
伏誅後十六年奏準仍照舊達賴喇嘛班禪額爾德尼閒年一
進貢額爾澤卜尊巴胡土克圖遇有　國家慶典則貢方物有
佛像金經銀塔五色帖八吉祥之屬各具奏書遣使以聞達賴
班禪於慶祝之外別具壽帕數珠藏香氆氇使還均降　敕慰

問賜金幣有差

兵制　西藏額設馬步兵共六萬四千餘名計拉撒馬兵三千名後藏馬兵二千名阿里馬兵五千名穰壩馬兵一千名黨子拉雜浪木錯等處地方黑帳房蒙古共馬兵三千名阿里並前後藏各處馬兵五萬名凡派兵之法於各村抽派或十名五名人馬不偏出遇有兵革著盔甲其甲有柳葉連環鎖子不等馬兵盔上插紅纓及孔雀尾腰懸刀背負鳥鎗執長矛步兵盔上插雄雉尾懸腰刀外插順刀攜弓矢執藤牌或木牌亦有執長矛者其木牌寬約尺五六寸長三尺一二寸繪虎形以五色羽毛裝飾外遮以鐵皮箭以竹為之鵰翎鐵鏃鏃如錐長三四寸其弓

木胎角面小而勁亦有以竹爲之者兩竹片合紥之亦勁旂幟或紬緞或布分紅黑白黃藍五色旂頂施纓各按旂色若對壘然每於正二三月亦觀兵審其鎗箭跑馬跌撲諸技演畢以哈達銀錢酒食犒之至四月則派駐各隘口既資邊防亦兼牧馬也

刑法　西藏相沿番例三本計四十一條所載刑法甚酷大詔旁有黑房數間拘攣罪人犯法者不論罪之輕重皆禁於內用繩縛四肢以待援法如爭鬬死者將屍棄水殺人者罰銀錢入公並給屍親念經或牛羊若干無銀則縛水中籍沒其家其搶奪刦殺者不分首從皆擬死或縛於柱上施以鎗箭較射飲酒死則

砍頭懸示或送猓玀野人食之或活縛送曲水蝎子洞螫死之若攫人財物則將其家監禁倍數追比追完則將盜者抉目劓鼻或去其手足凡犯重罪先以繩縛之撻以皮鞭復浸於水踰時再撻如是者三然後詢其辭如諱則以沸油澆其胷利刃裂其肉黨再固諱則縛坐水中分其髮以繩左右牽之用白布蒙面澆以水或於指甲內以利油籤刺之若無辭可質然後釋其受酷刑死者棄屍水中至尋常爭鬬求理則罰銀犯而不告各重罰無銀則以長棍責釋若犯姦止罰銀錢量其貧富亦或責釋但犯法無男女皆於市中褫衣責之近亦有枷號者其刑法慘酷殆未之聞

賦役　西藏賦稅隨其出産或牛羊紫草青稞氆氌等物或馬牛酥油牲畜金銀銅鐵諸物皆隨所産上納設有公所名商上凡所納賦稅及問罰罪人銀錢存備公用並喇嘛念經之費至於土民之服役者名烏拉凡有業之人勿論男女皆與其選卽由他處遠來者但能置立煙竈租房而居者亦然多寡各量其貧富其頭目碟巴皆派用烏拉照所居屋之大小量定應需數或三四名或十數名照數輪派烏拉應役無人則雇窮民代之或每日每名納銀五分年過六十者免之遇要差則派牛馬騾驢富者應出若干貧者三四人公攤一匹藏地産馬少悉由霍爾一帶及青海等處來者價頗昂卽中産一匹亦須銀十七八兩至二

十兩不等

徵調西藏其先文書俱鈐紅色小圖記番人用唐古忒字蒙古用蒙古字自噶布倫以下皆用黑色圖記雍正九年　特頒給印信始知用印如徵調兵馬近則頭目戴翎催集遠則文信傳調一遇緊急軍情則用傳旂以箭一枝縛白哈達一個寫由飛遞傳催依限而到無敢悮凡遇大小事務每日噶布倫碟巴中科爾戴綳等齊集大詔內白菓廊公議稟知駐藏大臣及達賴喇嘛而行

衣冠西藏達賴喇嘛班禪額爾德尼冬帽以氆氌羊絨製成其式上尖下大色尚黃夏帽若笠純金以皮爲之內衣氆氌半臂外

衣紫羊絨偏单以帛交縛於上著錦鞾或皮履腰束帛如帶春冬皆露半臂其餘喇嘛服飾亦相似所屬噶布倫戴翎碟巴等髮不束不綰披肩後戴平頂栽絨段狐皮各帽綴短纓或覆獺皮於頂手持念珠束皮鞓帶遇令節或公事噶布倫分其髮於頂左右綰一髻著蟒緞或氆氇紬緞褚巴碟巴小將髮綰成一髻戴無翅白紗帽（相傳唐進士遺制）左耳垂金鑲綠松石墜大如桃其形似烏喙名琫（[illegible]）右耳垂珊瑚墜用大珊瑚兩顆上下金鑲名工工身著大領（[illegible]）窄袖緣錦短衣緣以獺皮袖口用五色綵相接前鑲獺皮下著黑褐百摺裙行郭在足著白軟底皮靴[illegible]偏单[illegible]紅花緞帶自噶布倫下至[illegible]

民著大領無衣襟[illegible]領[illegible]為[illegible]

亦然或帶白帽腰系皮[illegible]或毛褐[illegible]小刀順刀[illegible]等[illegible]

懷木椀其裾於襠内開[illegible]腰[illegible]開衣襟積[illegible]間婦人服飾

頭髮從頂分兩旁束如繩下[illegible]腦後以細[illegible]未嫁則後另

分一辮若受聘則將聘定之色買戴頂上嫁則[illegible]復辮髮矣居

常戴紅緣栽絨尖頂小帽腳履康也皮鞋著卍字紅短褐裙名東

波前著或紅褐或各色紬緞圍裙鑲錦花邊名斑帶上著小袖

短衣齊腰名文肋或綾緞紬布毛褐為之外披栽絨小方单如

衲子袈裟名纖手帶銀鑲珊瑚戒指名慈姑左手帶銀釧名則

籠右手帶硨磲圈寬約二寸名同籠乃幼時所帶必磨斷乃已

以爲死後不迷路耳帶金銀鑲綠松石墜長寸餘寬七八分後有小鉤穿於耳名額哥上連珍珠珊瑚串綴以銀鉤掛髮一名吞蓮下連珍珠珊瑚串長六七寸垂兩肩名重雜貴賤皆項掛念珠一二串自珊瑚青金硨磲至木珠不等富者帶密蠟珠有大如盞者又帶銀盒名阿務內裝護身佛及子母藥胷前必掛銀鑲珠石環長約三四寸寬寸餘兩頭有鉤凡披方单自兩肩以其環扣著於胷名滴瀰富則帶珍珠帽以木作胎如笠而厚內漆硃紅外以金鑲綠松石爲頂胎之周遭皆密綴珍珠價有值千金者老年婦人以金鑲綠松石一片如鏡戴於額上名白玉凡帶白玉者親友必往賀凡婦女見喇嘛俱用紅糖或兒茶

塗已腮否則謂是妍迷惑僧人罰不宥其家居亦習用之此其
服飾之大槪也
禮儀 西藏自噶布倫戴綳碟巴以下至番民見達賴喇嘛班禪佛
皆卸帽合掌伸舌頂禮者三復垂手鞠躬聚足屏息至法座前
達賴班禪以手摩其頂謂之討捨手凡進見必遞哈達一枚如
中華投刺然若係平交則彼此交換爲禮卽書信中亦必置一
哈達以示敬若路遇則卸帽垂手側立噶布倫以下見駐藏大
臣及文武漢官與番民見噶布倫碟巴戴綳之禮同
婚姻 西藏婚姻配合亦擇女婿取門戶男以識字者佳女以喜貿
易識物價理家務爲善若通媒妁惟富庶碟巴家有之餘多苟

合其納采問名則男家以哈達託一二親友云我有男願與某家女聯姻其媒持哈達至女家云某家有男欲求汝女爲婦如彼此相樂則云我當擇日來是日女家偏招親友以俟之其媒攜男家酒並哈達至述其子弟行止年歲女家父母親友喜允則飲其酒各受哈達媒人幷將往聘之金鑲綠松石戴於女首名色頭仍以茶葉衣服金銀牛羊肉若干爲聘焉女家亦以禮答之如不允則男家之酒不飲哈達亦不受也至迎娶時男女家必先延客客亦各以衣裙等物助奩父母陪嫁田土牛羊衣飾至期不用車馬女家於門外搭棚內以三五方坐褥高鋪於中以麥子撒成花扶女坐於上父母旁坐親友兩行坐用小几

桌列饈饌各食物數盤以茶酒[illegible]女[illegible]
扶女步行遠則乘馬親友各將青稞[illegible]則將[illegible]
達結一處贈散親友送至男家各[illegible]扶女與婿[illegible]以茶
酒踰刻始分坐親友各將哈達與男[illegible]者亦於項[illegible]交置於
懷或堆積坐前親友飲食畢各攜菓肉而回至次日男女父母
及親友俱華服項戴哈達擁新婿新婦遶街游凡至親友門不
延入惟以茶酒飲之飲酒則團圞攜手男女趺坐而歌如是三
日乃止其俗女强男弱遇差徭輒派及婦人故一家弟兄三四
人或娶一妻如生子女兄弟擇而分之其婦人能合三四弟兄
同居者人皆稱美以其能於治家凡貿易多屬婦人如種田禾

紡毛線織毪子供烏拉皆笑其無能不以淫亂爲恥如有外交則明告其夫曰某爲我之英獨其夫怡然但夫婦悅則相守反目卽自擇所欲而適焉育子女不洗浴初生時其母以舌舐之至三日以酥油徧塗其身曝日中數日卽以炒麪調湯灌之多不與乳食稍長男子教書算或習一技女則教識戥秤習貿易紡毛線織氆氌不習女紅不拘閨訓而生育以女爲幸風俗信重喇嘛子女多有爲僧尼者或云免外番多丁之道其亦有所由來與

飲食番民多食糌粑牛羊肉奶子奶渣等物其性燥而茶所急需故不拘貴賤飲食皆以茶爲主其茶熬極紅入酥油鹽攪之飲

其食糌粑或肉米粥名土巴湯至牛羊肉多生食而食不拘時以飽爲度食少而頻男女老少多手掬而飲食之或用木椀食已以舌舐之納於懷飲蠻酒乃青稞所釀淡而微酸名嗆亦有青稞燒酒醉後男女相攜沿街笑唱爲樂其宴會之禮主人上坐客至不起送在主人上者始讓之酒尊以酥油塞口爲敬富者每月二三次貧者月亦必一次宴有棗杏葡萄牛羊肉亦各如其貧富以爲禮

喪葬凡人死均用繩縛令膝嘴相連兩手交插腿中以平日所著舊衣裹之盛以革袋男女羅哭復用繩繫屍於梁延喇嘛誦經量其貧富以酥油送大小詔供佛前點燈之用並將死者所有

物以牛爲布施布達拉以牛爲延請喇嘛念經並熬茶一應施舍之費即父子夫婦亦不私蓄一物其屍數日後負送剮人場縛於柱碎剖其肉喂犬爲地葬其骨以石臼搗成粉和炒麪搓團亦喂犬或飼鷹謂之天葬以爲大幸剮人之人亦礫巴管約每剖一屍須費銀錢數十枚無錢則水葬棄屍於水以爲不幸喇嘛死其屍皆以火化築塔凡人死親友弔唁窮者助以銀錢富者以哈達慰問並送茶酒其孝服男女百日不著華服不梳不沐婦人去耳墜念珠而已他無所忌富者時請喇嘛念經以冀冥福至一年乃止大概其俗重壯輕老惡病終以戰歿爲甲第

房舍西藏亦多碉樓間有平房稍大者其堂必刻桷雕楹備極
爛番民鄉居則傍山坡以便樵汲其部落多黑帳房拉撒中房
舍頗寬廠有大可容數百人者如大詔寺內設銅鍋一口盛水
至百餘擔以供念佛熬茶之用此其驗也其平地無險之官舍
曰噶傍山碉房曰縱則其碟巴頭人據險之所

醫藥西藏醫名厄木氣其藥與中國異產自藏地或購自西洋不
炮製間用丸散遇病亦先診視而後用藥其診脉以左手執病
者之右手右手執病者之左手一時並診疾重始然若小疾則
以酥油徧體擦之曝於日中遇陰晦則以絨单覆病者以栢葉
燒煙薰之然不論病之輕重必延喇嘛念經或朱巴念誦祈禳

朱巴郎道士之類或令童男女唱佛歌以祓之

卜筮　西藏占卜之術不一或有喇嘛以紙畫八卦畫番字而占者亦有以青稞排卦抽五色毛索而占者或數念珠而占者或畫地而占者或燒羊骨或驗水椀其占卜之術不一頗有奇驗亦視所學之精淺婦人亦有通其術者又有籤遇事輒翻檢其經以告占者吉凶俱詳註經上其辭義與中國神籤相類

市肆　西藏貿易用銀錢每枚重一錢五分上有番字花紋亦以銀易錢而用所市有藏繭羊絨毯子氆氌藏香藏布及食物如葡萄核桃等物詳物產藏番男婦皆賣但不設闤闠惟席地貨之至紬緞綾錦皆販自內地其貿易經營婦女尤多而縫紉則專屬

男子外番商賈有纏頭回民販賣珠寶白布回民賣氆氌藏錦卡契緞布皆販自布魯克巴巴勒布天竺等處有歪物子專販牛黃阿魏市中設碟巴一人平價值禁爭訟卽外番至藏貿易者亦必有頭人同來譏禁

工匠　西藏木石工匠俱極精巧凡金銀銅錫纍絲穿珠作器皿及婦女首飾皆與中國同而雕鏤玲瓏人物花卉無不象形惟肖

土語　達賴喇嘛活佛之長　班禪額爾德尼次於達賴　胡土克圖　畢勒罕　沙隆布三者皆衆活佛之稱　拉撒佛地　詔如來　牒巴頭目　朱巴道士　哈達三尺許素帛用作柬帖　康靴　褚巴民衣　糌粑炒麪為之　烏拉背夫馱畜之稱　商上納賦稅之公所　三墕橋　密

本土官　葱巴百姓　俄洛反叛　江錯海子

自成都至打箭爐程站

成都縣至雙流縣尖　雙流縣至新津縣宿

成都北走秦鳳東下荆襄南通六詔西拒吐蕃由錦城南門五里過萬里橋（郎武侯送敬侯使吳處）十五里過簇橋（郎今之蠶市雙流縣境）十里過金花橋十里至雙流縣（漢廣都地）出南門五里過南林鋪十里過黃水河（河自溫江縣南流四十里過縣東至彭山縣合岷江）十里過串頭鋪（新津縣境）十五里過花橋子十里至新津縣（漢武陽地）計程九十里驛程平坦沃野袤延萬里之行發軔於此

新津縣至斜江河尖　斜江河至邛州宿

新津出南門五里過太平場五里過鐵溪橋（下為鐵溪河昔武侯烹鐵於此）二

十里至斜江河（[illegible]大邑縣鶴鳴山東[illegible]一名[illegible]邛州境也）十五里過高橋舖二十里過聖花堡十五里過天官橋十里至邛州（漢臨邛地即司馬長卿遇卓文君處州城南有文君井）計程九十里路亦平坦過此則漸歷崎嶇矣

邛州至大塘舖尖　大塘舖至白站宿

邛州出南門過南河大渡（即邛水）由大通街上小坡十里過十里橋十里過臥龍場十里過乾溪舖（蒲江境也）十里至大塘舖十里過萬工坡（明藍玉取雲南鑿石開道費工萬餘故名）二十里過吊枋舖五里過墨竹關八里過何家坪（名山縣境）七里至白站（即百丈驛訛名白站有唐百丈縣故址）計程九十里

白站至名山縣尖　名山縣至雅安縣宿

白站十五里過洗馬池十里過白土坎石頭漫坡路十五里過和尚
腦十里至名山縣十五里過金雞關小岡上建關帝廟十五里過桐子
林渡平羌江武侯故事十里至雅安縣計程九十里
雅安縣至觀音鋪尖　觀音鋪至榮經縣宿
雅安縣出南門五里上嚴道山原名鹿角山唐元宗改五里過對崖十里
過風木埡十里過八步石十五里至觀音鋪在山溪間十里過飛龍
關頂有古剎名龍典寺下山十五里過麻柳灣榮經縣境十里由廟過七縱河
源發瓦屋山武侯初擒孟獲處十里至榮經縣計程九十里
榮經縣至小關山尖　小關山至清溪縣宿
榮經縣出南門十里過磨刀溪十里由箐口站順溝而進過大

通橋十里過安樂壩清溪縣境十里過黃泥舖上山十里至小關山由溪內行林木障翳山谷陰森晴少雨多雲霧時結溝直上偪仄難行十五里過大關山下岡五里過板房沿溝而上十五里過長老坪即相嶺武侯曾屯兵於此冬春雪盛險滑行旅戒焉十五里下山過二十四盤即邛筰山路甚險峻五里過羊圈門五里至清溪縣其地風大每日夕時狂飆陡作房屋震撼窸窣有聲居人習慣不異也　此地分路由南門即建昌路　計程一百十里

清溪縣至富莊尖　富莊至泥頭宿

清溪出西門下坡過溝復折上山十里過冷飯溝十五里過四埡口五里至富莊俗名蠻莊三十里過陡溜子二十里至泥頭驛清溪尉駐此　計程八十里自過清溪縣鳥道羊腸日益加險而蠻煙瘴

雨亦漸繪邊徼之景矣

泥頭驛至林口尖　林口至化林坪宿

泥頭走山溝中由老君劍（水急如劍故名其地有猓玀乃昔羌人也）十五里過高橋上三角坪二十里至林口復下溝紆折登坡十五里經伏龍寺十里上飛越嶺（唐置飛越縣於山足旋廢）山勢陡峻怪石巉巖逼人面起終年積霜雪懶雲下垂山足行旅如在層霄此內地第一險阻也山頂有隘過隘卽下山十五里陡坡無駐足處至化坪林（沈邊土司屬山頂有一海廣不過三里居民取汲焉）計程七十五里

化林坪至冷磧尖　冷磧至爐定橋宿

化林坪峻嶺臨江斜盤鳥道下山二十里過龍壩舖（有伊公溝水繞此流

（入瀘河）右走沈村（現今沈邊土官余國璽游牧處）左過小河十里至冷磧（現今冷邊土官周廷棟住牧處）二十里過瓦角十里過安樂村十五里至瀘定橋（設巡司）地稍溫煖河即瀘水有鐵索橋（康熙四十年建東西長三十一丈一尺寬九尺施索九條覆板木於上）水頗險惡恃橋利濟計程七十五里

瀘定橋至大烹壩尖　大烹壩至頭道水宿

瀘定橋十五里過大岡塘五里過咱哩（現今土官古應洪住牧處）五里由黃草坪過小烹壩十里過大烹壩復上小坡十里過冷竹關下溝曲折十五里瓦斯溝十里至頭道水高崖夾峙一水中流居民皆住山麓水聲砰訇如雷霆巖後有瀑布夭矯噴薄亦一大觀計程七十里

頭道水至柳楊尖　　柳楊至打箭爐宿

頭道水五里過日地塘二十五里至柳楊一路深溝柳陰密箐十五里過沈坑十五里抵打箭爐計程六十里

自成都至打箭爐共計程九百二十里

打箭爐番民番婦

打箭爐唐為吐蕃元時置碉門魚通黎雅長河西寧遠六安撫司明時長河西土官元右丞刺瓦蒙始通朝貢自淶

聖朝德化益慕華風其土司衣冠悉遵　國制頭人逢歲節及進謁漢官著長領小袖無衩蟒緞褚巴便服也平時褚巴以綢緞氆氌為之帽皆販自西藏冬戴狐皮猞猁以錦緞作胎平頂絲纓緣寬窄

無定制兩旁有衩夏戴錦帽緣飾蟒緞或片錦亦絲纓間以獺皮
覆項上腰左插短刀足履革鞮番稱康所佩有荷包椀袋之類穿左
耳戴紅珊瑚或綠松石大緣自爐至河口番民皆著白氆子及毛
褐粗氆氌褚巴閒著氆氌短衣冬戴大毛皮帽夏戴絲帽亦穿左
耳戴錫鑲墜著革鞮或赤足識字者腰繫小鐵筒內插竹簽繫小
銅盒或漆盒貯墨水寫字時以簽蘸墨水席地用皮紙摺疊成行
置膝上自左而右橫書之蠻婦首飾平分其髮作兩辮以紅哈達
互交於項中列銀鑑飾以珊瑚綠松石密蠟銀錢復以硨磲如髻
懸於後身內著無袖短衣外披小方單繫百摺裙足亦著康其富
者背大革帶綴珠寶炫麗商賈在爐必役蠻女曰沙鴇交易貨物

俱聽沙鴿較價值如牙行而井臼箕帚之事亦以身任之不爲異所居之宇曰碉樓近亦多平屋碉樓壘石如浮屠人以梯上下堅足禦鎗礮其蓋藏之區棲止之舍炊爨之所畜溷之地皆因其廣狹位置焉飲牛乳茶青稞酒食則糌粑牛羊肉糌粑者以青稞炒麪爲之俗信佛病不任醫藥延喇嘛然酥油燈焚香醮水祈禱死則葬以水火飼諸鷹犬而已俗有跳歌粧之戲蓋以婦女十餘人首戴白布圈帽如箭鴿著五色綵衣攜手成圜騰足於空團圞歌舞度曲亦靡靡可聽所謂異方之樂也歲時伏臘以及宴會多以此爲樂自爐至藏雖相距迢遞而風氣相近習俗服色蓋大同而小異耳

打箭爐番民番婦圖

打箭爐至裡塘程站

打箭爐至折多宿

打箭爐出南門十里過工竹卡凡差使至此始照口外例支應平坡透迤四十里至折多山麓有塘鋪有旅舍崇岡在望峗嵲逼人自此出口一攬山川之勝亦足以廣聞見第蠻荒冰雪中常使人心慴耳

計程五十里

折多至提茹尖　　提茹至阿娘壩宿

折多過山山雖長不甚峻產大黃藥氣薰蒸過者多氣喘秋冬積雪瀰漫三十里過坡磵行漫坡亂石中二十里至提茹有塘鋪二十里過納哇路不甚阻下山南行十五里至阿娘壩土產

饒多地方儼有富庶之象計程八十五里

阿娘壩至瓦切尖　　瓦切至東俄落宿

阿娘壩行三十里道路平坦至瓦切過俄松多橋經小營官寨子復歸大路行十五里過打納石有土人數十家有柴草十里至東俄落有塘舖計程五十五里

東俄落至高日寺尖　　高日寺至臥龍石宿

東俄落南行過大雪山二深林密箐蘦如玉立人跡罕逢三十里至高日寺循海子而南三十里穿大松林下山十五里至臥龍石有旅店有塘舖計程七十五里

臥龍石至八角樓尖　　八角樓至中渡宿

臥龍石西行一路平衍荒涼特甚六十里至八角樓有塘鋪間
有旅店然廢置無常再行六十里至中渡即河口過河所謂雅
龍江也設外委一員兼司渡船夏秋以舟渡冬春則列船爲浮
橋濟行旅蠻人以牛皮船渡逐浪上下望之如水中鳧凡官差
過此在河東宿者明正土司供役過河西宿者裡塘土官供役
計程一百二十里
中渡至剪子灣尖　　　剪子灣至西俄落宿
中渡過河上山行三十五里過麻蓋中有碉房有柴草此站路險遠難行且多夾壩行人或宿麻蓋以均途程且戒備焉然必人少始可多則不能容矣　四十里上大雪山至
剪子灣有塘鋪山頗陡險亦有瘴氣下山復盤折登山四十里

過波浪工汛設有駐防塘鋪以防夾壩強盜也十里下山又十里至西俄落設有塘鋪及土百戶供給差役有柴草換烏拉背夫也有漢人客舍可宿計程一百三十五里

西俄落至咱馬拉洞尖　咱馬拉洞至火竹卡宿

西俄落路經小山進溝過大雪山下坡共行四十里至咱馬拉洞林深谷邃夾壩最多有塘鋪三十里至蠻卡復越小山下灣名亂石窖再折而上小岡又順山溝而下行三十里復翻過大山二十里至火竹卡有八戶柴草設有駐防塘鋪計程一百十里

火竹卡至火燒坡尖　火燒坡至裡塘宿

火竹卡過小橋沿河紆折登小山二十五里至火燒坡下坡即平原二十五里抵裡塘有駐防塘鋪換烏拉有市廛番漢雜處二百餘家計程五十里

自打箭爐至裡塘六百八十里

裡塘番民番婦

裡塘附近爐城漸習禮法土司衣冠亦遵 國制頭人著氆氌細毯褚巴餘自中渡以外多著青氈子帽以羊皮染黃爲緣以麻線染紅爲韈足著雙梁康（土人謂靴曰康）婦首多髮常分作小辮盤結於頂亦以珍玩飾但性不喜潔猶仍其陋

裡塘番民番婦圖

裡塘至巴塘程站

裡塘至頭塘宿

裡塘西南行三十里過大木橋上阿喇栢桑山峻嶺層巖日色與雪光交燦二十里至頭塘卽公撒塘（番名額凹奔松）柴草人戶俱無僅有塘舖官則裡塘烏拉駝載以給客則自攜帳房裹糧從事焉計程五十里

頭塘至乾海子尖　乾海子至喇嘛了宿

頭塘寒風凜冽凍綻肌膚從此愈行愈冷上山過黃土岡行四十里至乾海子又經爛泥壩及虎皮溝上山下嶺盤旋五次大石森立橫梗道塗樹木交遮流泉千匝均係夾壩出沒之區行

四十里過拉爾塘有塘鋪上喇嘛山二十五里至喇嘛丫有柴草人戶計程一百五里

喇嘛丫至二郎灣尖　　二郎灣至三壩塘宿

喇嘛丫由溝上山越雪嶺四層石山碥碨不生樹木過嶺則深林密箐水草徧地共行五十五里至二郎灣有塘鋪無人戶由山足進溝順溝而下路稍平過著東塔五十五里至立登三壩番人稱壩爲橋此裡巴二塘交界處有塘鋪少柴草計程一百十里

三壩塘至松林口尖　　松林口至大所塘宿

由三壩行亂石縱横青松蔽日過巴山有海子下山枯樹參横

絶不聞鳥雀聲五十里至松林口下溝路平五十里過巴隆達河至大所塘地居溝口有塘舖碉房柴草計程一百里

大所塘至崩察木尖　崩察木至小巴沖宿

大所進溝上大雪山三十里至巔高險非常雪凌瀰漫越山而下有樹林繞路六十里至五崩察木有塘舖無人戶道路險阻下山行四十里至小巴沖有碉房柴草頭人給役計程一百三十里

小巴沖至巴塘宿

小巴沖順溝而進上小坡雜木叢生陟降五十里出溝口抵巴塘其地沃野千里水泉環繞日麗風和豁人心目計程五十里

自裡塘至巴塘五百四十五里

巴塘番民番婦

巴塘土司頭人衣冠悉與打箭爐同其餘番民多布衣或青或藍帽鞋襪間有如內地者不薙髮長則剪之婦裝束亦如打箭爐惟不事首飾履尚紅綠色爲少異其屬江卡頭人戴寬緣金緞帽足履草鞋婦首辮髮戴八柱如翠圍式耳貫哪嚨大圈繫紅珠於下復以線縛於耳石板溝頭人不薙髮著褚巴貌猙惡出攜弓矢鎗藥結隊行遇旅客則施空鎗以相恐婦結兩辮多著白褚巴阿足自乍丫以外番人戴白氊笠著青褚巴婦僅結一辮下垂其餘服飾俱與打箭爐同

巴塘番民番婦圖

巴塘至察木多程站

巴塘至牛古尖　牛古至竹巴籠宿

巴塘西南行過一小山（自巴塘至西藏途次有醉馬草馬食如醉輒疲乏不能行）經茶樹頂復上大山鳥道臨江勢最險要四十里至牛古（有河可通舟楫直抵宿處）復沿山行景物暄麗道路透迤五十里至竹巴籠天氣溫煖有碉房柴草駐防塘鋪計程九十里

竹巴籠至公拉尖　公拉至莽里宿

竹巴籠渡江（即金沙江通四川馬湖）四十里公拉有柴草頭人給役由山凹中行五十里過空子頂有塘鋪山峻亦夾壩出沒之區上下四十里至莽里（即莽嶺）有人戶柴草有熱傲供給差役（凡熱傲碟巴皆番中

頭人之稱換烏拉計程一百三十里

莽里至南墩尖　南墩至古樹宿

莽里過龍新山春冬多積雪三十里過邦木有碉房柴草有塘鋪中有寍靜山勒碣石與西藏分界南行經大山五十里至南墩有漢人寺每年七月巴察兩地客民皆雲集貿易如內地廟會過山四十里至古樹有八戶柴草塘鋪計程百二十里

古樹至普拉尖　普拉至江卡宿

古樹過漫山雲霧四垂間有瘴厲路亦崎嶇四十里至普拉有八戶平房柴草有喇嘛供役多黑帳房番民行漫坡六十里至江卡有碉房柴草駐防塘鋪計程一百里

江卡至山根尖　山根至黎樹宿（此下山僻荒涼稱惡八站）

江卡行四十里過淥河十里至山根上大雪山終年積雪郎盛夏亦凉颼刺骨復越小山上下七十里至黎樹有人戶柴草駐防塘鋪換烏拉計程一百十里

黎樹至阿拉塘尖　阿拉塘至石板溝宿

黎樹過漫坡樹木環映五十里至阿拉塘（屬阿布拉）有人戶柴草換烏拉番人頗刁頑不馴又過小雪山二高下紆折六十里至石板溝有人戶柴草駐防塘鋪有頭人給役計程一百十里

石板溝至阿足塘宿

石板溝西南行過大雪山二寒輝騰耀射目迷離上下無可駐

足行人裹糧而前八十里至阿足塘（屬乍丫）蠻人狡猾殆亦習俗使然有駐防塘舖有頭人給役計程八十里

阿足塘至歌二塘尖　歌二塘至洛加宗宿

阿足塘過漫山二阿足河一水勢洶湧五十里至歌二塘經平川二十里上山三十里路最險要至洛加宗有塘舖頭人供給烏拉計程一百里

洛加宗至俄倫多尖　俄倫多至乍丫宿

洛加宗沿溝而上傍山行路紆曲稍平第偪仄多偏橋四十里過木橋至俄倫多有柴草人戶復西南行四十里至乍丫有寺院（會典札雅廟）有碉房柴草駐防塘舖換烏拉此地番民桀驁駕馭

不易計程八十里

乍丫至雨撒尖　　雨撒至昂地宿

乍丫順溝行石徑蠶叢道多梗塞三十五里至雨撒有人舖柴草復西行過大雪山路甚險積雪如銀煙嵐之氣輒中人作病上下六十里至昂地有駐防塘舖有喇嘛供給烏拉計程九十五里

昂地至噶噶尖　　噶噶至王卡宿以上惡八站

昂地順溝行三十里至噶噶上大雪山亂石崎嶇積雪層疊秋濤怒湧路復曲折上下行人肌寒作粟手指皸裂六十里至王卡有八戶柴草頭人換給烏拉有塘舖計程九十里

王卡至三道橋尖　三道橋至巴貢宿

王卡經熱水塘二十里至三道橋路平又二十五里紆折上山路轉峯迴五里至巴貢有塘舖柴草有頭人供給計程五十里

巴貢至苦弄山尖　苦弄山至包墩宿

巴貢上大山多上下終日蹀躞於荒山中六十里至苦弄山根亦名窟窿山多石穴大者如堂皇小者如鐘盎掩映迴環上山行拗折而下四十里至包墩有頭人供給烏拉計程一百里

包墩至猛卜尖　猛卜至察木多即前藏宿

包墩沿河行十里過大山一小山二俱偏橋列如雲棧崎嶇難行上下六十里至猛卜一名孟舖有碉房柴草在山凹之中沿山蹤

河復沿河登山行二十里過大山有地名小恩達皆木石搭偏橋路險窄不可騎行六十里過四川橋抵察木多卽昌都有土城居民二百餘戶換烏拉計程一百五十里

自巴塘至察木多一千四百五里

察木多至拉里程站

察木多至俄洛橋尖　俄洛橋至浪蕩溝宿

察木多由南河而進偪窄多偏橋行者戒焉水複山重路通各部番境四十里至俄洛橋有八戶路稍平三十五里至浪蕩溝有碉房柴草可棲止焉計程七十五里

浪蕩溝至拉貢尖　拉貢至恩達寨宿

浪蕩溝二十里過裹角塘進溝上山由偏橋行險如前雪凌甚
滑且有瘴氣八十里至拉貢有塘鋪碉房柴草有頭人給役二
十里過松羅橋（屬昌都）上山四十里至恩達寨其重役夫馬則類
伍齊倉儲巴供給焉計程一百六十里

恩達寨至牛糞溝尖

牛糞溝至瓦合寨宿

恩達寨二十里過恩達塘有塘鋪二十里過喇貢山二十里至
牛糞溝二十里過瓦合山高峻百折山上有海子煙霧迷離有
望竿合週天數矗立於土臺之上如大雪封山時必藉爲標記
過此戒勿出聲違則冰雹驟至山中四時俱冷鳥獸不至上下
百里無炊煙二十里過脫脾梁下山三十里過瓦合塘有塘鋪

又二十里至瓦合寨隸類伍齊有頭人供役計程一百五十里

瓦合寨至麻利尖　麻利至嘉裕橋宿

瓦合寨西南行四十里至麻利有碉房柴草十里過山勢高聳下山繞河行偏橋疊見三十里至嘉裕橋番名三壩橋有碉房柴草兩山環抱一水中流天氣暄和地土饒美有塘鋪計程八十里

嘉裕橋至鼻奔山根尖　鼻奔山根至洛龍宗宿

嘉裕橋西南行上得貢喇山山勢陡峻上下二十五里詰屈如蛇形有松林路悉險窄多濕沙地五里過橋至鼻奔山根五十里至洛龍宗有碉房柴草換烏拉有塘鋪計程八十里

洛龍宗至曲齒尖　曲齒至碩般多宿

洛龍宗西南行經漫坡上坡山路陡險九十里過鐵凹塘大山壁立有塘鋪順溝而行路稍平坦二十里至曲齒又名紫駝有大喇嘛寺可尖可宿近新開一路繞東南避春夏水漲也五十里至碩般多居人稠密物產亦饒有碉房柴草有駐防換烏拉計程一百六十里

碩般多至中義溝尖　中義溝至巴里郎宿

碩般多沿溝而上路平五十里過巴喇山不甚峻至中義溝山路平坦五十里至巴里郎有碉房柴草有塘鋪頭人供給烏拉但居人落落旅況增岑寂焉計程一百里

巴里郎至索馬郎尖　索馬郎至拉子宿

巴里郎進溝三十里上賽瓦合山通志作朔馬喇山邊風獵獵亂山皆

童二十五里至索馬郎又四十五里至納子沿山繞河而行
多滷沙足卻不前其地有塘舖頭人給役柴草價昂盤山兀地
荒故也計程一百里
拉子至邊壩卽達隆宗尖　邊壩至丹達宿
拉子西南沿山上過必達喇山山路平坦上下十里下山路偪
仄河流縱橫水淸淺可褰裳涉四十里至邊壩卽達隆宗有塘舖二
山橫跨四水環襟爲西藏遼濶之區六十里至丹達有塘舖營
官碟巴供役換烏拉計程一百十里
丹達至察羅松多尖　察羅松多至郎吉宗宿
丹達之麓有廟相傳雲南某叅軍解餉過此歿於王事屢著靈

異土人祀焉過山者必禱之十五里上曾貢拉山峭壁摩空中一小溝蜿蜒上下夏則泥滑冬則成氷雪槽行人柱杖魚貫而行不能並進此赴藏一險阻也三十里下山五里至察羅松多五十里至郎吉宗有碉房柴草有塘鋪碟巴供給差役計程一百里

郎吉宗至大窩尖　大窩至阿蘭多宿

郎吉宗（又名浪金溝）曠野平坦換烏拉順壩而下有兩路一由山徑路險窄一由溝路稍平惟夏日水漲多阻四十里至大窩塘有碟巴供給差役路雖平而側進若谷順河而下五十五里至阿蘭多有塘鋪碉房柴草計程九十五里

阿蘭多至破寨子尖　破寨子至甲貢宿

阿蘭多西南行側身循溝而上南北俱有偏橋上山路險窄行人懍然如墜三十里至破寨子（又名阿南卡）有橫石森如人立俗名鸚鵡嘴鑿以爲道四十里至甲貢（屬拉里）有柴無草有塘鋪碟巴供給差役計程七十里

甲貢至大板橋尖　大板橋至多洞宿

甲貢路崎嶇傍山而上下過小坡漫行荒涼四十里至大板橋四十里至多洞人煙寥落無傳舍有塘鋪凡往來者即其汛棲息地無柴草計程八十里

多洞至擦竹卡尖　擦竹卡至拉里宿

多洞塘附近水邊牽水滸而上二十里上大山山峯峭立雪凌險滑視丹達無異六十里至擦竹卡（通志作擦楷卡）有熱水塘過山凹中有一湖約寬七八里長十餘里冬春凍如平地行人履之無所怖六十里抵拉里天冷柴草鮮少有駐防塘鋪堪布供給差役而烏拉則類伍齊之所供給也計程百四十里

自察木多至拉里一千五百里

拉里至中藏程站

拉里至阿咱尖　阿咱至山灣宿

拉里由溝行復上大山危峯聳峙冰雪四時不消巉巖海岸風起雪擁險滑難行五十里至阿咱有塘鋪碟巴供役再行三十

里有海子長四十餘里俗傳有獨角獸頗爲怪八十里至山灣有塘鋪少柴草計程一百六十里

山灣至常多尖　常多至寍多宿

由山灣上卓喇山峻險難行約四十餘里多氷雪積石嶙峋共六十里至常多天時常如冬山皆不毛有塘鋪居人以樹皮爲屋僅數間炊煙零落（屬江達）有碟巴供給烏拉六十里路稍平坦至寍多有塘鋪計程一百二十里

寍多至過拉松多尖　過拉松多至江達宿

寍多路平順溝而下四十里至過拉松多過橋水潺湲激石有聲橋以東屬江達四十里至江達地不甚寒有駐防塘鋪有柴

草計程八十里

江達至順達尖　　順達至鹿馬嶺宿

江達在拉里之西南逶依山谷形勢險要有工布碟巴供給差役沿河而下六十里至順達有塘舖沿溝而進河道分流林木陰翳一百里至鹿馬嶺有塘舖山高無險阻約四十里視前歷之冰雪崚嶒怵心劌目者居然平易矣計程一百六十里

鹿馬嶺至堆達尖　　堆達至烏蘇江宿

鹿馬嶺進溝而上下約四十里山路坦夷微有瘴厲寒風凜冽夏無盛暑八十里至堆達(又名鼉倉)有塘舖煙火寥寥柴草亦稀順河繞溝而下過竹貢六十里至烏蘇江路俱坦有塘舖小碟

巴支應柴草牛羊去衛藏佛國較近別開奇境矣計程百八十里（此站道路過遠有郎堆達宿者）

烏蘇江至仁進里尖　仁進里至墨竹工卡宿

烏蘇江水勢平緩順河西行雖僻處一隅而程途夷坦迥異前險六十里至仁進里（在喇嘛寺尖）有塘鋪行人如僕馬告瘁至此可憩息焉由東北上七十里至墨竹工卡有塘鋪碟巴給役計程百三十里

墨竹工卡至拉木尖　拉木至德慶宿

墨竹工卡正北接察木多草地其水西流至藏即藏河也水驛有皮船四十里至拉木有房舍柴草稀少寺院幽敞人稠地廣

遶河而下五十里過占達塘復西行三十里至德慶計程百二十里

德慶至蔡里尖　蔡里至中藏宿

德慶其地多候館往來者恆棲止路旁有塘鋪繞道而下四十里至蔡里（一作采里俗傳西游記小說所記之高老莊）有碟巴供給柴草與前藏隔一水二十里抵前藏有駐防在藏之北名三珠剛乂其地四山環峙儼若城垣水秀山奇宛然福地計程六十里

自拉里至中藏一千十里

自打箭爐至中藏通共五千里

三藏番民番婦（自拉里察木多等處至後藏等處畧同）

察木多至拉里其地俱屬衛藏察木多之正副胡土克圖戴黃尖頂氊帽著紫羊絨偏單履革鞮自包墩以至盂多頭人番民服飾均與藏同惟察木多女未嫁髮順披嫁則以珊瑚作兩花如菊分戴額上拉里女嫁則以綠松石鑲團花如鏡戴額上名玉老後戴一冠名策勒插一簪名押龍鹿馬嶺一帶人頗勇健知貿易女未嫁髮順披嫁則將髮交义以紅哈達作圈結項上其餘與藏無異至於衛藏自達賴喇嘛班禪額爾德尼以下番民男戴高頂紅纓氊帽著長領褐衣項掛念珠婦披髮垂後亦有辮髮者或戴紅氊涼帽能織番錦毛罽足履康男婦服飾與打箭爐相似但豐儉不同耳具詳夢識畧中

三藏番民番婦圖

中藏至後藏程站

中藏至登龍岡尖　登龍岡至業黨宿

佛地四十里過六橋至登龍岡有房舍順河而行又四十里業黨有塘鋪房舍有碟巴供給柴草計程八十里路皆平坦

業黨至僵里尖　僵里至曲水宿

業黨亦順河行經崖塥三亦不甚險阻四十里至僵里又五十里從阡陌行河流委折至曲水有蝎子洞犯死罪者縛至洞令食之沃野平原綿亘百里有房舍柴草有碟巴給役計程九十里

曲水至岡把擇尖　岡把擇至白地宿

曲水十五里至鐵索橋江流浩瀚甚險渡以木船過河三十五

里至岡把撐有房舍柴草上下一大山四十里過殺馬隴柴草
稀少又行平地五十里至白地有塘舖柴草計程一百十里
白地至撻魯尖　　撻魯至噶浪子宿
白地三十五里過葉賽十五里至撻魯有房舍柴草有歧路一
由江孜一由然巴然巴春夏為商販所必經冬則雪凌阻滯且
翁古一帶村落廣糧食乾隆五十三年西征已改由噶浪子五
十五里路皆平坦有碟巴八戶計程一百五里
噶浪子至翁古尖　　翁古至熱隆宿
噶浪子五十五里至翁古有碟巴八戶過山六十五里至熱隆
有碟巴八戶路皆平坦從左分路通布魯克巴計程一百二十里

熱隆至谷洗尖　谷洗至江孜宿

熱隆七十里至谷洗又七十里江孜亦要隘也二地均有碟巴八戶柴草而江孜較多路俱平坦計程一百四十里

江孜至八進岡尖　八進岡至巴淚宿

江孜五十五里至八進岡又六十里至巴淚有碟巴八戶柴草行人可尖可宿計程一百十五里

巴淚至春堆尖　春堆至札什倫布宿即後藏

巴淚迤邐而進過大橋路坦七十里至春堆有碟巴八戶又四十里即札什倫布

自中藏至後藏九百里

後藏至聶拉木程站

札什倫布至乃黨尖　乃黨至拉爾宿　計程九十里

拉爾至邦尖　邦至乃安宿　計程一百里

乃安至熱隆尖　熱隆至札什岡宿　計程一百十里

札什岡至半達尖　半達至彭錯嶺宿　計程九十五里

彭錯嶺至乍喜宋尖　乍喜宋至札塘宿　計程一百里

札塘至沙巴都尖　沙巴都至納子宿　計程一百里

納子至白佳紀岡尖　白佳紀岡至雜務宿　計程九十五里

雜務至山根尖　山根至甲錯白宿　計程一百十里

甲錯白至油共有尖　油共有至拉古籠古宿計程一百里

拉古龍古至羅羅尖　羅羅至腦噶爾宿　計程一百五里

由腦噶爾八十里滅猛　九十里第哩郎古　九十里彌木耳

一百二十里擦木達　九十里下馬卡　一百二十里噶叭角爾杆

八十里碩馬拉杜　一百二十里重噶爾　九十里宗喀

由宗喀繞道九十里嗎爾一百二十里滾達　八十里卓黨

一百十五里竹塘　八十里濟龍　由濟龍遠道八十六里俄龍

一百二十里索絨　七十五里札林多　八十五里絨轄

一百十五里至聶拉木

自後藏至聶拉木二千八百五十一里

自成都至聶木通共九千八百一十一里

阿里噶爾渡番民番婦

阿里噶爾渡部落在藏地之西與後藏札什倫布三桑接壤向爲頗羅鼐長子朱爾嗎特策登駐防處其番民帽高尺餘以錦與緞爲之帽緣不甚寛頂綴緯番婦帽以珠下垂前後如旒密遮面頂閒著圓領大袖衣繫褐裙見官長不除帽惟以右手指自額上念唵嘛牛者三

木魯烏素番民番婦

木魯烏素部落在藏之北稍東與西寧接壤其地與達木霍爾番子相參雜居番民衣帽同蒙古番婦戴白羊裘帽或狐皮帽辮髮以硨磲珠石並大小銅環紐結戴髮閒下垂至足踝行則鏘鏘有

聲著褚巴繫磚碟帶著卷皮履又另一種也

布魯克巴番民番婦

布魯克巴部落在藏地之西南本西梵國屬雍正十年始歸誠其地天時和煖物產亦與中國相似南行月餘接天竺國界番民披髮裹白布如巾幘然著長領褐衣肩披白單手持念珠婦女盤髮後垂加以素冠著紅衣繫花褐長裙肩披青單頂垂珠石纓絡圍繞至背俗皆皈依紅教崇佛誦經

狢㺄茹巴番民番婦

狢㺄野人國在藏地之南數千里其人名老卡止荒野蠢頑不知佛教嘴剖數缺塗以五色性喜食鹽不耕不織穴處巢居冬衣獸

皮夏衣木葉獵牲並捕諸毒蟲以食衛藏凡犯罪至死者解送赴怒江羣老卡止分而啖之

巴勒布番民番婦

巴勒布亦名別蚌在藏地西南與聶拉木接壤計程幾兩月其地天時和煖產稻穀蔬菓紬緞木綿孔雀向有三罕曰布顏罕曰葉楞罕曰庫庫木罕雍正十年遣使來藏駐藏大臣奏請內附嗣爲其族廓爾喀所幷乾隆五十三年廓爾喀酋長喇納巴都爾與西藏以交易滋事勞

王師遠涉逆番始震讋投誠遣頭人瑪木薩野入貢其番民皆薙髮蓄小辮聯鬢短鬚似西寧回鶻尙容飾額上塗白土二豎眉間

塗紅土一丸用金珠鑲花綴兩耳以布纏頭賤者用白貴者用紅著青白色小袖衫以布束腰著尖頭革鞮佩短刀狀如牛角有鞘臂挽一黑漆皮籐牌徑約三尺番婦披髮赤足鼻孔穿金銀圈然亦梳洗尚潔第番性難馴前曾妄逞不靖侵擾藏界伏見廟算軍威殲逆易於摧朽拓我疆土永靖邊陲爰謹陳其槪以備職方象胥之採擇焉

白木戎附

由後藏塞爾地方行十餘日交白木戎界再半月餘至宗里口山崖壁立往來者必以木梯度之又數日始至白木戎任牧地所屬種類繁多一名蒙身著布衣不遵佛教一名總幼時即以

五色塗成花面一種名納昂男女俱不著衣裩下以白布纏之臥時以木爲枕一種名仍撒男著短衣齊膝婦女下體亦以布遮重著裩不著上衣惟白木戎男婦皆披藏紬偏單行坐必佩刀其地和煖出產稻麥豆青稞菜蔬菓大羱羖羊大耳猪崖羊又產野象獨角獸等物亦呼爲小西天地連朱巴中以巴隆江爲界白木戎東至朱巴南至西天烏盆子西至白布北至日盎子日盎子者卽札什倫布仍仲寍翁結巴寺之後山也由白木戎西去十餘日交小西天界再行十餘日始至小西天從此登舟涉海約半月卽至大西天矣評小西天大西天皆小西洋地路遠未能攷實約畧言之耳

以上五處部落番民番婦繪圖附後

阿里噶爾渡番民番婦圖

木魯烏素番民番婦圖

布魯克巴番民番婦圖

貉貐茹巴番民番婦圖

巴勒布番民番婦圖

居士評曰藏地僻在西陲歷代叛服不常從未內附
本朝發祥東土班禪達賴已歷數萬里來朝願備藩服及後車書
一統百餘年中稍有不靖乃駐兵防鎮以守藏大臣繼且以前
藏部落分隸川滇兩省去其汗王貝子之封邊徼從此安恬矣
乾隆間其隣廓爾喀來擾一經撻伐卽鼠竄豕息卑詞乞盟
聖天子威武如神雖荒服之外亦莫不稽顙接踵納贐獻琛三藏
遐陬不啻等之內地是誠非常之德業也至其人共惑佛教不
揣經乘之虛無甘受輪迴之欺罔欲消罪孽骸骨無存冀得超
昇炙割惟命此其愚深可憫也而且婚姻昧義苟合成風禽獸
無禮廉恥不顧佛亦耽於歡喜民皆溺於淫昏日下江河於何

底柱乎茲見

王化所及革其舊染之汚弱水流沙禮樂興而人心正百蠻重譯

道德一而風俗同率土之濱咸鼓舞於聲教之無遠弗屆也猗

與庥哉

容美紀游

梁溪顧　彩著

容美宣慰司在荆州西南萬山中距枝江縣六百餘里草昧險阻之區也或曰古桃源地無可攷證然此地在漢晉唐皆爲武陵蠻武陵地廣袤數千里山環水複中多迷津桃花處處有之或即漁郎誤入之所未可知也夫其地廣人稀山嶮迷悶入其中者不辨東西南北宜爲餐霞採芝者所居避秦人擇而處焉豈復知有世間甲子哉或曰桃花源本非眞有淵明

好文者諸司

諸侯惟桑植永順保靖及蜀之酉陽勢位與之相埒其餘忠峒唐崖散毛大旺高羅木栅東鄉忠孝等名目不可悉數皆仰其鼻息而稟其威靈若鄭衛邾莒之事齊晉合諸司地總計之不知幾千百里屏藩全楚控制苗蠻西連巴蜀南通黔粵皆在羣山萬壑之中然道路險側不可以舟車雖貴人至此亦舍馬而徒行或令土人背負其險處一夫當關萬人莫入宜乎自古迄今不能改土而設流也假若宦轍可至寧肯舉腹裏之地棄同荒徼哉查容美土司後於雍正十三年改置鶴峯州屬宜昌府

宣慰使田君舜年字眉生號曰九峯其先世田弘正唐魏博節度

使土司若忠峒忠孝等宣撫司多田姓故円亦巨族然皆土人惟君先世係中朝流寓不與諸田合族明末流寇燬

虐荆襄諸司亦有保據僭號者君之父甘霖率先歸附於我朝

世祖章皇帝累加寵錫加銜至太子太傅左都督卒謚武靖君其

長子也少被家難辛苦備嘗爲荆郡庠生君父甘霖爲流賊所執君奔控有司經營救父故常流寓江陵應試入泮爲諸生屢試棘闈不第父殁歸襲世職吳逆倡亂兵入

楚界欲羈縻以伯爵君堅持本朝印信據險自守寇不能窺事平

以功加號驃騎將軍君博洽文史工詩古文下筆千言不休所著

有田氏一家言容陽世述錄廿一史纂要六經撮旨要客禮賢招

徠商賈治軍嚴肅御下以簡境內道不拾遺夜戶不閉余自十五

年前聞毘陵蔣子玉淵名鑨極道容美山水之秀主人之賢固已心

向往之然無便往遊癸未冬以事過枝江縣有農部孔東塘先生名尚任寄書候宣慰君而枝江令孔君振兹名毓基聞余欲往頗爲慫恿乃覓司中販茶者以書附令持歸道欲遊意其人得書踴躍甚喜曰吾主極好客恨數年來絕無往者今見書必遣使來迎但少需時日耳遂賫書及詩去時十二月二十六日也

枝江寄贈田九峰使君

天險山河帶礪新此中蹇蹇有王臣地非縣谷難通漢路入桃源好避秦千載雍熙如太古四時和煦盡陽春祗應跨鶴遲仙馭倘許漁郎再問津

康熙四十二年正月二十七日余小疾臥枝江令君署中門吏來

報宣慰司遣人至持田君答書備致款曲書略云弟舜年荒徼武夫見聞寡陋常願得交海內大君子而惠顧者寥寥先生華國鳳麟顧乃不遠千里崎嶇來貢辱賜佳作何以克當今差員奉迎幸卽慨移玉趾是望草覆邀余卽往余比聞署中石姓家丁云容美路極險遠多蛇虎難行石曾奉差入司失其向導迷路匝月始達司中旋以徒步勞傷得疾不起意殊懶不欲往擬寄詩謝之使人苦請曰吾主法甚嚴若不往必以使者爲遠客不虔歸而取罪重矣且吾主近營別墅于宜沙定期于彼候客去此不過數程路徑頗幽山光花鳥儘可娛悅勿憂道途寂寞也余勉從之定期二月初四日行

二月初四日發枝江署中來使一姓單其千總一姓張其幹辦舍人舁行李者三人使者先謁令君犒以酒食乃發舁夫以高竹筐盛行李東之于背仍牽白騾

一甚駿余乘之從余者長兒肇祁及山東趙連城併夾使五人共八騎行李中釜鬵帳幔皆具日午出枝江東門漸趨西南行無大道皆山峽樵徑荒草茸雜岡巒回互道多虎跡人家稀少薄暮抵龍山坪四圍皆山色也投宿民家猶枝江境以令客甚敬畏是日止行二十五里

初五日早行日出時雨反披羊裘而行路皆荒阜連亘起伏不一小塍出水田中磽确泥淖下騎扶掖乃過忽然岡嶺四合如行蜀棧就松間打火作飯使者出所持乾魚鹿腊席地張傘食之甚可口出山口前阻大溪波濤洶湧雨復滂沱無橋梁可渡幸水尚清淺從者負余褰裳徑涉一人在前持杖測淺處或沒至腰既渡皆坦道暮抵官渡坪屬松滋縣就農家借宿辭以窄小不肯留然雨甚計

無復之徑驅騎入一嫗攔阻欲鞭之乃强留後甚畏敬出薪燎衣點松脂作燭照余吟詩有一少年頗識字見詩贊歎謂其老人曰非歹人也鄰里爭來觀客雜坐夜話嘈嘈與雨聲相間雨稍微乃就寢是日行五十里

山行入松滋界

冒雨褰裳徑涉川四圍山色盡蒼然六丁未鑿疑無地一線初開忽有天叢篝九秋藏虎豹奇峰千仞礙烏鳶相呼直到淸虛境我欲穿雲抱石眠

宿民舍

屋漏淙淙夜語譁比鄰猶自響繅車窮鄉景物眞堪笑木客山

魁四五家

初六日雨不止入山漸深路徑愈窄亂石嵯峨瀑泉奔注連渡溪澗六七重水冷砭骨人馬皆惴惴出苦竹坪竹篠蒙密拂人面掛帽鉤衣不可以騎前行者奮刀仰斫路稍開前臨危崖陡立百仞路乃在其上攀蘿捫葛相緣而登及高原野燒之後黑如煤釜草根如針刺人足底彌望陰慘不類人境而林風蔌蔌設有虎豹來偪人莫之避也下坡石皆綠色碎如豆瓣流雨浸之琮琤有聲峰回路轉煙雨蔽之蒼漭蓊蔚作黃大癡畫暮抵薛家坪宿逃亡空舍中以竹篠爲牆壁無復門限從人掘舍傍木葉堆得鐵鼎鐺一具白米二斗許喜曰天助我糧也是日約行六十四然抵官道百里

苦竹坪

一點蒼苔一片山喜逢幽處極躋攀石形似獸猙相顧藤刺鉤衣密未刪黑虎欲來風凜凜紫花爭發澗潺潺由來此路人寰隔祗許仙翁采藥還

初七日雨山路益窄中注清泉一道深無底踏碎綠石脆如炒豆然不可俯視以路在山腰下皆陡壁也是日忽高出雲杪忽下入泥沙行旅參差上呼下應因憶老杜詩云我行已水濱我僕猶木末眞奇景也薄暮至羅村（地屬岳州之天平所）民舍在下坡無徑可入適半坡有義塾生徒畢散乃啓籬門入宿焉夜爇火四隅防虎正苦溼新不可臥忽有樵者投寄軟草一束遂藉之而寢（是日約行六十里）

發薛家坪

此路艱於十八盤身從地底忽雲端更無廬舍容棲止但有煙濤當晚餐竹徑撥開松徑合雨聲鳴歇澗聲寒分明虎豹前山過祇作尋常麀豕看

宿羅村

歷亂雲堆夕照明楚天難遇是新晴常愁窄徑驢蹄滑安得閒身鶴背輕野鳥啼時俱有淚萬花開徧總無名山南澗北逢空舍又盡崎嶇一日程

初八日晴早行路滑幾墮不測之崖時時有雲氣來襲人輒如入縣絮中更不辨足底高下最爲危慄飯兩崖間古松下有茶客數

人驅驢至亦坐憩松間云此處距宜沙不過百里分兩程可到因
登坡上指數峰外一峰削另瘦如芝蓋即宜沙也須與客去復循
崖而行晚至南山坡有佛廟荒頹不可居幸已得平地山月明朗
沙土乾燥東行數里得民房門道甚整屋宇亦寬雞豕牛驢成隊
而闃無主人余令從者入探之其東廂有竹牀布被架上有衣襦
不扃鎖而無人焉疑不敢輒入也少選有鄰姥過籬外問之姥云
祇管住無妨始解鞍屜行李于西側房夾竹爲牆中有磨牀農具
與薪俄而主人歸姓李見投宿人衆亦了不嗔怪意鄰姥先告之
矣余問何故委畜物而久不歸設爲人攫去奈何李笑曰深山中
鬼亦無一個誰攫者且年程幸好豈有賊乎噫此太古風也仍昇

竹榻至燃松作飯又餽青蒜一把供夜膳是日約行五十里

南山坡

踏澗穿林處處同松楸交影作悲風山蟠太古蒼茫外人在凌虛縹緲中何暇撫膺悲蜀道更須磨劍倚崆峒絕憐水宿雲眠夜雞犬無鄰四壁空

初九日晴早過三里坪茸草軟沙可以縱轡蓋希遇也下馬同衆摘野菜煮食之甚鮮美三里外又無一寸平地矣少而夕陽在山斷虹飲澗紫綠萬狀石壁如靛遠峯爲日光所映皺處色如鉤金儼然在唐小李將軍畫中宿處奇險地名漁陽隘直下陡壁半腰有孤亭不知誰所築覃千總曰北五臺山半山亭魯智深古蹟也中堆木葉灰縛帚掃

淨施襆于其中夜半有虎從對山過從人皆見目如炬燈所乘馬

懼人立而嘶急撤亭前廢材盡以篝火張傘五六把向之虎徐步

去是日約行五十里

漁陽隘

未了前坡更後坡紫苔凌亂石嵯峨山當秀處人偏少花正開

時雨恨多野宿燃薪防猛獸澗行扶杖撥青螺林間倘遇仙家

奕又使樵人爛斧柯

初十日晴行數里忽見蒼峰削出當面石紋旋轉如螺其下炊煙

滃然從者喜曰已至宜沙矣路傍野蘭花甚肥大特不甚香叢生

石罅其道左巖洞明朗隱隱見其中紅牆明瓦謂是廟宇近觀則

非蓋石色之所變幻也從人先爲余安行李于民家姓王然後謁宣慰君于行署一見意氣孚合劇談久之隨來答拜是日行二十五里宜沙別墅地屬岳州府石門縣其樓曰天成制度朴雅草創始及其半樓之下爲聽事未有門窗垂五色罽爲幔以隔內外是日折柬招宴奏女優即索余題堂聯平地湧青蓮萬點峰巒皆下視中天輝畫棟百年堂構此新成其前廣場可一畝花竹皆新栽南環大溪下通水南渡屬澧州水盛時舟楫可溯灘而上溪南列岫如屏茂林修竹宛如蘭亭間也余寓舍甚黑暗止宜睡司茶者篝火室隅晝夜無熄火稍微即寒冽如窮冬返寓仍送肴六簋酒一壺後以爲常

至宜沙喜晤田九峰使君答來韻

爲倣龍門作遠遊聞君別墅正淹留一春花雨馮生鋏兩袖煙霜季子裘銅柱勳名瞻畫戟樓船風采夢刀州得親色笑吾心喜況擲瑤華到案頭

溪上作

浣手清溪弄急湍好山無數不勝看蒼林慘似熊羆嘯怪石森如劍戟攢何處煙霞停變幻此中風味極高寒三湘七澤青冥外更欲凌虛一縱觀

十二日風寒結霜樹間如琉璃瓔珞擁襆不出戸是日君以綈袍朱履來贈君曾遊京師謁孔東塘先生從之學詩令其僉把唐柱臣來候安柱臣司中之文人也執禮甚恭共踞磐石設茶清話向晚月色澄霽乞余作詩

和玩月

霽景澄澄暮景鮮萬山擎月上中天巢空近覺烏雛墮谷靜遙知鹿子眠猿淚下時成碧石鬼詩吟罷沒蒼煙廚人夜語無他事爲恐於菟到屋邊（時有虎食一驢于屋後圃）

十五日晴又宴余天成樓君出所參郭制臺疏稿示余（郭公曾以事拘繫忠峒唐崖散毛大旺四司長官君出疏訟枉且劾郭公不能懷柔）余賞其文有風力然微失恭順之意詩中略寓諷焉

飲天成樓

晴如初夏雨如秋頓覺春光一半休天下雲山皆北拱是中溪水亦東流湘煙暝透蒼蘿峽嶺月寒埋古石樓萍跡自憐何以

到祗緣　聖世講懷柔

十七日發宜沙約余偕遊南府南府在石林山君之外府也亦據山水之勝仍以二騎及行李夫四人來君辭先行請余後發南府之距宜沙百五十里君令捷足舁肩輿一日可到度余不能及之諭從人作兩程後行細玩山景甫出山口大雨滂沱衣襆盡濕路既高危行雲霧中須洞不見其下但聞猿啼及鷓鴣聲耳中道雷電交作巨瀑當道策馬逆流而上人與水鬭而水勢甚急雨復助之此時無暇更恤沾溼但覺波濤撞擊肩背差可快耳抵清官渡宿尙屬石門縣有板屋二楹在高埠館人預儲供應炬火燎衣夜分乃寢計行五十里

發宜沙

容陽山色倚層霄屏幛天開面面遙竹裏猿啼人不見雲邊路斷鳥先招萬重煙水迷征騎一點煙簑下野樵雷雨倏來無可避暮程投宿轉岧嶢

十八日雨過麻寮所（屬岳州府半隸容美）一村如巨鎮街衢平直亦有土官駐劄人煙頗盛前後皆大山巉巖秀削面面改觀問之皆無名（土人謂山爲坡此地皆西坡也）暮抵白菓樹地名荒坡無店舍惟古銀杏樹一株大百圍腹空可容十許人行旅就宿其中已爲雷火焚去上枝就根爲牆構薪作窩鋪居焉夜多燃薪環其外而四遠不知何人放火燒山炬如列星照耀通夕夜半大雨如傾衣被盡溼最爲狼狽（計行五十里）

十九日雨甚寓舖既不可居倚徙張蓋就餘火作飯訖冒雨行上大隘關（土人名爲容牙關直上二十五里）壁立千仞回視麻寮諸山皆平地矣此乃容陽第一門戶也關前石各異狀有青獅白象蓮臺燈擎香爐淨瓶如意等形煙雨瀰漫或見或不見而杏花滿山深紅淺白爛如堆錦攀援至頂乃得平地入關數里名三路口有戍堡空房可以避雨因入作飯雨甚遂留宿焉衣襆無一寸乾者盡伐關前木篝火燎之入夜忽天宇澄霽月明如畫山翠欲滴玩月久之始睡所乘馬忽逸去從人惶駭冒泥水追覓天曉乃得之（是日止行二十八里早宿）

上大隘關二首

破雨衝煙上碧峰相攀徒旅入無蹤羣山下視紛如蟻一柱孤

撐矯若龍巨斧劈天分半壁丸泥塞回谷千峰容陽信是逃名地寥廓何人解見從

楚山無處不嵚崎到此翻嫌路總夷人語半天誰響答鵬摶九萬亦驚疑禹王治水何曾到熊繹開荆未必知京兆田郎能捌闢碧雲堆外建牙旗

二十日晴稍下坡爲核桃荒徑八里泥沒人踝中多尖石腐木礧硊隔礙馬步俱不良行乃路之最惡者荒盡至五里坪則天開一嶂山環水遶如十二翠屏桑麻雞犬別成世界人居疎密竹籬茅舍猶有避秦之遺風焉路左一面山豁平遠千里如中原從人云非無山也山俱在下俯視不可見故若平耳踰一砦抵南府計行三十

二里寓余于張桓侯廟土人最敬關公惟石林一鎮以張桓侯常顯聖作當廟祀之侯像居中而以劉關諸葛趙列侍配食廟有樓極弘敞八窗洞達清流襟其前高峯峙其後樓前桃樹七八十株一時開放時見小鳥背作黃斑色乃杜鵑雛也尚不能鳴始貼地學飛耳君以余鞍馬勞頓遣使來問折柬招翌日行署小集

春日見子規鳥貼地學飛有感

未能啼血染春衣且學鶯雛貼地飛有恨欲教山竹裂無人知道羽毛微寄巢母子家何在舊國君臣事總非他夕月明觸思苦好來頻勸不如歸

張桓侯廟

張侯新廟枕長溪落日孤懸碧嶂西忠勇竟扶昭烈祚義風高
與壽亭齊千秋似見雲旗卷五夜常聞鐵馬嘶吳蜀到今俱泯
滅獨留英爽待標題

石林山最高頂

倚天孤劍截空青劈作芙蓉鏡裏屏絕頂便應摩列宿半腰常
自響奔霆泉因曲折經年注葉爲高寒盛夏零縱使御風難度
越隔雲縹緲揖湘靈

二十一日宴集行署西園題曰九峰讀書臺竹石幽秀分韻賦詩
坐客余父子一周姓江南太平人善畫一皇甫姓名介
字丕懸杭州人一祝姓字九如岳州諸生及主人父子

九峰讀書臺

春色伴幽居名山好著書煙風相映帶花柳自扶疎片席分金谷孤亭閱石渠客愁全爲減況乃饌嘉魚

二十二日君來桓侯廟賜答攜酒饌至飲竟日作詩

題樓前桃

不必元都觀桃花也盛開堪迷漁父棹疑映美人腮客子憐將去遊蜂喜正來武陵千萬樹都是使君栽

二十三日君以新茶葛粉竹鼬野猪腊青魚鮓虎頭脯餉余寓中自後每有佳饌及土物必遣人相餽

南府署極雄敞倚山面溪前有石街民居櫛比盡石林山腳皆闤闠也君以樓工未竣欲余遷寓民房余相度數處俱湫隘不堪乃不果移溪外有亭臺數處可舒眺

其北有巖洞名燕喜深十餘里外窄內寬土人避寇常聚居其中今則空洞無物洞外有毒草名蛇麻多刺犯之則螫人甚于蜂蠆痛一日乃定羊馬俱遠避惟豬食之則肥

二十八日遊燕喜洞

詩一首

誰鑿青山腹裏空下臨幽邃上穹窿懸絙直入深無底秉燭潛行路忽通千古未曾分晝夜萬家兼可避兵戎祖龍一炬當時烈恨不藏書向此中

峽內人家

巖居幽事頗無窮葛粉爲糧腹易充虎不傷人堪作友猿能解

語代呼童遠鋤靈藥他山外近搆茅亭野澗中更喜不聞徵稅
吏薄田微雨卽年豐

山家樂

種茶百餘樹種竹數十畝結廬傍丘壑開門向花柳東田新秫熟隨意釀春酒豈徒自斟酌還以待賓友何用知陰雨涼風吹戶牖何用知晚晴斜日掛林藪牛羊各自下月出大於斗掃葉閉柴扉扶藜送鄰叟山中雖有虎不致傷雞狗歲稔俗既淳盜賊亦稀有田家樂此意耕鑿到白首美彼陶潛詩長吟過山口

南府多桃花與梅杏梨相間而發花事甚盛爲他處所罕又二月中已有鮮筍可食竹有巨細兩種其細如食筯者爲篠竹葉大徑二寸長尺許可以蓋屋巨竹名

龍公截之可爲筒葉則細碎如柳物理之相反也笋俱極美食至五月未已惜司中無油
鹽醯醬不善烹飪耳留南府者共十日
三月初二日君戒行將歸中府中府名芙蓉城俗曰老司裏距南府百里以五鼓先發
復合騎從來邀余同往甫就道復大雨從者請疾馳恐雨深漲江
不可渡也巳刻抵江岸一望汪洋亂石出沒如黿鼉其底莫測深
淺土人名爲難到江余改其名曰蘭濤此蓋山項之江其窮處注爲瀑布匹練下垂土人編竹木爲橋偃
臥水面傍施扶欄側足而行惴惴恐墮橋凡十餘節踏一節餘俱
撼動一人過訖後者乃登人多則莫支矣土人云再過一刻水沒橋面則必從西山紆道取百順橋過較遠二十里崎嶇不可步過江上李虎坡相傳昔有虎化爲人自稱姓李居此故名即樺皮
嶺之南支山插入青霄窮日未能到項半坡有狹路紆曲而平開

一嶂民居十餘區地名東鄉坪君之壻劉天門（名躍龍官椒山司安撫使知詩好讀書）預儲饌于山房啞酒鮓魚留余夜話因宿焉夜大雪寒冽如隆冬（是日行五十里）

次日上已雪由東鄉坪上陟至頂泥滑不可駐足雪大如毯草木俱垂氷筋寒砭入骨平西一望有大山壁立如屏其高千仞色如蔚藍白雲朵朵綴其上宛如巨幅靑錦繡成白牡丹花眞奇觀也稍下復上一坡借民家避雪劉天門亦至民家乃其部下旗長也（劉李二姓）具雞黍及蕨粉餅餌余素不飲至是寒甚飲五六甌雪止乃行猶小雨抵細柳城宿公館（計行四十里）

上已雪

上巳猶霏雪因驚楚地寒一方青嶂立萬朵白雲攢側足疑無路傷神獨據鞍滿林冰筋落俱作碎琅玕

初四日雨發細柳城徒有城名實無城也其中平而山遠可試騎射君有園曰衆春在焉涉巨澗循平麓迤邐而西皆康莊坦道可並轡而馳兩崖山態萬變煙雲卷舒如行西湖十景間有小酒肆可下馬沽飲君之所設以便諸將吏往來也抵中府僅十五里中府爲宣慰司治城環城皆山寓余於龍溪之百斯菴毘陵蔣玉淵昔曾寓此壁間題詠猶存

百斯菴佛樓追憶蔣玉淵二首

故人今不見見此寓公樓尚有遺詩在堪嗟舊榻留山陽嵇叟

痛勾漏葛洪遊自別桃源路高名噪未休

京華同社客屈指半凋零故國傷頭白殊方遇眼青疎燈依古

佛廢紙誦遺銘斷鼓零鐘韻而今我又聽

初六日晴君之長子丙如字大別巳襲宣慰司聞余至來拜設宴于百斯菴其弟十二郎燿如十三郎暐如俱至觴數行女樂前奏絲竹君之命也

宣慰司署在芙蓉山之南麓其前列八峰左峰則右倚右峰則左倚軒然如鳳凰曬翅形勢正朝拱司署司堂石坡五級柱蟠金鼇榱棟宏麗君所蒞以出治者堂後則樓上多曲房深院北窗外平步上山矣樓之中爲戲廳四面窗皆軒敞一覽盡八峰之勝

容陽形勝二首

兩崖官道夾清溪村舍參差竹樹齊山作鐵城分內外橋連草市辨東西石田耕破憑牛力霜磴懸行信馬蹄向曉衆禽爭百囀獨鳴林表是天雞

一朶芙蓉插九霄八峰端笏總來朝平臨全楚天心近隔斷扶桑日馭遙暖處繁花皆已謝冷中殘雪未全消澧蘭湘芷芳菲徧又費春工長柳條

司治五門無城有基南門正臨龍溪江閭閻櫛比甃石爲街民家多以紡織爲業當明盛時百貨俱集紬肆典鋪無不有之流寇入擾民遂離散今六十年元氣未復

南門外左偃月崖坡勢如月鈎抱隄其下跨龍溪江者爲九龍橋婦女多聚此漂紗

宣慰司行署在南門內入峰街君常移駐于此其園曰來青閣曰長松

十一日會飲于行署小閣曰半間雲是日煙雨迷離几案間山俱不見余題一聯置閣上矣 松煙柳月歷亂迷離杜子美浣花當如是以過之 山色江光出沒隱現王右丞輞水何

集長松閣

杜宇聲聲喚夏初長松謖謖韻庭除春泉細煮青精飯海日斜曛綠字書志士何嘗買山隱仙人自古好樓居晚來一望晴堪

喜撥刺溪潭有躍魚

題半間雲

珠簾一面俯江關爽氣遙通雲漢間獨抱綺琴彈夜月自吟新句答春山瑤林瑞露凝鴛瓦金谷飛泉瀹鷓斑更比元龍高百尺等閒人世想躋攀

龍溪晴望

春霽山弄暉排雲故爭秀渟泖龍溪水雪浪溢危溜山橋一徙倚佳色獻明畫野花無主名豔蝶正奔湊鉤金齊書出萬壘峰巒皺如棲武夷間若對閬風岫壁懸新年青石錯古時繡鐵壁生丹霞銅坑隱白獸俱非人意料殆亦天結構蕭森氣何寒盤

入日來候焉（初容美降稱宣撫司四屬司亦降為長官今復宣慰仍陞安撫四司皆窮山僻水遶者百里近者六七十）
邑也向俱外姓今君使其子婿遙領雖有地方不之本任四司之
環署有安撫司衙門四一水遶一椒山三五峰四石梁皆容美屬
官道
東門有二其上曰小東門下曰大東門通細柳及平山路（鄰嶺轂近縣非）
北門在山腹外有古容美州治今廢（舊設土知州一員裁併歸司印尚在土經歷所掌之）
西門面紫草山（芙蓉山之右掖）左帶龍溪白石粼粼平田百畝可以闢耕
語無以出其右者然迷所之歸遵澗樵後
桃花新漲足高壤事耕耨吾亦念田園身擬容中渡詩翁饒藹
錯脈亘厚美哉山川險可以禦兵寇其布野人居星羅戟門壘

里徵調外無他事

其官屬旗鼓最尊以諸田之賢者領之國有征伐則爲大將生殺在掌然平日亦布衣草履跨驢而行絕不類官長也其五營中軍則以應襲長子領之官如副將左右前後四營同姓之尊行領之如參遊下則四十八旗長官如都司又有領纛主客兵以客將爲之旗長下各有守備千總百戶名雖官任趨走如僕隸君所遣來負余以行者亦守備也其隨司主近身扞衛者曰親將皆悍勇之士另有親將帽如瓜稜而有簷君亦常自戴間以贈客另有主文字及京省走差者曰幹辦舍人其餘族人繄稱舍把余于中營旗鼓以禮接之四營以下見則下馬側立讓道雖或時同席不敢對坐蓋敬其主人之客如事主也

國中屬員皆講君臣禮長子丙如雖已襲父職每在父所靑衣帶

刀侍立聽指使如家將客在父坐不敢舉手父退則又臣其將校雖妹壻弟姪拜跪肅然矣君已引年致仕丙如奉旨承襲另有公署然印猶在父手奉調征苗則丙如行司中稱君曰太都翁稱丙如曰主翁

宴客客西向坐主人東向坐皆正席肴十二簋樽用純金其可笑者於兩席間橫一長几上下各設長櫈一條長二丈丙如居首旗鼓及諸子壻與內親之爲舍把及狎客之寄居日久者皆來雜坐介于賓主之間若筵箕形酒飯初至主賓拱手衆皆垂手起立候客舉筯乃坐飯畢一鬨先散無敢久坐者亦有適從田間來滿脛黃泥而與于席間手持金杯者其戲在主人背後使當客面主人莫見焉余至始教令開桌分坐戲在席間然反以爲不便云行酒以三爵爲度先敬客後敬

主人子進酒於父弟進酒於兄皆長跪俟父兄飲畢方起父賜子兄賜弟亦跪飲之如有他司土官在席皆丙如與對跪相勸君公然以父輩自居不酧酢也三爵後不妨竟别或與至移席花下則飲無算席法亦不拘或散坐或踞石女優皆十七八好女郎聲色皆佳初學吳腔終帶楚詞男優皆秦腔反可聽所謂梆子腔是也丙如自教一部乃蘇腔裝飾華美勝于父優即在全楚亦稱上駟然秘之不使父知恐被奪去也其二女旦皆薙髮男粧帶刀侍立如小校丙如之行酋也丙如欲觴余必俟君移于别署之夕乃出以侑酒戒下人毋得泄仍佈人偵探恐父至則匿之君喜人譽其女優容之訣者必盛言丙如女優之劣以爲萬不及父君則曰彼字且不識安責知音及觀丙如戲又言太都爺行頭潦倒關目生疎不如主爺教法之善丙如輒曰老父固強爲知音者有識已知其父子之不和矣

他司官寄居者忠峒田宣撫雨公名昀君之女壻保土田故同姓爲婚因其弟田畯與之爭襲訟于有司君爲上請雖得印弟猶負固拒不令歸常單騎彳亍行劉天門等恆揶揄之指示余曰此亦一爵爺也蓋司官相謂俱曰爵爺云君三壻長田雨公忠峒宣撫次劉天門屬邑椒山安撫又次覃承彥東鄉安撫惟覃至以嬌客車服甚都待之亦以專席又有忠孝司致仕田竟菴名宏忿其子不善養出奔于容君以兄呼之與余同在客位亦解詩三月中其子來迎固拒不見予泣請于君君爲置酒令子跪謝再三怒少解乃具輿馬儀仗送之出國門子草履徒步背負以去忠孝司在辰沅間舊亦富庶今凋獘所存僅千人官雖宣撫與齊民無別余憫失國土司作杜鵑行以諷之

杜鵑行

有鳥有鳥名杜宇云是蜀中之舊主聲聲自嘆不如歸借問君歸向何處嗚呼社稷輕鴻毛劉禪孟昶皆爾曹他人失國竟寂寂爾何羽化猶嗷嗷如今車書大一統爾雖歸國誰尊奉百舌過時尙不啼勸君緘口安卑棲

客司中者江浙秦晉人俱有或以貿易至或以技藝來皆仰膳官廚有歲久不願去者卽分田授室願爲之臣不敢復居客位

每月初二十六日爲詩會期風雨無廢在會者余爲主盟次蜀中孝廉高岡其書記賓也次荆郡庠生鍾南英伯敬先生之姪其十二郎君舉業師也余到中府次日始從郡城延至開館年五十餘其弟次送之來翊日弟則去大哭而行以地險不可復到也岳郡庠生祝九如其孫圖南業師也次寄寓土官田覓菴皆授簡

分題尤喜詩牌集字其子曜如孫圖南甥覃繼祖皆在會不能詩課文一首屬吾兒肇祁批閱君成詩最敏客皆莫及有浙人皇甫介者始亦以客進後所行不端幾爲主人所殺丙如救之得免今降居臣列出語鄙誕常被玩侮如倡優介畏爆竹君濟令童子置巨爆于其椅下驟發之輒連椅驚倒亦爲詩詩成君摘其語爲笑柄介恬然不恥也丙如雖爲司主以不工詩斥不得與會專司酒食而已其弟曜如年十五美而好學見余詩輒抄去讀之會詩略存數題其集字者不載

採茶歌

採茶去去入雲山最深處年年常作採茶人飛蓬雙鬢衣襤褸

採茶歸去不自嘗婦姑烘焙終朝忙須臾盛得青滿筐誰其販

者湖南商好茶到得朱門裏瀹以清泉香味美此時誰念採茶人曾向深山憔悴死採茶復採茶不如去採花採花雖得青錢少插向鬢邊使人好

紫草山怪石歌

山石怒出何崚嶒澗石破碎非其朋巨靈踏空伸一足共工頭觸崑崙崩瘦如槎枒龍骨立肥如巨象無前肱平如鏡面削皺浪側如霜風戰觚稜斷如骨肉不相顧連如輪輻來相乘黑如燼煤堆覆釜青如靛汁漂吳綾短如涸潭縮黿鼉長如喬木牽蘿藤其間一石吁可怖酷類天竺跏趺僧質則輪囷貌奇偉疑有怪物相依憑千年偃臥誰喚醒蒼皮剝裂苔層層古斷山腰

踞當路樵夫礙足難攀登卻意吳閶生公石遊人狎愛恣寢興此石委棄荒徼中知有識者見未曾猿猴踐膺鳥糞頂夏曝烈日冬鋪冰鑿之終古未見損縱欲益之無可增容陽使君好奇古難置几案徒拊膺峰回路轉忽過眼其他怪石尤馮陵奇出意外堪發笑笑之不足轉可憎信如塞滿天地間安有嵩華與泰恆咄哉觀覽自此畢孰謂造物無全能紫草山樸茂幽深全體皆怪石累成其上數里有草廬三五楹君所築以居隱士宋生者生常德武陵人故明督師學士文安之幕客也文公以避賊流寓司中君父少傅公禮爲上賓卒葬是山宋生守之不去今年八十餘瞽不下山君常就而爲之攜酒生所聚皆怪石顏曰米拜亭

千鬬虎

虎有爪兮牛有角兩雄相遭相噴薄牛恃力兮虎恃威戰酣未

決雌雄誰大家用力盡方止牛虎一雙巖下死

二十日邀余遊下坡觀得勝橋請余作記刻石橋在紫草山下坡跨龍溪江以通往來落成後君未嘗一觀是日管事旗長康姓者置酒張幔設樂邀君偕賓客宴于橋畔仍儲舟以便泛江君顧余曰吾砻石以待名人作記久矣盍捉筆焉余問所以名橋君曰是年桑植寇至余以四十八人破其數千之衆故以得勝志之余曰小矣且桑植婚姻也勝之不可爲功夷考是年適值 皇上征噶爾丹得勝普天同慶以是名之見不忘君父之義不亦大乎君喜曰吾固想不至此先生教我多矣此義是也余遂走筆而成卽付石工文載往深齋集 是日有岳州武進士田焯來司與君通譜送馬四匹及禮幣其一馬以坡路險窄顚死于中途陡澗中止達三馬云 君遽邀之亦在座執弟禮甚恭外姓客俱不占

文廟在芙蓉山西麓以鐵鑄 夫子行教像不加袞冕規其前爲杏壇率子弟習禮于此其丁祭羊豕鹿獐鵞鶩雉兎梅李榛棗凡

有之物皆薦無籩豆祭器今始按圖鑄造未成也

城隍廟在西門大街土山上

關聖廟在南門內龍脊上甚壯麗下坡即余所寓百斯菴

眞武廟在龍溪橋北高埠上有沈道士住持年七十善捉鬼

法華寺在行署西琳宇宏麗山僧智靖守之浙之湖州人臨濟宗派亦善談禪

山紫山寺亦其靜室也僧甚富有徒百人

其刑法重者徑斬當斬者列五旗于公座後君先告天反背以手掣之掣得他色者皆可保救惟黑旗則無救次宮刑刑者即爲閹官入內供役使次斵一指次割耳蓋奸者宮盜者斬慢客及失期會者割耳竊物者斵指皆親决餘罪則發管事人棍責亦有死杖下者是以境

內凜凜無敢犯法過客遺劍于道拾者千里追還之在南府日余憫其每旦必割數入耳力勸其除是刑君不決余奪其刀爲裁紙用自後稍止在中府日有袁和尚者百斯菴僧也少時爲君伴讀後爲僧行醫嘗誤方殺人君命收其藥具戒子弟毋得延之三月丙如子病私思其藥而愈君怒切責丙如形之于詩必欲以違令殺袁袁害求救于余余從容爲言違令雖當斬然昔殺人而今愈人是其奉教進益處亦可贖也君乃以余居停故免死逐出郡城令住小崑崙仍命讀書三年方許行醫不數日又有九壽兒者閹人也盜君舍利獼猴割去裹驚其皮于梅相公梅相公者亦浙人君之客也悔初不知而賤値買之後九壽兒事破梅懸懼自縊而死君初無意殺九壽怒其致客于死始欲殺之余往救已無及至今悵恨然終余在司僅殺此一人

諱父名併諱嫌名以父名甘霖司中最禁甘字卽言乾亦以枯字代之若云不相干則曰不相涉柑子曰橘子猪肝曰大心甚至併諱酣甜等字邯鄲夢改曰黃粱夢犯者必被面叱其霖字係行輩不禁父名亦止

諱一代如君祖名玄雖世所不敢犯猶不甚禁也已諱舜年字惟其子弟避之

其兵皆素練習聞角聲則聚無事則各保關砦盔重十六斤襯以厚絮如斗大甲重三十斤利箭不能入火鎗打百步一人搏虎二十人助之以必斃爲度縱虎者重罰獵他獸亦如之得禽則倍賞當先者桑植東鄉合兵來寇容美以四十八人破其千騎紅黑諸苗聞容美兵至輒喪胆諸司兵不及也其追敵緣崖踰壁務必擒之得俘問三聲不降則殺而葬之曰義士也降則縶其足令種田期年而後釋之編爲客兵其田任自開墾官給牛具不收租稅民皆兵也戰則自持糧糗無事則輪番□司聽役每季役止一旬亦自持糧不給工食在役者免出戰故人人便之其糧以葛粉蕨粉和以鹽豆貯袋中水溲食之或苦蕎大豆雖有大米留以待客不敢食也當役有苦差樂差如爲主人搬運

行李襯工乃清苦之役或答應客則樂差也其尤樂者所使求伏
侍余之水火夫除汲水取薪外終日無他事又余飯食所餘盡以
食之所持糧全剩而歸可養父母故爭謀之而不得然他客
或不恤其苦亦有怨聲而經事余者多戀戀不忍去可憐矣
改火法依古行之春取桑柘之火則以新火煑新茶敬客
二十九日大雨龍江水漲置酒泛舟觀打魚以爲歡其漁者刻木
一段爲舟牽巨網截江度其中有魚則飛身倒躍入水俄頃兩手
各持一魚有口中復啣一魚分波跳浪登舟百無一空者江面望
見人在水中扁闊如金蝦蟆坐中一客有句云水底漁人䖊不䖊
謂其改樣也雖可笑然亦奇觀

觀打魚二首

江深灘高石參差三月四月魚滿池使君放艇集衆客小舟刻

木乘漁師一夫躍入衆夫繼跳浪似欲擒蛟螭須臾得魚數十尾皎若白雪肥如脂試問臨淵結網者世間此樂誰能知

橋東橋西石作渠水清胡爲反多魚靈湫澄澈深百丈自古傳有神龍居使君驅龍龍遠徙須洞古穴成空虛嘉魚舉族聚其裏自謂不復遭豫且焉知今日竟爲鱠造物意在刪贏餘吾徒自縱濠上樂豈忍效彼絶流漁

禿龍洞在老司後曠野中遠望石壁間一尖頂穴是也其中黝然深遠頂垂石乳如瓔珞滴瀝地上者成靈芝土人云內多老蛇不敢深入

洞上有砦去地百尺無級可登縛梯上之中有石門可守寇至急則奉宣慰君登此砦賊不敢仰攻

登禿龍古砦

秃龍洞在無人處百尺懸崖莫敢梯惟有避秦人得到飽餐鍾乳聽猿啼

往中府一月無日不雨況味如深秋四月初方有霽色君約余同往平山君先一日行平山在中府東二十五里八峰之盡處也四月初四日早行路由細柳城上山北麓皆奇險舍馬策杖而行且行且憩透迤出峽口石色蒸蒨多竹木流澗淙淙滢透履底下坂過天心橋橋在兩崖間下臨七十仞深澗兩崖壁如鏡面步步鑿磴僅容足逡巡而下至橋面以碎石下投作霹靂聲久乃至底若投輕物則翱舞蹁躚時不下蓋龍氣所逼也過橋緣磴而上者四十仞半道有石闕一夫當之萬人莫敢仰叩君嘗于是設守以禦

亂故平山爲司中之絕徐崖石皆如月白粉箋色可以書大字惜無蘇米之筆亦從無以一字汚之者殆爲山靈全本來面目耳石關以上爲下平山高處有關夫子廟廟前對峙二奇石穴石施棟以起戲樓守關沈千總奉主命設中伙于廟候余久矣至則飽餐乃扶掖余上山始得平地余寓在胡親將家胡本官廚其子爲親將賜宅于三十二峰草堂其堂東面下臨陡澗正對三十二峰君之宴遊處也山光秀媚花香鳥語縈拂簾櫳臥處其間別一境界矣

由細柳上平山一路山色可玩

容陽天險孰躋攀休道咸秦百二關一線錦江通細柳千盤紅塢上平山丹崖碧嶂森兵氣嫩蕋穠花點豹斑疑是蓬萊隔滄

海因風吹去又吹還

天心橋

曲磴危梯落太清獨伸仙掌擘空明扶藜未踏神先慄明日還從此路行

平山和九峰來韻

孤嶂周環百仞溪星羅闤闠署東西銅仙掌靜棲丹鳳玉女窗高見碧雞此景祇應蓬島似來詩尤與杜陵齊流鶯處處隨遊屐故向尊前盡意啼

早起平山客舍

昨居芙蓉城猶在人境中今來平山墅寢息最高峰天雞夜半

喔咿吽海日先從下方耀須臾雲霧漲山巔截若劍光橫出鞘大峰小峰如潑墨米顛顛筆畫不得化爲雷雨固莫知煥作晴明更難測欲眠若然門戶開曉鶯杜宇飛鳴來擁衾自分非久計早起無事空徘徊徘徊且坐磐石間俯視蠶叢鳥道之危關天心之橋入地底猿狙童叟愁躋攀倘失足而一墮黑幽湫兮潺湲知何時而到底龍挐攫而來蟠如今李白倘猶在應復浩歌蜀道難嗚呼蜀道難其難未必如平山古來遊人過者盡卻步我獨胡爲兮寢與飲食于其間君之同宗田進士焯憚天心橋之險不敢度止于紫山觀詩有難于蜀道之句

坐兩峰間兩峰謂小崑崙及對岸紫山也

兩峰如決戰未敢定雌雄膽落陰崖窄神傷古壁空劃天無鳥道裂地有蛟宮楚國鎖鄉劍還應葬此中

晴色

晴色晝氤氳連峰石皺紋山明因白鳥樹重有黃雲人語虛空答濤聲下界聞幽棲眞避俗孤鶴在人羣

夜聞杜宇

此路接三巴當年蜀帝家魂爲百禽主血作四山花叫處雲封樹棲時月墮沙催歸何所益但使鬢增華

暮吟

晚風倏然至江上青霞開鄰峰多秀色似爭窺牆來遂心棲山

阿遠跡屏浮埃歸雲集暮閣碧蘚生崇階池蛙亂人聽暝禽投我懷觸物動幽興因之重悠哉

宣慰司行署在平山街其靠山曰上平山插入霄漢此猶其平山也司署前大街巨石鋪砌可行十馬西盡水砂坪東至小崑崙長六里居民落落多樹桃柳諸郎君讀書處在槿樹園下坡爲戲房乃優人教歌處其西街盡頭下皆陡壁深澗恐行者失足以竹笆插斷此司前之大略也行署中有怪君不恆居于內就大堂西名延春園以爲書室其樓曰天興初五日張樂宴飲于此

後街長二里許民居櫛比俱以作粉爲業有織紝者多空宅君在則諸將領居之爲牧馬場

初六日會于小崑崙距司東半里怪石嵌空高二十仞宛然筆架也其中峰崱屴孤峭上有佛舍曲廊蜿蜒四週乃君藏書之所書厨羅列山前磴道甚窄就天裂石罅中鑿級釁緣以上石角礙首傴僂而升肥者扁身半伏作蟹行家人送食盒至懸綆他處提而上之

登小崑崙

玆山峻極比崑崙俯視茫茫勢欲吞覽勝頓開新氣象藏書別構小乾坤樓通閬苑奇雲鎖戶逼扶桑曉日溫卻笑下方徒擬議不知何處是修門

平山月夜

素女光輝下泬漻仙人樓觀倚層霄巖空鸛鶴聲清脆峽怒星辰彰動搖別塢停雲湘浦瑟畫欄殘雨洞庭簫狂吟已在高寒處不覺臨風袂欲飄

十五日遨遊萬全洞在行署西南五里 其路從高而下懸崖百仞於中鑿空規如圓月又似巨鼇張口雲霧中其磴道險窄如天心橋而長倍之冒雨衝煙扶欄細步魚貫而下半崖有亭名喘定軒蓋由洞而上至此未有不喘者軒以下曠無石級縛柳爲梯捫索倒行莫敢下視度梯處卽放腳久之始達洞口有石門城牆礮臺所以守也洞爲君藏書及先世衣冠之所或曰銀庫在其內管洞人尚守備家在焉洞可容千人左艤月軒右曖日亭其中爲大士閣扁曰般若船有老僧住持余棲息其中泉注牀前竹生

枕畔君所居曰魏博樓上有先世魏博節度田弘正像是日張樂焚香悉宴賓客
將吏就寢時大雨淙淙不辨人語
十六日雨舉詩會悉召鍾視皇甫諸客惟高君憚險不至命石工
磨崖間片石如鏡硃書刻之詩成隨寫于上會雨後石汗如蒸硃
字漫漶乃留稿待異日刻成搨來

萬全洞

一磴懸絲下太空巨鼇張吻白雲中等閒雷雨無時息萬古源
泉滴未窮側足倚欄妨鳥路俯身燃炬瞰蛟宮瓊樓玉宇知何
世兀兀來尋鶴背翁

洞中社集

白馬深巖賦隱居六丁天遣護仙書名山有腹塵埃淨大地無
心結搆虛過險尚須斑竹杖馭風空想碧油車此來十未能窺
一已歎人間迥不如
宿般若船
石堂長不夜仰屋似珠明瀑布衝帷出篔簹拂枕生人從天半
語月在下方晴竟夕泉聲鬧何由客夢成
十七日雨止出洞還府
東九峰
放眼全收萬壑青怡神頻過草元亭筆牀麥秀寒時擁茶竈黃
梅雨後馨擲地新聲嗤蚓竅摩空健語振雕翎遙憐世上悠悠

子寂寞書堂老腐螢

十八日復雨君約余水砂坪看開琉黃礦雨甚余不果行漏下二鼓君返貽余生琉黃一器滴地作燈如繁星爲戲諸童子盡來觀以爲鬭笑水砂坪在署西七里其山上平如截去峰頂又如白雲[illegible][illegible]延長八里平山所以得名也山出琉黃充貢故往覩之其琉黃[illegible][illegible]晃白如銀閃爍可玩可爲火石發火如菊花[illegible][illegible]不堅鎔之即黃也其渣滓淘出水銀

二十日府中喜宴聞九郎君旻如以例監在京奉旨特選順天通州管糧州同報人到君命旗鼓宴之徧召客飲出宜男花一枝以徵其瑞

二十四日大熱遊上平山燕子洞深可二十里秉樺皮爲燭而入童子六七人迭放爆竹以警山妖進洞甚窄漸入漸寬可以方軌聯巒兩壁具仙人花卉鳥獸樓臺之形皆石乳之所繪畫其平地

有石爐石燭臺獅猴及石人聚語之狀又有石欄遶之小大不一叩之皆有聲如磬俱在暗中非舉火莫見殆造化之奇也其泉甘洌飲之卻暑土人云能再入十里當見天光有隱士具衣冠出迎乃古避世士得道不死者惜余無緣遇之從人告燭盡仍由故道出以詩抵君敘其勝

遊平山燕子洞

仙源在人間顯豁總易求茲谷窅千仞亘古難窮搜初遵樵徑微漸得溪路幽欲縋深深底更躐上上頭酷日在吾頂喘汗卒未休俄然入憩息涼颸意颼颼炬火導我前燦如衆星毬照見古崖壁鍾乳懸纓旒或獰若象獅或狡如猿猴或翔若雁鶩或

蟠似蚖蝵或森如旗鼓或利如戈矛或橫迸泥封挺若竹筍抽或點滴牀榻堆若蠟淚油或聚語一堂恍如鬼啾啾或相背而馳曠若風馬牛或如衆嬰孩跳踉爭嬉遊或如一老叟植杖思吟謳或爲珊瑚枝可以掛鈞鉤或爲靈犀角可以鐫觴甌種種各異狀事事通神謀或云有隱君貌類黃綺儔衣冠出逑客所談在秦周相引入洞天石牀列珍羞此語屬惝怳詎知能見不靑泥何滑滑步履難久留常恐樺燭盡更起欲歸愁

二十五日詣府辭行君謝不見隨命諸子造寓固留仍送薪水之貲且約移寓紫山仙觀余因促之

答來詩二首

愛我固留安敢卻爲君百計展行期巴陵五月南風發合是長

干客去時

明日若還晴色好共遊仙觀意如何非關惡客相催促節近黃

梅怕雨多

二十六日雨亭午發平山度天心橋上紫山高四十仞乃小崑崙

之對峰也上有眞武殿殿前桃樹四月尚有花山之左輔曰脊山

出鐵文殊寺在焉僧智靖之下院亦可寓客到此則俯視平山及八峰俱培塿

矣是日雨甚彌望白雲鋪滿世界亂絮蓬勃如波濤洶湧之狀羣

峰點點露頂如螺向聞黃山有鋪海之觀想亦如此寓余頂中白

衣閣與君行署隔一峰擲詩倡和夜分未已是時將入仲夏寒冽

如冬石爐燒炭晨起加裘余愛此山嵤媚玲瓏一住五日冀晴霽得窮觀覽而雨竟不止

宿紫山

紫山樓觀拂層霞暑月淸寒透碧紗隔雨似聞靑女珮因風吹落緋桃花桑田尺寸分千里猿鳥縱橫共一家爲問白雲鋪作海幾人乘興泛仙槎

紫山積雨二首

積雨蕭然氣似秋山窗晨起欲披裘如垂嚴子灘邊釣恍在巫娥嶺畔遊石沓濃煙迷謝豹葉心朱果喚鳴鳩眼前有景難爲賦崔顥題詩厭上頭

獨立巔崖勢絕孤下看煙雨當平蕪難從滄海分冬夏始信瀟湘有畫圖隔嶺篇章相應答一拳險阻自支吾誰知萬里探奇容簑笠追陪楚大夫余爲題紫山八景一曰紫山雲海二曰夏日水砂平頂六曰溪亭夜月七月桃花三曰蚕山怪石四曰金嶺夕陽五日梵閣淸陰八日獨松仙掌

雨後吟

溪光倒蹴新雨天空中玉斧鏤飛煙虹腳跨山立孤影蚓鳴如鐸蛙如絃耕人負犁下奇峭細磴盤雲戴官道牛羊向晚恬不歸昨夜於菟隔川嘯蕉葉桐陰濃拂窗夕螢逗落珊瑚牀織女機絲趁涼急鮫人泣月珠雙雙腸直思牽遠遊子寫恨無聲蠶食紙欲出天台洞口封淸輝玉臂今誰是

五月初一日雨移寓細柳城之大慈閣其鄰泉春園也亭池花木楚楚可人多枇杷樹結實肥大

初五日晴端陽大會詩牌集字鑽新火賁澗泉流觴泛蒲集漁舟捕魚溪中余欲辭行君固留度夏曰天生好避暑地君欲舍此入紅塵烈日中耶余曰欲領略曉風殘月耳

細柳城寓閣

泥滃相牽涉澗阿平岡盡處水雲多無論境與人間別大抵身
從畫裏過園舍竹光風弄玉隔牆山髻雨侵螺儵然更似吳中
景白袷涼巾看菽禾

初八日君移行署于沁雪園在細柳城極北隔連岡一道上下爲難乃春時看梅處也亦多薔薇木香

可賞玩閣曰天池橋曰浣雲余以寓館甫定懶再從而遷徙居大慈閣如故相去不過三里亦常遣騎邀至園飲

雨中酬九峰以詩見訊

梅熟雨潺潺江樓盡日聞水聲將破枕龍氣欲吞山屢辱金絲奏頻蒙玉饌須君餉野猪竹鼬因之有酧答附使入雲還

坐浣雲橋浣雲橋四面皆水荷芰遶之似江南景

四環煙水盡空明帶雨兼晴畫不成橋外馬嘶芳草立澗邊人背夕陽耕青簾夜看東山奕黃石朝談細柳兵絕似五湖歸隱處白蘋紅蓼布帆輕

雨止寄九峰

相去無多止一岡雅人居處即滄浪頻勞廐馬知非便暫舞商羊也不妨新句傳來愁滑滑好山遊過總蒼蒼今朝霽色佳如許我欲扶藜叩草堂

十三日以關公誕演戲于細柳城之廟樓大會將吏賓客君具朝服設祭鄉民有百里來赴會者皆飲之酒至十五日乃罷

十六日遊雲來莊在細柳東上坡五里園曰樂天夏卉盛放百合戎葵爛如雲錦君命灑掃行署移居焉寓余于西閣名吉祥閣在平坡中園牆僅高三尺虎從樓下往來無礙寢則去梯以板蓋之

樂天園二首

樂天知命復何求想見眞人此靜修皺石影中登傑閣異花香

裏上丹巨簾光晚映三湘雨簟色涼含一壑秋已歎衆春園絕勝那知重入武夷遊

人言此是桃源地不信桃源如許奇巖靜仙翁丹鼎在峰高神女珮環移長卿莫謾誇梁苑山簡何勞借習池歸路晚雲扶上馬野蜂黃蝶亂催詩

移居西閣

小閣亭亭碧嶂間淹留天放此身閒鳶肩弄影涼拖雨虎目如燈夜過山太白有詩悲蜀道相如無檄諭荆蠻何時得鼓江陵棹一枕吳歌載月還

題雲來莊二首

窅然開異境峻坂亦平蕪又展新屏障都非舊畫圖徑痕藏萬馬石勢集羣烏小閣纔容膝眞疑借隱壺

直窮三百里盡是使君園處處雲連屋家家水抱村客眠龍脊穩詩據鶴巢尊素練空青意將同杜叟論

二十七日遊萬人洞（行署東下坡三里）洞在坡下磴道一里渡水一重洞口有街有門樓守洞者家焉客至具酒果食畢登洞其石如古銅色多孔竅處處可坐遊人高下憩其間如仙人屏障最高處有砦樓梯懸十仞攀之惴惴砦上亦有人居其道由石壁中曲盤而上甚幽黑莫之敢躡正中有挹泉軒甚爽塏四壁多題詠軒後即龍湫水純碧上有橋可度今橋圮遊止于此後洞不復可到也水淺

峙出白骨如牛髆潔白堅剛散布沙間或曰此龍骨也天旱取投湫中滃然鳴天乃雨

萬人洞觀龍湫

離奇幽竇玉泉嵌鬼斧曾將混沌劃界斷空青施板築倒垂鍾乳下松杉干溪吼瀑龍埋蛻五月淒風劍出函此水未經鴻漸品至今埋沒在塵凡

六月初一日有保靖司彭宣慰（名虹）差幹辦舍人余星齋書幣來約盟君命丙如率諸舍把與之登壇行歃血禮請余為之載書書曰維我二邦恭膺　朝命來守屏藩祖宗以來世為姻好同寅協恭不侵不叛茲以苗民逆命犯我邊疆申固我盟告諸　天朝告之社稷自今日以往既盟之後保靖有難容美救之容美有難保靖亦然有渝此盟以相及也明神先君是糾是殛俾墜其師靡克有後

初四大司惟保靖在辰州界與容交好其永順亦彭姓與保同宗而世讐隸岳州府主幼不治事國內殷庶永順或傳無宣慰其署印者乃一女主號彭太太應襲者僅四歲舍把為政有客至司向虛位而拜謂之拜堂故雖有衆十萬易取也君常與保靖謀討之其桑植在岳州界向姓向秀之後與容世姻實世讐也丙如即宣慰向大鵬之壻迎娶時大鵬以責禮不備盡褫使者之衣奪其釜鬵君恨之雖音問時通而侵伐不已容與保靖通聘問不敢假道于桑必紆道取酉陽司隸四川行都司其宣慰姓冉自稱先賢冉子之後聲名文物新建學校有發科者行二十七日乃至云

余星以晚學生帖來拜請余往遊其司余以道路回遠請俟異日

初五日答拜余星于下坡客館余星靖之奇士曾有苗人張四僭稱苗王叛靖星設計擒斬之

宣慰司行署在北城以山[illegible]形其案山即八峰之尾也至此平視八[illegible]如[illegible]其前矣署之左右皆人家煙火相望皆中府居民隨其主遷來君去

去

鼎在細腰門外不知何年被雷入地中止露兩耳在外

間可過牛馬

少傅墓君之父渝葬處歸大坪水田如繡其墓上石人

石馬入夜其活石人能就居家所煙叱之化為石

釣魚城在雲來莊南四面皆桐花四五月盛開可玩上坡路通椒

山司停留行人蟻蓋司中驛路也

九龍橋跨巨淵上橫鐵貫兩崖間去地四十仞有亡命少年

於索上補臥手攔以紙而過見者無不股慄君賞其壯而懸其冒

險予四金答二十棍戒餘人毋得效之

山中紫石如端溪全具石筍之形紫質白圜斜累而上善剖者直削其文理儼如寶塔取爲屏或爲硯塔影居中君橫斷之一小小太極圖耳今澧州多此硯特不甚發墨

龍溪石子大小皆如雞卵光潤勻圓水浸之現紋理如蜂房以鼻油拭之則黑如漆

守梅閣在樂天園後壁嵌天然石梅一株蒼榦白花夭矯紛披元人筆似之君常讀書其中閣下正天泉發源處此全司最勝區也于此有天泉山卓立萬仞泉激圜之距此五十里君累石爲茶竈安銅鐺筒引壁間水注鐺中烹之滿則塞其竇將竭則又注竟日飲千人亦不竭

雲際菴一名留雲院在山頂平處每將雨則雲鋪地埋人肩僅露

其帽電光煜爚走于下方時發震雷撼牆壁大雨倏過西風驟來劈雲爲千百道皆東走俄頃屹如奇峰立東西則霽矣當雲行時急閉窗則留雲一片掛窗牖間不去徐徐放之最可娛玩雲來莊得名以此余有記別見文集

李虎坡長亘五十里與樺皮界連細柳平山皆其胸脅也其高上接雲漢洞穴回測虎穴在焉常夜出傷牛畜惟宣慰君在莊居則稀至雖至亦不敢啀人余寓閣孤懸石田中守宿者不敢於樓下臥一夕衆炬火逐虎虎下萬人洞嚙一犬去君始命匠爲余築牆安門工未畢而余行矣嘗詢土人不畏虎之故云每出必攜紙錢壓于所過土地祠爐臺下土神輒來護之雖鼾眠草中無恙也余

寓樓東北窗斜對四五峰慳雨夜見其上炬燈如明月意是虎眼又不應如此之大訖不知何光怪云

若蛇最毒長不過二尺禿尾扁身脊閒作金色口中吐絲囓人即死惟連擣白芷苗傅之可解

鑽猪一曰豪猪身扁腳卑其鬣尖硬粗如鵞翎管根白處半寸其下純黑光潤可作鑽婦女用以簪花紛披垂雨脊閒行動琮琤有聲人逐猪急則迸發如箭中人有毒欲捕者以草相結成網驅入其中急以竹梢撻之豕怒發箭如雨皆爲竹拂落不能中人則忿而自斃

豺可馴如家犬雖在山不傷人虎畏其溺反制虎常合三豺則食一虎矣恐人遇

虎于山間遥護而送之世乃與狼同稱是使豺
抱不白之冤也其聲雖厲以之恐虎亦何害乎
反鼻猴鼻孔向上尾長倍身能以尾自後圈過其背兩歧塞鼻而
睡然不恆見見者輒有災
山中怪鳥形狀不一夜靜時四遠鳴呼怪慘絕倫若行不得哥哥
不如歸去鉤輈格磔乃常禽耳
山中聞梟鳴不以爲怪
訓狐何必定爲殃鵩鳥焉知非吉祥造物既須生此輩於人祗
合兩相忘夜飛祗爲晨無見聲慘多因貌不揚月黑燈昏啼任
汝山林原是汝家鄉
四川兒肚鳥名其音自呼

聞聲未審狀如何風雨深山叫喚多想是蜀人常腹疾故教兒肚過關河

嘉林堂夜宴忽有烏如巨鷲從桌下奮迅而出飛上樹其聲嘆唶舉坐皆驚或曰恨虎也賦之

月暗歌停燭更昏老鴞飛上謝公墩無端惱客華筵散不是冤常望帝魂嘉林堂丙如細柳署之刺桐園也

人饌以野猪腊爲上味鹿脯次之竹鼬即笋根稚子以穀粉蒸食甚美然不恆得洋魚味同魴魚無刺不假調和自然甘美龍溪江所產也民間得之不敢蒸食犯者輒致毒蛇賫官家則不忌麂如鹿無角而頭銳連皮食之惜廚人不善烹飪其生時聲如鬼

司中地土瘠薄三寸以下皆石耕種止可三熟則又廢而別墾故民無常業官不稅租有大麥無小麥間有之麵色如灰不可食種蕎與豆則宜苦蕎居多民所常食也甜蕎不恒有供官用稻米甚香粒少與江淮無異諸山產茶利最溥統名峒茶上品者每觔錢一貫中品者楚省之所通用亦曰湘潭茶故茶客來往無虛日茶客至官給衣食以客禮待去則給引蕨粉葛粉荒年尤多二者相得乃成蕨亦名杜乾紅色葛則純白爲餅餌食之不飢以水調食無異藕粉龍爪穀惟司中有之似黍而紅一穗五岐若龍舒爪不可爲飯惟堪作酒以麯拌蒸曬乾收貯買酒者羅之貯筩中開水灌之隨用筩吸飲已成美酒吸完加水味盡而止名曰咂酒亦磨粉用蒸肉食或和蜜作餅餡甚佳

金豆非扁豆非黃豆非蠶豆而皆似之如果中之胡厮賴然

天蒜葉類玉簪而瘦其苗醃食甘脆生高山頂上爲龍所惜多取之必遇雷雨

峒被如錦土絲所織貴者與緞同價龍鳳金碧堪爲被褥峒中白麻爲之輕紉如鮫綃皆珍幣也

川馬皆出司中上坡坂如平地騾尤駿絕食葛苗竹葉初出外飼以料豆不食久之乃習

絲絃蝦蟆聲如彈琴在石板下者聲尤清余詩蝌鳴如鐸蛙如絃

金翅蝶大者如沙燕翅純黑灑金點點光明耀日翅邊作粉紅圈十餘最可玩視

雲來莊地最涼爽余棲止西閣凡四十日時當六月中旬流金鑠石之際每溪中白雲一片自下騰起便知雨候如隔夜明月下視溪潭深處有白雲一團蹲踞如獸月色映之成五色可玩者次日必雨須臾黑霧四漲疾雷破山大雨時行涼颸颯來則卻扇加袷矣所處既高俯視雷雨皆在下澒洞迷離去來無定恍作巫陽朝暮之想老杜有詩云楚江巫峽半雲雨清簟疏簾看奕棋題之吾樓最爲確切

早涼

石田雖晝暑草閣喜晨涼稻隴含青遠松煙引素長尖峰能刺骨細路欲褰裳五月披裘客俱宜住此鄉

閣眺二首

隴麥黃初刈林蟬響遞聞一村先見月萬壑尚封雲將吏邀公早農田望歲勤短衣思射虎閒殺李將軍

高士幽棲地清涼似渚宮夜雩神女雨朝散楚王風石貌能干變花情迥不同慼非遺世容久滯武陵中

容陽雜詠十四首

嶙峋奇石俯重關不是猿猱亦許攀步步摧輪何足道寢興俱在太行山

土屋茅廬戶不局四無鄰舍虎無橫紙錢一片神祠壓徹夜鼾眠直到明

壯夫戰超跪甲電無憂龍爪穀原壽各

自裹簞糧

幕府無常東復西軍民襁負什徙移兒童習慣崎嶇路翻怪平原失所宜

洞壑離奇與世殊仙靈肸蠁應傳呼秉燈行到深深處六月炎蒸半點無

園亭不用巧安排碧水丹山面面開聞說避秦諸父老月明還步出林來

婦女攜筐采峒茶澗泉聲沸響繅車湔裙濕透凌波襪鬢畔還簪梔子花

蕨飯馨香咂酒甜小機當戶織雙縑與人錢鈔都拋卻交易惟

求一撮鹽

短褐芒鞋乏從入官登三品類編民將軍府第開華宴滿脛黃泥作坐賓

尺澗拳山異致多鄉村隨處足婆娑蠻童見慣知名姓側立溪橋讓客過

刻木爲舟細網牽倒身躍入水中天漁兒捷似穿波獺口啣銀鱗跳上船

駐年休說有黃精遍草還堪煑作羹野草滿山俱入藥神農强半未知名土產藥材有百餘種內黃連甚佳生大荒中採之殊不易君蓄之以得善價

密雨齊澆萬壑松滿樓山色盡空濛大癡山水入間少眞本原

來落此中
雨歇西山報夕陽楚天環珮響叮噹蕉窗月出涼如洗疑是佳
人衒晚妝
先次余已辭行君再四苦留其將吏子姪皆利余久住蓋君性嚴
厲果于刑殺自余之至也日以詩相倡酬夜得一詩旦輒精思苦
吟刑政皆輟委之旗鼓劓刵者絕少左右皆以爲余盛德所化咸
願扳留然余念此荒徼之地非可久居會君欲往天泉避暑道遠
路險不欲再移遂決計辭行君知不可留置酒悉召賓客將吏餞
余于來鶴樓君至酒半慷慨欷歔泣數行下遂定期于六月二十
五日行是日君亦往天泉

別田九峰十韻用藏頭體

朝眠乍起試揮毫穎生花夢吐苗著縕袍忘儉齋居陋巷恥豐饒然孤坐談經籍者卑棲學澗樵尾桐因流水辨夷花助美人嬌松作棟君偏得管吹灰我未調道坦夷心耿耿雲無際草蕭蕭衣冠者堪爲法典型兮不自聊熱酒酣思跨鶴啼花發夢簪貂南到處皆棠圃里終須折柳條末水濱乘興扁舟江上去乘潮

書作圓圈循環讀之客多不解惟君一見即知其故和詩別載

又與九峰話別二首

五度溪山月上弦每游[illegible]騎皆[illegible]幽[illegible]杖攀蘿葛覓句燃燈入洞天松裂[illegible]皮[illegible][illegible]由來尙未窮詩

輿止博臨分一黯然

將軍幕府杭山孤處處平皋輞水圖偃甲不聞嘶櫪馬聽歌直到繞枝烏棲中別有煙霞氣座上能容曠達夫富貴神仙俱可及若論風雅似君無

食蓮子

蓮生君子池採摘更鮮美叢苞翠可挹猶見露泥泥物候遞更新歲月一何駛未曾賞蓮花竟已食蓮子荷衣背驢背行役從玆始應憐惜別人苦心亦如此

二十五日君遣前使覃干總領向把總彭百戶柳門子及行李夫三人以騾一馬二送余起程贐物余璧其杯緞收川馬二匹黃連二觔㠁被二牀㠁巾十條茶葉四簍

蜜餞二瓶路菜十種及程儀辰發雲來莊循東北山麓行熱甚但有水處輒下騎覓飲飯于過山坪食瓶中魚鮓極美夕至細砂溪止于向把總之家其妻纔新婚出供爨甚腆而美細砂溪者下有洞出白雉羣飛可羅入家在其上是日止行三十里此非來時路乃司中官道路較寬但多坡磴多下少上下即低身千尺坡易下磴難行重山壘水煙村斷續相望

發容陽

此中爲客久童稚盡知名不厭經年住皆憐冒暑行司中小校及歌者隔宿攜酒榼來與余從人餞別相持而哭失聲

山違遊子屐月掛主人楹去路從西閣

愁催班馬鳴

二十六日所行皆高荒地寬平四山皆遠飯民家殺雞供膳宿燕

子坪田中黑石棊布如羣燕掠地而飛土戶餽燕肉所宿處亦君行館也扁曰燕子亭是日行四十里

燕子坪

使君留別墅過客借盤桓石壁山堂古瓜畦野色寬歸程雲外指秋意暑中看宿處青天近皆沾白露團

二十七日由燕子坪折而西行復轉而北其路屈曲碎石礧磈地名梅籃坡直下爲樺皮界自巔至底十八里略上爲紅毛尖其頂尖削闊僅二尺下俯千仞到山腳又二十二里紅毛尖有小小佛廟上坡者度不能至頂則宿于此次日乃上樺皮界紅毛樺皮插天礙日土人熟行者猶望而畏之外來客至此無不憮然卻步幸是下坡猶不勝疲況上者乎容美迎客多取道南

[illegible]所三

府蓋大隘關雖高猶有山腳有巨澗浴其中水清而多樹陰解鞍曲折不似此之陡削也

飲馬即澗中造飯且浴且食取溪中魚蟹炙之下飯憩良久復行東至百順橋磴道懸絕舍馬背負而下上橋北有關公廟稍坐乘涼驟雨至避入廟舍度雨不止則宿廟中矣俄而雨霽日未下舂從者俱欲買勇復行乃前進約二十里至大面山如行磨盤路皆側滑需人背負向夕復雨投宿民家暑溼不可臥牛虻大如蟬夜來嗜人最可憎怖是日行七十里

下樺皮界

昨來燕子陂所歷[illegible]驅我馬嶺[illegible]新登東臯回首望來

徑惟見碧[illegible]其[illegible]崖無人居冷泉生

細濤所踏盡危石戔亍無乃勞扌已在東陰風猶怒號俯視衆培塿荒林成蝟毛喘汗方至頂危如棲鶻巢側身從此下碎石如攢茅豈惜履底穿所恃斑杖操失足俄頃間還愁葬坑壕古來山魈境今以付我曹詩成和者誰使我增鬱陶

下紅毛尖

徑尺巔崖戴驛亭下環㟧岫似螺形空懸古磴千尋白踏破秋巖萬仞青維樹蟬鳴疑鼓吹半天人語卽雷霆會聞回雁峰難度未抵茲山倚翠屏

二十八日抵灣潭與南府僅隔一坡路皆高平人家稀少皆縛柳藖蒲以爲筐筥家家養蜂作粉流水小橋榆柳映帶桃熟纍纍如

火齊宿山濤閣亦君之行署也彭百戶以蜂蜜蕎粉來餽向把總以足疾辭歸是日行五十五里

宿山濤閣

景物依然聚勝園壺天別貯小乾坤横雲斷嶺疑無路曲水流觴又一村草色舊邀山簡騎夕陽猶照謝公墩亦知今日成茅店山鬼吹燈弔旅魂

二十九日早行草長於人露重如雨衣襪盡溼暑氣蒸鬱進石梁荒地屬石梁安撫司路奇險岡巒起伏樹陰猛惡地無晴雨皆泥淖殆瀑泉之所噴激林露之所滴瀝也其坡八上八下須疾馳而過恐一雨則阻水不可行凡四十里至牛項嶺蒙翳不見天日豺虎老蛇

竄伏吟嘯陰風如吼最可駭怖一行李夫病遂宿于荒中余不暇俟也荒盡爲杜鵑坪始疏豁覃千總等俱入土地廟打火作飯此時已過險彼此相慶下坡爲菩提界壁立萬仞至底二十二里一氣下不能留步既下過水二重俱有石梁可度景最幽異石梁所以名也宿栗子坪唐旗長家供雞黍是夜雨是日行七十里

過石梁荒

昔人窈窕曾尋壑今我崎嶇更歷巨老樹亘天風謖謖叢篁無際鹿呦呦地饒泥濘晴兼雨山帶陰涼夏亦秋盡日不曾逢過客虎吟猿嘯使人愁

宿栗子坪

昨日下紅毛尖石痕匪利如刀鎌今日下菩提界壁立倒懸千
仞險峻驢疲馬出大荒林間始漏斜陽黃斜陽黃處青一點粟
子之坪在山巔我行百里喘未蘇望門投止可緩乎且不望有
粗糲食突暇更問酒可酤解衣踞石坐當路四壁蒼蒼起煙霧
僕夫遙指最高峰道是明晨從此去

三十日大雨待行李夫不至俄見菩提界高處有白點僅如蟻徐
徐移過松林而下從者喜曰夫來矣俄頃果至自云夜宿商舖中
遇青衣鬼爲所迷故久不醒然行李無失也余命沽酒犒之雨不
止漲溪不可涉仍宿東坪問宿戶家是日止行五里

七月初一日時乃行路平坦連岡舒緩流水琮琤多茶客抵油溪

屬石司十五里宿民家室宇窄隘無牀榻深夜涼牛虻螫人蛙鼓聒耳是日行四

初二日始向正北行灣環皆石壁或玲瓏多竅或平若截糕石紋如層虹最可撫玩黃楊亭亭如葢楠木大二十圍皆外人所未覩也上九灰坡抵五峰司步步踏石行亂流中有安撫司署後有園池之勝明季清初有張姓者據此以叛容美討平之分徙其民于南府今居者寥寥其安撫司印君命十二郎君遙領遂空其署君至則爲行館宿司前民舍有王宋二旗長爭餽酒食柬書晚生田曜如具蓋主命也是日行五十里

五峰關連列五峰中峰之頂爲關口容美之北戶也容司中者領單至此旗長照驗放行如無單者不准出關遠客來遊容美者懼

菩提樺皮之險則止於此旗長亦爲飛報中府遙給廩食或遣夫馬來迎（如府縣佐貳奉上委來踏勘土地則止于安撫司署君或自來接待會議不復進司）故五峰亦可遊之地云

初三日二旗長留飲邀登第三峰望北府白溢砦（砦去此二十里君之北府也隔大溪不通登高望見白石如芝蓋者其下卽是）

初四日出關關下山勢平遠可以縱轡驅車堠堰相望矣抵謝家坪宿（地半屬司半屬荆之陽縣是日行六十里）

宿謝家坪

澗石縱橫列虎牙大荒開處見人家重岡競削千尋碧香草猶含九夏花月出似臨雲夢浦夜涼疑汎斗牛槎翛然行李惟孤

劍直道無憂此路遐

初五日過長樂坪長四十里路坦如康莊兩邊皆山煙巒萬變應接不暇如入畫圖草中多獐鹿狎不避人但少亭臺以爲點綴耳君所著容陽世述錄記長樂坪爲司中十二園囿之第一將築室開市于其間以樂遊人然尚未遑也坪盡爲三登坡稍上復下者三至底十二里石磴嶙峋下馬策杖而行渡漢陽河清淺可浴然容之地界到此盡矣抵漁陽關宿屬長陽縣有守關吏猶食容美之祿待客甚恭是日共行七十八里

初六日行平岡無復山險至白馬溪乃更起羣峰一潭澄沏民居環之茶客二十餘人放驢滿山余雜之共宿一店溪中每夜有物大呼不知何怪是日行[illegible]里

初七日行大荒無奇景至錢村屬[redacted]家林野鬼迷人怪鵰叫嘯一行[redacted]得出逆旅主人秉炬登高呼之夜分始至是日行六十里

初八日下礌子坡至此無山矣渡[redacted]河辰時抵枝江縣共二十五里

以上皆余所遊歷之地隨筆記之司中如天泉白溢銅關石梁司水濜司椒山司藕莊鹿寨二酉洞情由洞北府西府若欲徧遊經年不能盡也九峰性喜遷移每到一處不數日又遷而他往中府雖其治城未嘗作匝月留也行則家眷及將吏賓客皆遷百姓襁

舟車所至

海國聞見　節錄同安陳倫烱原本加評

高雷廉總鎮陳倫烱字資齋福建同安人其先人服賈海外所至必加審察康熙二十二年從征臺灣凡五載敘功授職屢遷至總鎮又皆在海濱地故于一切島國知之甚悉倫烱自童子時已受其先人指示後自往游日本又記其佳勝及受職遷鎮高雷廉任日接西洋諸部賈客詢其國俗考其形勢與前所聞見不毫髮爽乃于雍正八年著海國聞見一卷俾後之任海疆者知所防守也因節錄其要于後

東洋

高麗（即朝鮮）居中國之東北其地北聯奉天（隔鴨綠江）西對天津（隔海五千里）
周封箕子地其南隔海與日本所屬之對馬島近順風一夜可至
明關白擾亂高麗即此島也
日本在高麗東南海中共七十二島一大國也皆倭奴所居而與
中國通貿易者惟長崎一島（長約千餘里）國王居長崎之東北軍國大
事柄于上將軍王不干預僅食俸受貢獻上將軍有時朝見而已
易代爭奪惟爭上將軍若將王位篡奪則山海應貢之物不產五
穀不登陰陽不順退居臣位乃得順若如舊故至今無敢妄冀者
國習中國文字官皆世祿遵漢制以刺史千石爲名祿厚足以養
廉尚少犯法　俗尚潔淨街衢時爲拭滌夫妻不共湯羹飲餘婢

僕尚棄之男女衣服大領闊袖畫染花卉文彩褌用帛幅裹繞足著短襪以曳履男束帶以插刀髡髮而薙頂額留鬢髮至後枕闊寸餘向後一挽而繫結髮長者修之女不施脂而傅粉不帶鮮花剪綵簪珥而插玳瑁綠髮如雲日加滌洗薰灼楠沈挽髮前後爪甲無痕惟恐納垢其男女肩目肌理卽不敢比勝中華亦非諸番所能比擬　人皆覆姓其單姓者徐福（秦始皇時遣攜童男女三千人海求仙者也）配合之童男女也徐福所居之地名徐家村其塚在熊指山下　其國男子年至五十餘陽多痿奴者儂也故呼之曰倭奴　俗尚佛重中國僧敬祖先時掃墳廬得香花佳果非薦佛僧則薦祖墓立法最嚴人無爭鬪語言寂寂呼僮僕鳴掌則然諸無售買人口

傭工期滿卽歸　所屬國二西北對馬島與高麗爲近高麗貢於對馬島而對馬島貢於日本西南薩峒馬共五島與琉球爲近琉球貢於薩峒馬而薩峒馬貢於日本二國之王俱聽日本指揮　氣候與山東江浙等長崎與普陀山東西對峙僅隔四十更而瀨汐往來橫洋難過厦門往長崎過臺灣雞籠山北過米糠洋香蕈洋海底沙沫上浮或如米糠或結如香蕈見薩峒馬而至共七十二更對馬島坐向登州薩峒馬坐向溫台明嘉靖間薩峒馬漁者被風入中國奸人汪直等引之爲亂髡髮薙額雜以遠處土語沿海諸省遍受劫掠後國王查明將十八人正以法隨禁市船來中國但聽中國往彼貿易以爲例　土產金銀銅漆器磁器紙箋花卉染印龍涎香鰒魚海參

薩峒馬之西南卽琉球共三十六島小國也人弱國貧產銅器紙螺甸玳瑁無可交易　自日本而東水皆東注謂有落漈在東故也

東南洋

臺灣北自雞籠山至南沙馬崎頭而西沿海一綫袤長二千八百里廈門七更至澎湖又四更至臺灣府皆沃土東皆叢山野番巢居穴處黑齒文身種種不一捕鹿爲食藷芋爲糧性好殺以人顱爲寶明季爲紅毛所據役使勞瘁番不聊生鄭成功盤踞廈島覘臺地不足有爲及寇鎮江敗歸始謀取臺灣水漲聯檣並進攻安平赤嵌荷蘭悉衆敗去成功遂據有臺地及康熙二十二年成功孫克塽歸順方入版圖

南澳氣即落漈在南澳之東南隔海程七更嶼小而平四面掛腳皆嶁岵石灣有沙洲吸四面之流船悞入則遭吸擱不能出其北浮沈皆沙垠約長二百里極北有兩山名東獅象與臺灣沙馬崎頭對峙海隔四更名沙馬崎頭門氣懸海中南續沙垠爲萬里長沙頭其南又隔一海闊約五更名長沙門復生沙垠直至瓊海曰萬里長沙沙亦斷續從廣東萬山南出沙分東西中亦有港可行也沙之南又生嶁岵石直至七洲洋亦有斷續名曰千里石塘沙有海鳥大小不一少見人遇舟飛宿人捉不識懼搏其背吐魚蝦以爲羮　乾隆五十一年有閩船在澎湖南颶風折桅至此吸擱其二十八人用被作帆勉駕一三板腳船至臺灣已餓斃五人詢其所至僅以沙中爲言云被潮漲入不能復出飢抱海鳥爲餐渴

飲其血棹退潮溜入大洋飄十二日到此也余告之曰此萬里長沙頭也舊有呷板溜擱今尚存乎羣起呼曰曾到此乎何知之審也蓋落漈吸四面之水海舶悮入須下三板待北風又乘退潮竭力撑棹得出南洋方可尋沙馬崎頭門或長沙門而歸

呂宋在臺灣南其國之北有高山遠視若鋸齒名宰牛坑（山有土番屬呂宋）從此延繞東南原係無來由土番所居前爲大西洋干絲臘是班呀所據立教禮天主地宜粟米長者至五六分漳泉人耕種營運者甚盛年輸丁票銀五六金方許居住且經商惟守一隅不得越界（廣納丁票方許聽憑貿易）島番土産百貨雲集漢人居其地或娶無來由婦者必入其教用油水畫十字於印堂焚父母神主老終歸天主

堂挖坑土親膚而埋堂上基內貧者埋牆外三年一清棄骸骨于深澗所有家貲明于公堂天主妻子作三股均分夜不閉戶聽彼稽察（評此實同採硫日記所云）晨鳴鐘爲日方許開市肆經營午鳴鐘爲夜閭市夜閉不敢往來昏鳴鐘爲日燈燭煇煌如晝營生夜半鳴鐘爲夜又閉市肆晝夜各分三時傍午從夜禁闔地皆鬼市　土產鹿麂牛皮筋脯蘇木烏木降香速香黃臘燕窩海參　俗多蠱毋傳女而不傳子　禁龍陽親丁不得共寢席　其附近之島有利仔支甘馬力班愛惡黨宿務貓務烟網巾礁腦亦係無來由族類人愚罔有知識國各有王各守其土　呂宋正南隔海有息力大山其廣莫測山中人跡不到野獸多莫能名是山之北爲文萊（古婆羅國）

蘇六繞西朱葛礁喇陸地相聯有野番阻隔海道為亂石所斷欲往者必須遠繞山之南為馬神等國均係無來由族類性喜銅鉦器皿皆銅沿溪箬屋為居俗甚惝身不離及精于標鎗見血即斃經商其地夥從持利器相隨紅毛嘗據馬神港口欲佔其地番避火砲入山置毒上流使其受毒而自去　土產珍珠冰片玳瑁海參燕窩烏木降香海菜藤鑽石胡椒檀香荳蔻翠羽錫鉛金鋼鑽有五色金黑紅者為貴晝夜有光能透巧泥青布大者如棋子價十萬西洋人購之為至寶云

崑崙一島大小二山在七州洋東上產佳果無人跡神龍蟠踞山中多龍洞驪涎不可近明萬曆間荷蘭意欲居之龍與為患藉火砲與抗多日荷蘭發癲狂旋斃乃捨之康熙四十五六年紅毛又圖之不敢近

山就海傍立埔頭水土不服多死亡又患廣南刦殺仍去之

凡洋船過此者大晴天見黑雲一點隨化爲合烟蜿蜒如拖鼠尾

狂飈立至下篷惟恐不及日必三四次白雲者尤甚預備雞鵞毛

等物燒穢氣驅之

茶盤即地盆山在崑崙南毗於萬古屢山之東是南洋總路分途處島

番捕海爲生　土産佳文蓆頂細及粗價自四五十金至一二金而止

南洋

安南沿海東接中國廉州山繞西北而環南直至占城形如半月

名曰廣南灣安南即交趾稱東京廣南稱西京　土産金鉛錫伽楠香沉香桂皮

象牙綾絹燕窩魚翅赤棠糖　南轄祿賴柬埔寨崑大嗎西南鄰

暹羅　裁剌竹爲城（南方各國類以竹木爲城）　人善沒水嘗有紅毛甲板泊人廣南灣內者國遣小舟數百人背竹筒攜細縷沒水密釘于呷板船底遠槳牽繩船以淺擱火焚而取其輜重今紅毛船以不見廣南山爲令見則駕舟彩長國有常刑　厦門至廣南由南澳見廣之老萬山瓊之大洲頭過七洲洋取廣南外之咕嗶囉山而至計水程七十二更　若交趾由七洲洋西繞北而往（水程加二更）　中國洋艘向用羅經（郎指南盤）時視刻漏（玻璃沙漏）程較更數（每更約水程六十里）心尚懷疑又望視山島用繩鉈探水深淺鉈底以蠟油粘起沙泥配合方爲確準不比西洋呷板用渾天儀量天尺較日所出刻量時辰離水分度即知爲某處也大洲頭而外七洲洋浩浩蕩蕩風雖順利亦必六

七日始能過見咕嗶囉山外洋之外羅山方有準繩偏東則犯萬里長沙千里石塘偏西則溜入廣南灣無西風不能外出且商船非本赴廣南者入則稅物均分猶若不足特不若紅毛之至人物兩空耳　七洲洋中有神鳥狀似海雁而小喙尖而紅脚短而綠尾帶一箭長二尺許評粵海本有是鳥見於他書自宋時已然並非帶箭俗傳王三寶下西洋呼鳥插箭命在洋爲記

東埔寨昔爲眞臘國由廣南占城祿賴續西而至介在廣南暹羅二國之間東貢廣南西貢暹羅稍有不足水陸各得並進而征之番係白頭無來由裸體跣多以布幅圍下身而已　土產鉛錫象牙翠毛孔雀洋布蘇木降香沈香速香藤燕窩海菜　廈門來水程一百十三更

暹羅海口在東埔寨厦門來一百八十八更爲東埔寨海外一片盡是爛沙故海舶不得不遠遠而至港口進口行巨溪深闊容海舶二千四百里而至國都茂林夾岸猿鳥鳴呼番村錯落田疇廣饒每歲播種易俺畝隨水長不勞而穫米石可三星俗語捕鹿枝頭謂鹿被水沒而息于樹梢牽牛上樓評謂避水也然此抑溪韻番語不應如是以銀豆爲幣大者重四錢以次遞降至二分五釐皆王鑄字號可評知其時尚無洋錢通用不得剪碎零用找以海螺巴　俗重佛教富者卒後葬以挖卽釋氏塔也人有被虎噉鱷吞者俗傳番僧咒之虎鱷可致受蠱者咒亦能解　有一種婦女名尸羅鑾者目無瞳子人娶之亦生男女夜眠竄向水厠食糞穢人染痢者若不急洗爲尸羅蠻入穀道食腸胃　又有一種術名共人刀刃不能傷其體王養

以爲兵衛若犯事番僧咒解其術始行刑（評是卽金鐘罩術也犯法術卽不靈番僧之咒欺人也養爲兵衛或藉以消刺弑之謀則亦英雄之畧也）番俗人死焚而後葬更有生前發願捨身飼魚鳥者（評此同喇嘛所教之俗）土產銀鉛錫洋布沈香速香象牙犀角烏木蘇木冰片降香翠毛牛角鹿筋佳文蓆藤黃大楓子豆蔻燕窩海參海菜

由暹羅港口沿山海而南斜仔六昆宋脚（皆屬暹羅）大哖吉蘭丹丁噶呶（又名丁機宜）彭亨各國相聯接其土產亦不大異惟丁噶呶產胡椒甲於諸國番皆無來由族類裸體挾刃不識禮義

柔佛（東聯彭亨）番情土產與上諸國畧同產沙金國鑄小花金錢重四五分爲幣銀幣不行

噒喇甲（東聯柔佛）國王彷暹羅用漢人理國事掌財賦金錢銀幣互用廈門來水程二百六十更　土產金銀鉛錫西洋布佳文蓆犀角象牙胡椒降香蘇木燕窩翠毛

亞齊（在噒喇甲南隔海對峙）係紅毛人分駐凡紅毛呷板往小西洋等處必過亞齊添備水米　自亞齊大山繞過東南至萬古屢山盡處與噶喇吧隔洋對峙此洋凡紅毛回大西洋者必從此過然後向西南過烏鬼峽繞西而至大西洋各國

噶喇吧（過七洲洋向南經崑崙茶盤西循萬古屢而至廈門來水程二百八十更）番係無來由（或曰爲瓜亞）紅毛荷蘭所據分官屬（細詳海島逸志）遠近貨物無不至中土人在彼經商耕種者奚啻十萬每人年給丁票銀五六金方許居住

小西洋

白頭番國統名小西洋（從嘛喇甲繞西沿山海經民呀等國而至）人即西域之狀捲鬚環耳衣西洋布大領小袖纏腰裹白頭國有二東爲小白頭西爲包社大白頭二國之北並接噶爾丹（評查噶爾丹後即爲開闢之新疆回地葉爾羌等處是其屬國故西域聞見云葉爾羌西南有國曰溫都斯坦其西有巨澤其西南有黑白之人當即此也）小白頭東鄰民呀（大西洋各國聚此貿易）民呀之東接天竺佛國北接喇嘛西藏及噶爾丹南臨大海（有地名戈什塔三面臨海外懸一島曰西倫產大珠）包社大白頭西北枕裡海（一大澤也四環各國其港從包社出大海）西鄰東多爾其西南鄰阿黎米也南臨大海多爾其分東西二國番皆回回（評殆即海錄金眼回回也）東多爾其不臨大海東北傍裡海北接葱鹿葱也南接阿黎米也西鄰西多爾其葱

鹿耄也一國亦不臨大海東傍裡海西傍死海（即黑海源出地中不通大海諸國環）之南接東西多爾其其婦女姿色美而毛髮紅氣味臭貢於包社北聯俄羅斯（評地勢尚遠殆戈壁荒地相聯耳）西多爾其與其西北之民咋呻皆臨大西洋之海而不通小西洋之海爲阿黎米也之南有山地相隔（近而不通所以大西洋諸國總烏鬼國外過峽遠至數萬里也）外聯烏鬼各國故也（烏鬼各國爲多爾其所屬貢男女于多爾其爲奴婢）小西洋富庶土產生銀洋布丁香肉菓六安息蘇合油

大西洋

烏鬼之國插入大洋（僅一綫相聯內地在阿黎米也之南）有順毛綣毛之分地方廣闊種類繁多俱以爭鬪擄奪爲事掠人口活者俟紅毛經過售賣

爲奴死者視如牲畜剖腊爲食且多在洋中刦掠其西與大西洋紅毛各國隔海遠峙其南海外有峽大西洋來往之咽喉也若捨此外繞其程且至十餘萬里評以前皆如是行峽路通於後也非行駛經年不能至中國也

葡萄牙澳門之祖家也祖家謂以之爲主東北鄰是班牙東南臨海

是班牙呂宋之祖家也東北接佛朗機西北臨海

佛朗機又名佛蘭西又名倘蘭西北接荷蘭東接那嗎東南臨海

那嗎天主國王之國也北接黃旗東臨海

荷蘭嘎喇吧之祖家也北與英圭黎隔海對峙

黃旗南接那嗎民哰呻西與英圭黎隔海對峙

吝因南接黄旗西南與英圭黎隔海對峙
英吉利一國懸三島於荷蘭三國之外海其人碧眸赭毛身長而
心細巧凡製作皆堅緻而有巧思精於火砲究勘天文地理土產
生銀哆囉呢羽毛緞嗶叽玻璃等以上大西洋各國統稱紅毛

舟車所至

封舟圖

康熙五十八年歲次己亥冊封琉球國正使翰林院檢討海 寶

副使翰林院編修徐葆光

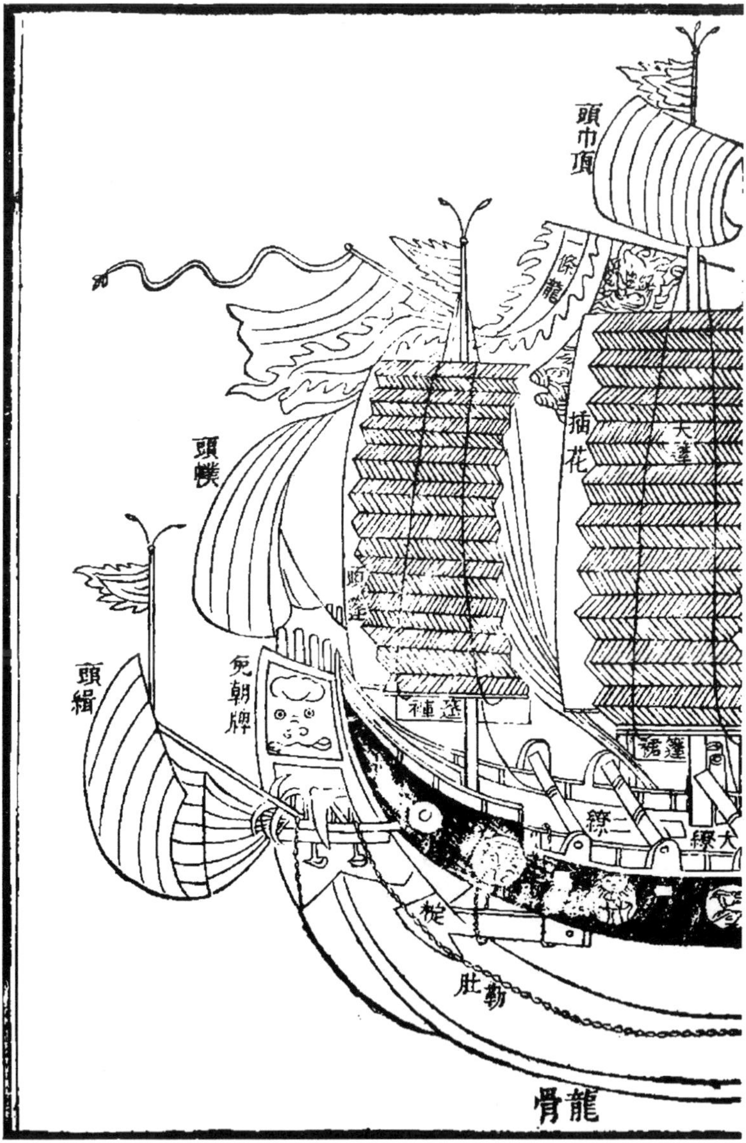
頭巾頂
一條龍
插花
大篷
頭幞
頭緝
頭篷
兔朝牌
送褲
篷裙
二繚
大繚
舵
勒肚
龍骨

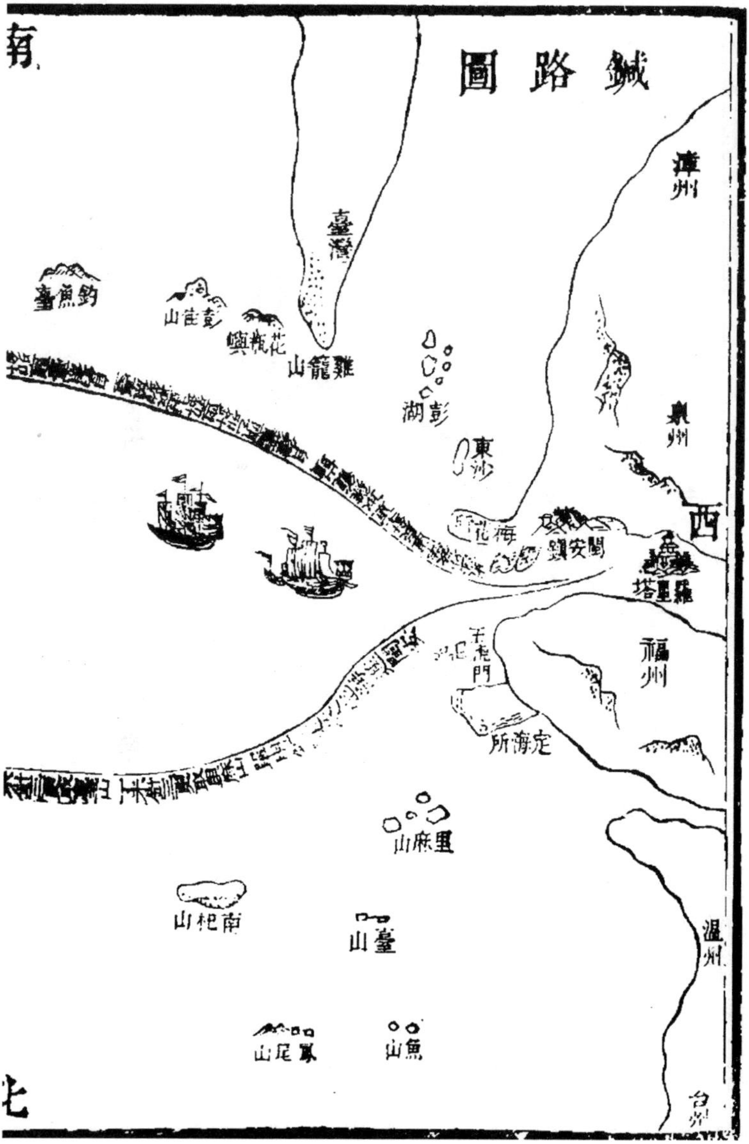
鍼路圖
東
西
南
北
漳州
泉州
福州
溫州
台州
臺灣
釣魚臺
彭佳山
花瓶嶼
雞籠山
彭湖
東沙
梅花所
閩安鎮
羅星塔
五虎門
定海所
里麻山
南杞山
臺山
鳳尾山
魚山

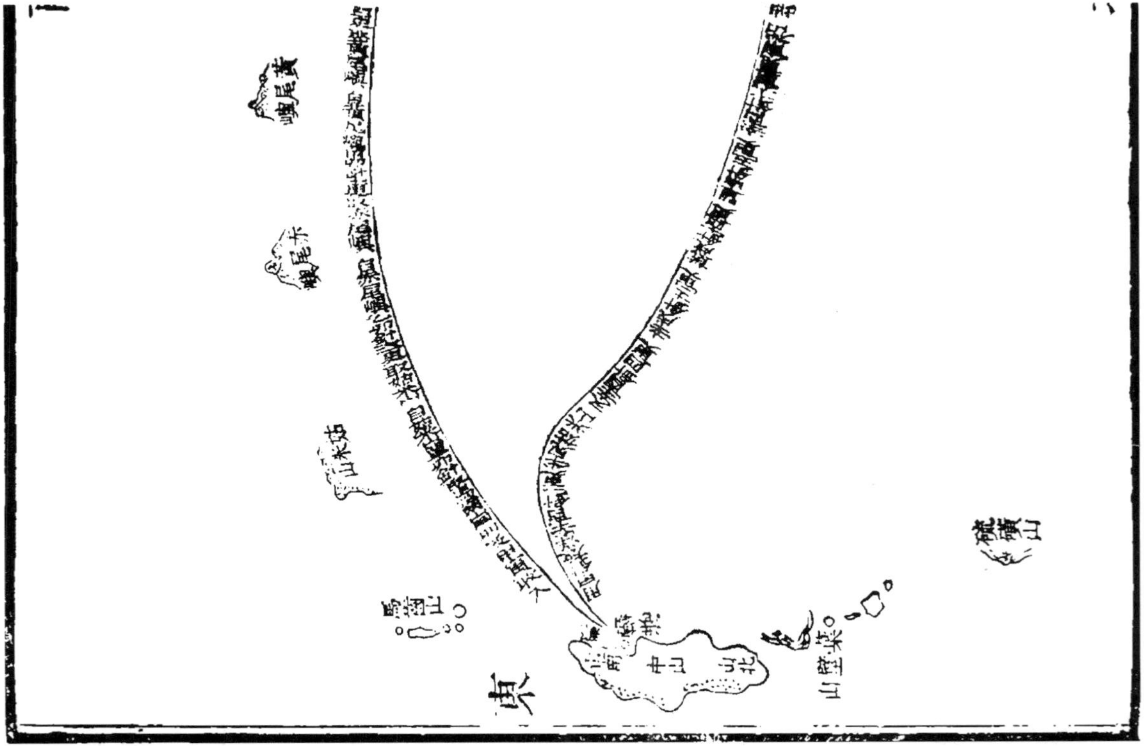
黄尾嶼
赤尾嶼
姑米山
中山
東

玻璃漏

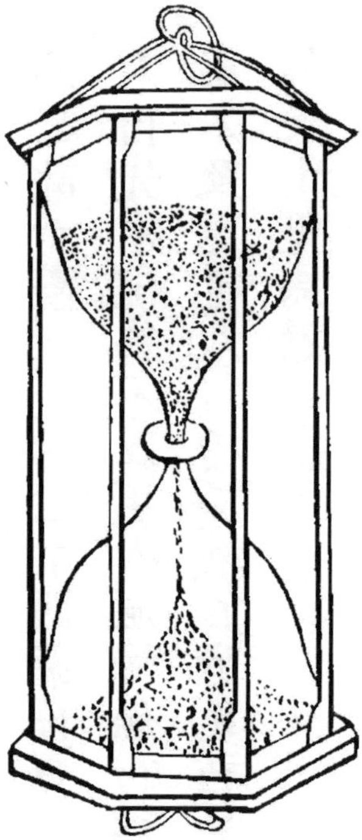

鍼盤

更 定更法

海中船行里數皆以更計或云百里爲一更或云六十里爲一更或云分晝夜爲十更今問海舶夥長皆云六十里之說爲近

舊錄云以木杭從船頭投海中人疾趨至梢人杭同至謂之合更人行先於杭爲不及更人行後於杭爲過更今西洋船用玻璃漏定更簡而易曉細口大腹玻璃瓶兩枚一枚盛沙滿之兩口上下對合通一線以過沙懸鍼盤上沙過盡爲一漏卽倒轉懸之計一晝一夜約二十四漏每更船六十里約二漏半有零人行先木杭爲不及更者風慢船行緩雖及漏刻尚無六十里爲不及更也人行後於杭爲過更者風疾船行速當及漏刻已踰六十里爲過更也

舟車所至

中山傳信錄　摘錄吳江徐葆光原本

琉球國

琉球中山一島東西闊狹不等約數十里南北四百四十里在福州正東偏南三里北極出地二十六度二分三釐其海口曰那霸與福州五虎門對峙海面東西相去八度三十分計直徑一千七百里舟行由閩安鎮出五虎門向東傍南面東沙雞籠山臺灣北盡處花瓶嶼彭家山釣魚臺黃尾赤尾嶼姑米山馬齒山收入那霸港計四十更每更六十里及回出那霸港認南面姑米山轉向西北䙡鍼盤記更數北傍南杞山屬浙江溫州及臺山里麻山收入福州定海計五十更所屬三十六島皆在汪洋浩渺之

中統計亦祇一小國貧而且弱（東海口語以貨之粗下者稱琉球）惟其觀光上國
歲時來貢至傳世易主每請　廷命敕封故使臣奉敕蒞其邦行
封中山王禮

海行日記

康熙五十八年五月十日使臣徐葆光（正使臣海寶）承　命賚　詔敕
至南臺（福州南門外大馬頭）
十五日祭江取水
二十日升舟適風轉西南未初起椗（取巨木製如个字式以代鐵貓）至怡山院
二十一日西南風日中至管頭出金牌門未過黃蝦鼻下椗
二十二日丁未風過梅花頭午乘潮出五虎門放洋過官塘尾日

入至進士門夜九漏接封陪臣陳其湘率其國夥長用乙辰鍼

二十三日日出見東湧在船後用乙卯鍼約離官塘八更餘

二十四日丁午風仍用乙卯鍼將午過米糠洋海水碧徹如藍細黃沙如涎沫連亙水面如米糠見鼉魚拜水日將入有大鳥二來集於檣夜風益利當見雞籠山花瓶棉花等嶼而皆不見

二十五日丁未風輕用單乙鍼不知舟已落北

二十六日正南風日中風靜縋水無底轉丙午風旋又靜日入風微起至四漏轉丁午風

二十七日將午風靜船停有大沙魚二見船左右日入風起二漏轉丁風用乙辰鍼天明應見釣魚臺黃赤尾等嶼皆不見

二十八日不用接封陪臣主張本船夥長林某改用乙辰鍼日未中鴉班上檣見山一點在乙位約去四更餘水面小黑魚點點接風陪臣云此出姑米山名壘魚或所見即姑米也

二十九日日出見東北小山六點陪臣云此葉壁山也在國西北始悟船東北下若非西北風不能收那霸港也時水艙將竭日中禱於神風漸轉子癸陪臣大喜乃東南行指一小山云此名讀谷山由此迤轉即入港矣琉球潮汛云比福建晚三時然晝夜循環或者早三時也

六月初一日日未出遂入港行海中凡七晝八夜云

封舟到港中山王迎接天使就館天妃宮行香諭祭中山先王廟冊封中山王中山王肆館一切儀注俱不錄

宴有七諭宴封王宴中秋宴重陽宴拜辭宴餞別宴望舟宴一切儀注亦不錄

使事已畢守風信看天色擅重乃回

康熙五十九年二月十六日封舟自那覇開洋用小船百餘引

出港口琉球官民求岸送者數千人是日晴明南風送颿乾亥鍼

四更過馬齒等山海水蒼黑色日入見姑米山一點夜轉西南風

有力頭巾頂索連斷三次

十七日日出龍二見於船左右水沸立一二丈日入夜月至明

十八日用乾戌鍼日入風有力夜月至明

十九日南風不定日入夜月至明

二十日海水見綠色大雨

二十一日日出大霧風不定船行緩不上更縋水四十八托有鳥來集於檣風轉東大順

二十二日晴大寒有燕二來集檣上縋水四十托夜雨大霧

二十三日日出霧大雨無風縋水三十二托日晡風起夜雨大寒

二十四日至魚山見鳳尾山（並屬台州）日入至鳳尾山下椗

二十五日無風舟泊夜雨有數小舟來伺警至明

二十六日日出東北風起椗行大雷雨有旋風轉篷日入見南杞

二十七日晴見盤山縋水十四托日入至臺山下椗夜十八漏又起椗明見南北関（二號船先一日過関）

二十八日風無力泊七星山縋水九托夜颶作椗走用乙辰鍼行

七漏加副椗泊船

二十九日日出至霜山日晡與二號船齊至定海所琉球謝恩船先一日到相次泊

三十日東北風乘潮三船雁次進五虎門日中至怡山院凡十四晝夜云

臣葆光按册封之役有紀錄者自前明嘉靖中陳侃至康熙二十一年汪楫等凡七次封舟折桅漂柁危險備至今奉皇上威靈海神效順上下數百人安行而回至于顛仆嘔逆小小困頓海船之常也（夏至以後西南風便宜乘以往 冬至以後東北風便宜乘之回）

嘉靖十三年陳侃十八日至琉球（五月）七日回福州（九月）

嘉靖四十一年郭如霖十一日至琉球五月十一日回福州十月

萬歷八年蕭崇業十四日至琉球五月九日回福州十月

萬歷三十三年夏子陽八日至琉球五月十一日回福州十月

崇禎六年杜三策九日至琉球六月十一日回福州十一月

康熙二年張學禮十九日至琉球六月十一日回福州十一月

康熙二十二年汪楫三日至琉球六月十一日回福州十一月

風俗

正月十六日男婦俱拜墓　女子於歲初皆擊毬爲戲又有板舞橫巨板於木樁上兩頭下空二三尺二女對立板兩頭乘勢一起一落不傾跌也

二月國中同日祭麥神此日不作女紅男不事田野

三月三日上巳家作艾糕相餉遺官民皆海濱禊飲又拜節相往來　此月中同日又祭麥神
五月五日龍舟競渡國中亦拜節　此月稻穗祭選吉祭稻神
六月稻大祭選吉祭稻神　又有六月節蒸糯米爲飯家家相餉
　此月有月之夜士民皆拔河爭勝
七月十五日盂祭祀先預於十三日夜家家列火炬二於大門外以迎祖神十五日盂祭後送神
八月家家拜月又二十三日焚香坐待月出則拜謂可益壽延禧
　白露節先後三日男女皆閉戶不事事名守天孫　同日蒸糯米糕赤小豆爲飯相餉

十二月遇庚子庚午日通國皆作糯米糕欆葉包裹相餉曰鬼餅以此祭鬼亦驅儺禳疫之意　二十四日送竈次年正月初五日始迎竈　每月朔望家家婦女取瓶罌至砲臺汲新潮水歸獻竈神或獻天妃前石神凡叢祀之所皆設巨石許愿酬愿悉陳牲醴於石前不設神像

正三五九此四月國人名爲吉月婦女相率至沿海拜水神祈福

通國平民死葬皆用棺槨官宦有力之家儀物仿家禮有詳畧會葬者皆以白蕉衫棺制比中國畧小板厚不過一寸長四尺五寸墓壘以石貴家磨石方整亦建拜臺

食男女不同器與客會飲不各設具一桮傳飲雙筯同用今其貴官悉效中國制矣

屋宇皆不甚高爲避海風地用板擱高必三四尺以避地溼民屋每間瓦脊四出如亭子瓦用瓪瓦極堅厚以禦颶也圍墻用蠣石壘成磨削堅整門窗皆無戶樞上下限刻雙溝左右推移啟閉壁無粉墁用板糊以各色粉箋懸畫軸　庭院設小山石樹黃楊烏木松檜之類剪束層層有致或畜池魚立小石上植鐵蕉小木爲玩

女集爲市（向在天妃宮前今在沿海坡上）早晚兩集不雜男子所市惟魚蝦番薯豆腐木器磁碟陶器木梳草履等粗下之物仕宦家多不入市貨物無肩擔者大小累重皆戴於首

市中交易無銀用寬永通寶錢其小錢如鐵絲圈貫不及三四寸

重不逾兩每千值國銀二分二釐

轎惟國王彷中國制八人或十六人擡之其餘皆兩人肩輿矮小如籠高不逾三尺席底趺坐頂加扛木一根不知其中有人也

月令

正月　桃夭（碧桃絳桃櫻桃俱於是月開）　長春始榮（四季開此月尤盛）　蠶豆食新（與中國無異形畧長如棗元旦食新爲百果先）

鶯舌有簧　蛇出於穴　始電　雷乃發聲　枇杷熟

二月　木筆書空　海棠紅　棠棣花　春菊有芳（百合麗春花俱於此月開）

月橘子紅（月橘一名十里香花六月開子紅纍纍至此月滿樹）　萍始生　田豆收　蟋蟀鳴　蟄龍出於海

三月　粟蘭香　石竹花玫瑰薔薇罌粟藤羅俱於此月開　紫蘇生　諸豆畢

種　王瓜登於市　麥乃秋　虹始見

四月　梯姑紅樹高十餘丈花如木筆攢生榴葵萱花金錢花杜若鳳仙皆於此月開　鐵錢花開

甘露見於蕉芭蕉此月結實名甘露　山丹吐燄　蔗田熟楊梅亦於此月熟

青瓜出　竹笋抽林　螳螂生蜻蜓亦生此月　蜩鳴　鴉養羞　蚯蚓

出　螻蛄鳴　烏鳳來小鳥名又有鳥名古哈會亦於此月來

五月　刺牡丹開　右納花花與秋葵無異木本高三四丈　月橘花色白如雪香聞十里

夏菊開茉莉梔子木蘭俱於此月開　蓮有花　莧菜秀　桃有實榴亦於此月實

蕺菜生　豇豆出　草不腐爲螢　颶母時怒

六月　佛桑燒空三月開直至冬此月尤盛　掛蘭香蕙亦於此月花　桔梗花　決

明開　禾畢登於場　綠豆收　鹿入水爲魚沙魚躍岸化爲鹿鹿畏熱以舌咂水亦化爲沙魚

七月　木蘭再芳海棠玉簪俱於此月開　棉花收　龍眼圓　玄鳥來燕至此月始來　寒蟬鳴　刀豆出絲瓜亦於此月出　野菊秀如中國青囊生滿田中　毛魚陣於水此月朔前後五日與八月朔前後五日毛魚排隊成陣他月不然

八月　木芙蓉花桂亦於此月著　容蔬至鳥名又有鳥名恨煞亦於此月來　赤小豆收

九月　梅始華　戊土實菓名古把梯斯形如青菓而區閩中亦有之名戊土　柿紫　霜乃降　海鷹來國無鷹此月東北風起自日本飄來　大豆收　麥種下　雷始收聲或至冬不收聲時有之　田野畢墾　麻石求子來鳥名綠翅白眉　蛇爲暴此月

蛇出傷人立斃

十月　綠秧出於水　橘實　田豆下種　鐵樹有花　蛇乃蟄

虹藏不見　松露入土化爲菌松露滴入土中此月化爲菌色白出牛糞中者灰色不可食

紙鳶升　石求讀來鳥名又有鳥名莫讀史與伊石求子皆於此月來

十一月　水仙開　寒菊花　枸杞紅　蚯蚓鳴　美人蕉紅

野有黃花如中國蒲公英開徧山蹊中　大雨時行

十二月　佛手指空　綠鳩至　蟄蟲不俯　蚊不收聲　無冰

物產

中山氣候多暖少寒霜雪希降無冰草木常青土產所有同中國者祇標其名若異產則詳其形狀花卉并記其開時如後

穀則六米三麥咸備菽有綠豆赤豆黑豆白豆大豆即中國黃小豆特小耳豆　異產有番薯在處皆有種沙土蔓生人以爲糧家種芭蕉數十本縷絲織爲蕉布男女冬夏皆衣之明冊使蕭崇業夏子陽舊錄云土不植棉地不宜茶今亦閒有之但不甚蕃殖云

蔬有白菜芥菜波菜香菜蘿蔔絲瓜冬瓜茄子刀豆蠶豆芋葱蒜韭薑胡椒薤芹薺蕨瓠茭荽茼菜茼蒿香菰紫菜松木耳石花菜

異產有海帶菜女蔘辣蕎茯苓菜蕃菜又有松露

松露菌類九十月生松下土中色白味鮮美　海帶生海中一名昆布　紅菜類石花菜而少匾生海灘

木有松栢檜杉榕樟梔柳槐棕櫚黃楊梧桐甚少　異產有樫木福木等後錄

樫木　一名羅漢杉葉短厚三稜與中國羅漢松同木理堅賦國中造屋樑柱皆用之諸島皆有出奇界者尤良

福木　葉如冬青特大可染綠色樹直上長丈餘開黃花實如橘可食

鐵樹　即鳳尾蕉映日中心一線虛明無影

呀喇菩　二葉似福木白花似梅十一月實與上同稱君子樹

油樹　實如橘不可食用以榨油

福滿木　樹高數尺子紅色纍纍可食

山米　樹高丈餘子纍纍如女貞子甘酸可食亦可染物作青蓮色

古巴梯斯　樹高二三丈葉如柿花五桠八九月實如青果而匾味香甘

紅木

烏木　葉似桂木質黑色然亦有白理者

右納　樹高三四丈葉似白桐夏季開花如秋葵黃瓣檀心

地分木　高五六丈葉似榖小白花叢生冬月開有毒可藥魚

月橘　高丈餘五六月開小白花甚芬烈名十里香紅子滿樹如天竺

梯姑　樹高七八丈葉如柿作品字形四月花如紫木筆每幹數十朵

悉達慈姑　高丈許子藍色纍纍如葡萄不可食

花有梅桃杏桂木蘭木蓮水芙蓉紅櫻雪球山茶安石榴杜鵑花大倍中土佛桑山丹數十朶攢生比中土特大有成樹丈餘者菊茉莉海棠長春水仙剪秋羅月季薔薇千日紅杜若菖蒲百合葵雞冠萱石竹仙人掌雁來紅藤 異產有名護蘭風蘭等

名護蘭 葉短厚三四月花一箭八九朶香清越巖石間不假水土或寄樹椏生或以棕皮懸掛之

風蘭 葉較長香如山柰茴香茂竹爲盆懸掛風前極易蕃衍俗皆尚蘭號爲孔子花

粟蘭 一名芷蘭葉如鳳尾花如珍珠蘭

松蘭 竹蘭 野蘭 即中土青蘘 棒蘭 無葉綠色如珊瑚樹花從椏間出似蘭較小 野海棠 仙人竽 箐桃

吉姑羅 一名火鳳人家墻上多植之以辟火花紅黃似菊名福祿木

野牡丹 花葉如牡丹不異二三月花開纍纍如鈴鐸素瓣紫暈檀心如碗大極芳烈其葉嚼之以爲口香

文萱花花如萱而小葉有青白相間紋　山蘇花無花無幹出土長不及尺葉如蕉而小堅厚有紋

番山花葉如鐵梗海棠花如牽牛差小鴉翠色四五月開結苞如榴房藏子數十粒可種

果有藕蔗西瓜青瓜木瓜橘數品香橙金柑佛手荔枝龍眼葡萄櫻桃楊梅覆盆子栗柿核桃枇杷梅小如龍眼　異產有蕉實等

蕉實芭蕉結實如手五六指並垂久而成熟食之如薯而甘　櫧子如橡栗而小山中處處有之

阿呾呢葉旁有刺長成林連蔓堅利可爲藩葉可造蓆根可造紫開花者爲男未花白若蓮瓣合尖左右迸疊十餘朶直上五椏葉露如杖長數寸芳烈如橘花無花結實者爲女木實大如瓜膚紋起釘皆六稜可食云郎波羅密別種粵東亦有之名鳳梨

竹有苦竹貓竹虎斑竹鳳竹竿竹箭竹烏竹大竿竹矢竹竻竹

異產有觀音竹

觀音竹著地叢生葉長尺闊三四寸紫色

獸有牛馬羊豕犬貓鹿猿山豬無虎兎獐明一統志言其有熊羆豺狠今考皆無之

禽有雞鴨鵞烏鴿家畜也雀鷺鷗鳬鵯班鳩綠鳩十二月野鳩鶉鵪俗呼神鳥雉鸛鴿杜鵑鴛鴦燕七月來不巢人屋鷹九月東北風從外島來雁鶴並稀見之異

畜有太和雞異鳥有古哈曾等

太和鷄小於常鷄短足長尾

古哈曾金黃毛羽長嘴短尾四月鳴　麻石翅羽綠色白眉九月來　伊石求子似麻石

烏鳳一名王母烏四月來　恨煞毛羽似鷹差小八月來　容蓝翅灰褐色黑頭八月來

石求讀毛羽似雀十月來春乃鳴　莫讀史綠羽十月來

蟲有鼠蝙蝠蝎虎即守宮作聲如雀冬夏皆然　蜥蜴生水池中紅腹背有金光　蛇九月最毒傷人立斃

蛟蝹生皆冬蟻腹亮如水晶　蟻䖝之有點水

鱗族有鮫鯉鮒鰻鰍蝦金魚銀縷魚　異產有毛魚燕魚等　其綠色紅色綠鱗紅章五彩相間或圓或長者不可勝數皆無名若海魚生切片黑夜皆明透有光如熱河夜明木

毛魚細小外視如腐咀嚼有味閩人以爲珍品七月朔八月朔前後各五日於海中排陣出他月則否

鰔魚頭戴鰔形亦名鱵　靴魚頭長如靴　燕魚有翼能飛古名鰩俗呼飛魚

佳蘇魚腊黑鰻魚肉形長五六寸如梭出久高者良食法浸温水包蕉葉火煨薄片之三四相連如蘭花漬淸醬可口

介族有龜黿鼈　異產有玳瑁等

玳瑁甲如龜鼈首尾形少尖頭帶淡紅色　海馬馬首魚身無鱗肉如豕頗難得得則先以獻王

石鮔首圓下生入手無鱗土人皆以入饌　蟳肉最佳味如蟹而性温

蟹大小種類各異有小蟹五色爾螯左大右小小以取食大以外禦色朱紅名照火　螺中者名寄生

海膽背刺如猬蠕蠕徐行咻如蝦蟳

螺五色璀璨形狀詭異蟑螯大如盤國人以爲盎爲戽樞爲釜皆是

壁虎螺螺殼上生五六瓜名壁虎螺

蚢螺殼尖出如蚢生刺滿之

貝內朱紫外白或玳瑁斑

龍頭蝦大一二尺形似龍時以供饌

石類大如屋小如拳皆極嵌空玲瓏有致惟磨刀石甚堅膩以爲礪勝中土者故世以充貢

海松生海瓲石上大者二三尺枝葉纖細似側栢鮮豔如火氣腥甚其根蟠石罅儼然似木實石質也生馬齒山者良紅色不郎㮰

雞冠石拳石殷紅蜂窠細眼滿之如雞冠花頭亦生海底惟馬齒山漁人能泅深水得之

石芝大者如盆小者如盞如菊靈壁羊肚俱不足道亦生深水出水久之腥漸退然脆折故不貴

琉球三十六島

琉球屬島三十六海程南北三千里東西六百里遠近環列各島語言惟姑米葉壁與中山爲近餘不相通皆設監撫使人（歲易）聽其獄訟徵其賦稅小島各一員馬齒二員太平山八重山大島（稱爲小琉球）各三員惟巴麻伊計椅山硫磺山四島不另設員諸島文字皆奉中山國書購蓄中國書籍漸通中國文義

東四島

姑達佳（譯爲久高）去中山百四十五里產赤秔米黃小米海帶龍蝦五色魚佳蘇魚（黑鰻大者長八九尺圍尺割其肉爲腊）螺石

津奇奴去中山三十五里

巴麻（南北二島）去中山三十五里

伊計去中山三十五里

正西三島

馬齒二山去中山百三十里東馬齒山大小五島產牛馬粟布文貝螺

怪石西馬齒山大小四島西尤磽瘠罪人多流此人黑色善漁泅水久

久乃出能取水底海松產此者色久不退爲佳山多鹿近姑米有姑巴汛麻山亦多鹿無人居

姑米山在馬齒山西去中山四百八十里山形雄拔產五穀及土棉繭

細白紙蠟燭螺魚有墨魚細小山多雞豚牛馬

西北五島

度那奇山近姑米多牛

安根岷山亦近姑米產鐵樹獨艮多豕

椅山在中山北山之蹋小石山也四圍淺沙有稻田產黍稷豆麥民頗饒富

葉壁山去中山三百里產米最佳及麥稷豆梁棉花蕉絲海膽毛魚中有一山宛轉如龍中山王尚圓祖塋在焉

硫磺山去中山三百五十里與姑米南北相峙山無草木置採硫磺戶四十餘家其人受硫氣蒸灼目皆如羊附近有灰堆山尤家埠移山島

東北八島

由論去中山五百里產芭蕉結實多樫木

永良部去中山五百五十里

度姑去中山六百里

由呂在度姑東北三十八里

島奇奴在度姑東北四十里

佳奇呂麻去中山七百七十一里

大島在度姑東北去中山八百里其島長百三十里分屬二百餘村島有四書五經唐詩等書稱小琉球大酋長十二員小酋長一百六十餘員產米粟麥豆薯木棉芭蕉紅櫻黑櫻櫨子可榨油羅漢松木郎樫桑竹牛馬羊犬豬雞野產野豬兎鴛鴦雁鷺鷹野鴨鷺青鳩雀鴉無鵲海瓜蠌類草鱧魚櫧子燒酒米肌黑糖蘇鐵　有清水山菊花山永明山島北一里有大石如圓柱廣一里名赤瀨無人居

奇界去中山九百里人多黑色產樫木炭

南七島

太平山去中山二千里周圍五六十里頗富饒產五穀牛馬棉布

蘇布草蓆紅酒（名太平酒）

伊奇蘇（在太平山東南）

伊良保（在太平山西南）

姑李麻（在太平山正西）

達喇麻（在太平山正西）

面那（在太平山西南）

烏葛彌（在太平山西北）

西南九島

八重山（在太平山西南四十里）去中山二千四百里多樫木及黑黃赤等木

產牛馬螺石蘇布棉布海參紅酒名密林酒五穀磚磲玳瑁珊瑚羊肚石松紋石海芝海松海栢每年五六月與太平山貢於中山

烏巴麻在八重山西南

巴度麻在八重山西南

由那姑呢在八重山西南以上四島皆近臺灣

姑彌在八重山西較他島爲大

達奇度奴在八重山西姑彌東

姑昌世麻在八重山西少北

阿喇姑斯古在八重山西

巴梯呂麻在八重山西北以上八島俱屬八重山

頒賜國王

蟒緞二疋　青綵緞三疋　藍綵緞三疋

藍素緞三疋　閃緞二疋　衣素二疋

錦三疋　紗四疋　羅四疋

紬四疋

頒賜妃

青綵緞二疋　藍綵緞二疋　妝緞一疋

藍素緞二疋　閃緞一疋　衣素二疋

錦二疋　紗四疋　羅四疋

康熙五十七年八月　日

謝封貢物

金鶴二（銀座全） 盔甲一副（護手護臁全） 金靶鞘腰刀二 銀靶鞘腰刀二 黑漆靶鞘鍍金銅結束腰刀二十 黑漆靶鞘鍍金銅結束衮刀十 黑漆灑金馬鞍一（鐙轡全） 金絲畫圍屏四扇五百 土綿二百 紋蕉布二百 土紵布一百 白鋼錫五百觔 紅銅五百觔

舊例有胡椒今以白鋼錫代之

其常年貢物止於白錫一千觔 紅銅三千觔 硫磺一萬二千八百觔 硫磺納福建藩庫其餘貢使賚京

舟車所至

採硫日記

節錄武陵郁滄浪原本

康熙三十五年冬榕城福州府藥庫失火燒硝磺火藥五十餘萬奉旨責償典守者有幕賓郁滄浪承奉往臺郡雞籠淡水採辦有日記爲節其要錄之

三十六年正月戒裝與同人言君聖平王君森等七八人隨僕從同行

正月二十四日出福州府南門十里至南臺大橋雨宿邸舍

正月二十五日三十里渡烏龍江宿霧初收江光如練望海口羅星塔影如一針倒懸水中晚至坊口晤董君賛侯等亦偕行

正月二十六日度相思嶺

正月二十七日曉行晨光薄霭中午至浦尾輿夫以肩輿置小舟中舟人登岸持竹篙挽舟以行岸多老榕根株盤結離奇萬態有十餘樹排聯半里而仍屬一株者晚宿興化府

正月二十八日行見早麥已秀風過成浪若江浙四月然

正月二十九日渡洛陽橋至泉州府晚宿郡城

二月初一日宿沙溪

二月初二日四十里劉五店即五通渡也渡口支海廣十餘里登舟飈風驟至巨浪如山帆掠水三尺傾斜欲覆浪入舟來衣冠盡溼抵岸即厦門地復行三十里抵水仙宫漏下已二十刻旅舍甚

隘坐神廟待曉矣日假水師禪將公署館焉覓舟渡海值大風不
發聞萬石虎溪二巖爲廈門山水之勝且偕董王各君往游
二月初三日至萬石巖巨石林立鼓斜合沓若連楹複室而迴環
曲折一徑可通傴仄處傴僂匍匐俯首側體然後可過瀑流淙淙
時沸㵎袂洞中宏厰有石几可憑清泉可濯陳殽核歡飲竟日返
一灣桂影掛林梢矣
二月初四日至虎溪巖登其巔巨石大可一二畝高十餘丈團圓
似鼓曲磴緣石旁可登有巨石斜覆石上壁立插漢與萬石巖各
擅其奇然兩巖石皆非峭削峯巒其小如峯大如屋率皆圓鈍郎
層疊而上望之亦如累卵耳廈門一島孤懸海中周二三百里步

步皆石而石皆卵形也

二月十六日風暫止登舟急雨驟至雨過風橫海船在巨浪中搖曳震蕩三晝夜登舷望港口左爲廈門支山右爲海澄縣古浪嶼山兩山對峙蜿蜒入海盡處有小山矗起中流云大旦門也

二月十九日風息波平同人已多委頓大嘔之餘咸伏艎底舟人伐鼓鳴鉦起椗揚帆行約二十里抵大旦門同行凡十二船皆依山泊宿

二月二十日無風舟停往歲李君蓉洲自臺回省舟在洋無風水平如鏡清澈見底十有七日尺寸不移

二月二十一日黎明出大旦門一望蒼茫淼無涯涘十二船參差並進本應向東南因風微姑向北暫泊遼羅金門支山也去大旦門已

七八十里矣夜初更風漸作夜半渡紅水溝
二月二十二日平旦渡黑水溝此溝最險水望南流海水正碧此溝獨黑水深則黑勢又稍窳故謂之溝廣約百里波流迅駛往入落漈時覺腥穢襲人又有紅黑間道蛇繞船游泳舟師時以紙錢投之渡溝良久舟師告望見澎湖矣登鷄尾眺見天水相連處有一抹如綫頃之漸近午至澎湖之媽祖澳卽天妃澳有副將統兵二千鎭守又有巡檢駐鎭管港有城港口相去僅十餘丈風逆帆輾轉爲難比入已暮
二月二十三日乘三板腳船也大舟不得近岸凡起岸例必用三板開船則拽上大船載之登岸岸高不及丈浮沙沒脛草木不生澎湖凡六十四島斷續不相聯屬彼此相望悉在煙波縹緲間遠者或不克見近者亦非舟莫達居

民多寡依島大小悉以魚爲糧米雖升斗必仰給臺郡沙磧不堪樹藝也人居沙上潮至輒入室中官署不免歸舟見漁者持蠏二枚赤質白文厥狀甚異又鯊魚一尾重四五觔猶活甚庖人剖之其腹躍出小鯊七尾投水攸然去蓋鯊實胎生也申刻舟人駕三板登岸汲水初更黑雲四布同人言海中黑夜擊水能視試一擊而水光飛濺如明珠十斛傾撒水面晶光熒熒良久始滅亦奇觀矣夜半微風舟師理舵欲發

二月二十四日晨起視海水自深碧轉爲淡黑回望澎湖諸島猶隱見可覩頃之漸沒而前望臺地諸山又在隱見間矣水色漸淡藍轉而爲白而臺地山巒畢呈目前矣近岸皆淺沙鐵板沙也上

多漁舍有小艇往來不絕鹿耳門是兩面沙角環合處門廣里許似無甚奇險門內轉大有鎮道海防盤詰出入舟人下椗候驗久之風大作鼓浪如潮旣入鹿耳又迂迴二三十里至安平城下復橫渡至赤嵌城日已晡鹿耳門內外甚淺皆鐵板沙中通一綫插竹爲招子舟人懸柁迂迴若悞觸淺沙舟必立碎畱宿舟中

二月二十五日覓小舟登岸近岸水益淺又易牛車牽挽以登詣臺邑二尹蔣君所下榻計自大旦門至此凡四晝夜海洋無道里分晝夜爲十更自大旦七更至澎湖又四更至臺郡風順則易風逆則難常有已抵鹿耳門風忽逆不得入又不可泊只得仍返澎湖若黑夜莫辨竟又返廈門者有之同行十二舟有遲逾十日始

至者蓋海風無定同日同行又同水道往往此順彼逆禍福攸分余以連日震蕩頭岑岑然雖安處猶如在波濤越二日始謁客臺灣一島土番無文字故前事無記載人如鳥獸故又無遺老可詢惟前明崇正間熊文燦撫閩値大旱鄭芝龍爲謀招飢民數萬渡海開墾人給銀三兩三人給牛一頭厥土上上旋爲紅毛荷蘭所據　本朝順治十八年芝龍子成功自京口敗歸謀取故業連檣並進適海水驟漲舟不膠淺直低安平城下（安平城在七鯤身赤嵌城在府治外沿海二城彷彿西洋所畫屋室周廣不過十畝所以駕火礮防水口非有埤堄闉闍如中國城郭以居民人者也）城堅不受礮截其水道上流三日而紅毛敗逃成功遂據臺地康熙元年成功死子經立二十年經又死經子克塽立年甫十四總督姚公

啟聖設反間與提督施公先後進討二十二年六月二十二日下澎湖十月克壕降設一道一府四縣自海至山廣不過四五十里自鳳山南砂馬磯頭至諸羅縣（後乾隆五十三年改嘉義縣）北雞籠山袤長且二千七八百里為沿海一綫面西臨大海背東（東邊山內皆野番不與外通人莫能入）皆平壤沃土（土性溼則堅下連鐵板砂乾則輕因風揚塵蔽天）宜種植有種必蕃天氣四時皆夏恆苦鬱蒸遇雨卽涼如秋比歲漸寒冬月亦有衣裘者霜霰則無有也

郡城街衢寬廣以一析三中通車行傍列市肆彷彿京師大街但市廛隘陋耳市用番錢銀幣也圓長不一式上印番花實九三色臺人非此不用予庫帑紋銀反璧額不受也

海上颶風時作然有常期前後所爽不過三日颶之尤甚曰颱必與大雨同至拔木壞垣飄瓦裂石舟雖泊澳常至虀粉

地不產馬雖設兵及萬營馬不滿十匹比戶多畜牛食蔗梢不費芻菽文武各官正印悉用肩輿其餘騎黃犢凡載物及適遠純用犢車

漢人婦女亦少弓足間有纏三尺布者便稱麗都

沃土宜稻米粒有大如豆者廣產餹蔗雜糧芝蔴等物隨種必穫佳果有番樣讀作蒜黃梨香果波羅密皆內地所無但過海即敗不得來內地荔枝酸澀龍眼似佳然皆絕少市不多見楊梅如豆桃李澀口不足珍番石榴氣味皆惡蕉子冷沁心脾膩齒不快又產

於冬月尤見違時梹榔似羊棗力薄殊遜滇粵椰子破之可爲器中有椰酒盈椀余愛此二樹獨榦無枝亭亭自立葉如鳳羽偃蓋婆娑窗前植之差亦不惡

瓜蔬悉同內地西瓜盛於冬月元旦啖之

郡治多竹只一種節節生刺一望猗猗

花之木本者曰番花葉似枇杷枝必三义𦡀腫而脆開白花五瓣心紅黃香如梔子其香宜風送暫聞近之則惡矣自四月至十月開不止冬亦不耐寒并葉俱盡

草花有番茉莉一朶千瓣似菊旣放可得三日觀不似內地茉莉暮開晨落然香則少遜焉

附錄竹枝詞

鐵板沙連七鯤身南來沙岡凡七峯蜿蜒海中如貫珠雜卉被阜望之蒼鬱鯤身激浪海天昏鐵板沙堅牛車千百日行水中曾無軌跡舟泊其上風潮掀擲底立碎任教巨船難輕犯天險生成鹿耳門

雪浪排空小艇橫紅毛城勢獨崢嶸即安平城渡頭更上牛車坐沙堅水淺小艇尚難達岸必藉牛車挽之日暮還過赤嵌城赤嵌城在郡治海岸與紅毛城七鯤身隔海對峙渡船往來絡繹皆在二城之間

編竹為垣取次增衙參清暇冷如冰風聲撼醒三更夢帳底斜穿遠浦燈官署皆無牆垣插竹為籬遠浦燈光直入寢室

耳畔時聞軋軋聲牛車乘夜月中行夢迴幾度疑吹角更有牀

頭蝘蜓鳴（蝘蜓守宮也臺地守宮善鳴聲似黃雀）

蔗田萬頃碧萋萋一望蘢葱路欲迷綑載都來糖廍裏（以蔗煎糖所也）只留蔗葉餉羣犀（牛喜食蔗梢）

青葱大葉似枇杷臃腫枝頭著白花看到花心黃欲滴家家一樹倚籬笆

芭蕉幾樹植牆陰蕉子纍纍冷沁心（蕉實形似皂莢排偶而生一枝滿百可十觔性極寒）不爲臨池堪代紙因貪結子種成林

獨榦凌霄不作枝垂垂青子任紛披（檳榔樹無枝直上偏體龍鱗葉同鳳尾）摘來還共蔞根嚼贏得唇間盡染脂（子形似羊棗土人稱羊棗檳榔食必與蔞根蠣灰同嚼方不澀口食後唇爲之紅）

惡竹參差透碧霄叢生如棘任風搖那堪節節都生棘（此竹節節生刺插地即成根滋長）把臂林間血已漂

不是哀梨不是楂酸香滋味似甜瓜枇杷不見黃金果番樣何勞向客誇（番樣樹大子形如茄夏至乃熟臺人珍之）

肩披鬒髮耳垂璫粉面朱唇似女郎媽祖宮前鑼鼓鬧眯離唱出下南腔（土人稱天妃曰媽祖廟近赤嵌海泊多于此酬願以漳泉二郡爲下南下南腔亦閩中聲律之一種也）

臺灣西向盡汪洋東接層巒千里長一片平沙皆沃土誰爲長慮教耕桑

居臺兩月置辦一切如布（與番人易硫土）油與大鑊（用煉硫）餹（給工匠并浴體解硫毒）鋤（用挖土築基）刀斧（用伐薪薙草）鐵杓（用取硫汁于鑊）大小木桶秤尺斗等物計費

九百八十金覓兩巨舶載之郡守靳公名治陽號斗南司馬齊公名體物號誠菴
咸以淡水雞籠水土惡劣人至輒病多死者餘人亦爲余危余計
茲行役工匠番兒數百人不自往恐負人托惟知海道至險同人
王君等貪便安登舶余與顧君等從陸路隨行給役共五十五人
四月初七日行駕黃犢土番爲御見嘉木陰森屋宇完潔不減內
地村落此附近郡治之社故如此然其婦已被髮不褌
四月初八日行易車渡溪乘夜渡八掌等溪遲明抵諸羅山
四月初九日天曙渡牛跳等溪倦欲寐輒又驚覺見御車番兒皆
偏體雕青背爲鳥翼盤旋自腰至臍斜銳爲網罟纓絡兩臂各爲
人首斷脰猙獰可怖自腕至肋累鉄鐲數十道又有爲大耳者

四月初十日渡虎尾等溪車過平沙無軌跡似亦鐵板沙也而且水沙皆黑色以臺地山土如是也又渡一溪不溺者幾矣見番人文身愈多束髮爲三叉爲雙角插雉尾髻上迎風美觀又有三少婦共舂一婦頗有姿然裸體對客意色泰然

四月十一日至半線社主人指客甚恭具饌尤腆番婦多妍好

四月十二日車行大小積石蹭蹬殊困溪澗尤多番人狀貌轉陋

四月十三日渡大溪至牛駡社屋狹雨溼假番室設榻緣梯而登

四月十四日大雨午止聞海吼聲如錢塘怒潮至夜不息雨徵也

四月十五十六兩日皆雨前溪新漲不敢進

四月十七日霽陟山眺望荊莽樛結枝葉陰翳野猿作欵怒視修

蛇又出踝下怖而返

四月十八日大雨嵐氣濕衣有番婦墳首瘠體貌不類人舉手指畫若有所欲因採得食物與之社人急揮之去云是有邪術恐其祟人也

四月十九日晨霽南風甚橫念王君等兩船頗爲之憂

四月二十日風定聞水且高未可行涉

四月二十三日渡三溪衆番扶車濡水而過僅免没溺番人貌益陋變胷背雕青爲豹文男女皆剪髮覆額規樹皮爲冠番婦穴耳爲五孔嵌海螺文貝爲飾過番社皆空室勺水不可得自此而北略同

四月二十四日至後龍社忽見王君敝衣跣足泣告舟碎身溺云初泊鹿耳門候風至十八日始行風不利斜入黑水者再十九日喜得南風旋又太厲舵牙折者三風中蝴蝶千百繞船飛舞舟人以爲不祥旋風少緩有黑色小鳥集來驅之不去反呷呷向人若相告語者舟人咸謂大凶舟欲沉勉效海洋俗例划水仙（衆口齊作鉦鼓聲徒手作划勢如五日競渡者然）冀以免（凡洋中危急則爲之）及近岸舟碎泅水登陸回視原舟板斷木折沈白浪中矣

四月二十五日與王君共一車至中港社見一牛囚木籠中俯首跼足體不得展是野牛初就靮以此馴之郡中挽車強半是也三十餘里至王君舟壞處相對浩歎念大鑊與冶器當可出留王君

竹塹社尋覓余且復馳行八九十里至南嵌不見一人一屋無樹蔭就烈日下瓦釜爲炊途中麋鹿麔麚甚夥驅獫行獵獲三鹿焉

四月二十七日江水前阻廣五六里卽淡水港也山下臨江瀕堤爲淡水城與福州府閩安鎭東西相望海程七八更耳本有兵守因水土之惡入者輒死城盡荒蕪沿海北去百六七十里雞籠山也港口中流有雞心嶕海舶畏之停車欲渡有飛蟲億萬如雨驟至衣不能蔽徧體悉損見沙間一獨木舟名莽葛番舟也既渡有淡水社長張大磬折迎遂止其家視後船果已至云風横時亦有棄擲之物焉

五月初一日張大來告屋成

五月初二日乘海舶由淡水港溯流而上前兩山夾峙處曰甘荅

門甚隘入去忽濾為大湖渺無崖涘張大云此地高山四繞周廣
百餘里甲戌地動不巳陷為巨浸不三年耳指淺處竹樹梢尚出
水面也緣溪行十許里見築茅廬二十間依山面湖在茂草中張
大所成者也即為區畫一切而居
五月初五日王君自海岸馳至果得冶器七十二事及大鑊二具
又數日各社土官（凡二十三社）並至皆淡水總社統之土官有正副頭
目之分飲以燒酒食以餹丸又各給布丈餘皆忻然去明日衆番
男婦相繼以莽葛載硫土至布七尺易土一筐合二百七八十觔
土黃黑不一色質沉重有光芒以指撚之颯颯有聲者佳煉法搥
土如粉日曝極乾鑊中先入油十餘斤徐入乾土以大竹為十字

十

架兩人各持一端攪之油土相融頻頻加土加油至滿鑊約入土八九百觔時以鉄鍬取汁可得硫四五百觔否或一二百觔關鍵處雖在油而工人視火候似亦有微權焉

余問硫土所産番人指茅盧後山麓間明日拉顧君同往坐小舟二番兒操楫緣溪溪盡爲內北社起呼社人爲導勁茅高丈餘排而入炎日蒸暑一徑迤邐行二三里渡兩小溪入深林蓊翳蒙密老藤纏其上又有巨木裂土而出兩葉始蘖巳大十圍導人謂楠也楠之始生巳具全體歲久則堅終不加大與竹箏同理樹上禽聲耳所創聞惜不克睹前越峻坂五六值大溪廣四五丈水潺潺石間石皆作藍靛色云此水出硫穴沸泉也以一指試之果熱甚

躡巉石渡更進二三里林木忽斷草萎黃無生意覺履底甚熱見一山在前半麓白氣縷縷如雲上吐搖曳青嶂間云是硫穴也風至硫氣甚惡更進半里草木不生地熱如炙白氣縷縷從地底騰激而出沸珠噴濺地上尺許余攬衣即穴旁視之地岌岌動底下怒雷震撼令人心悸周廣約百畝如一大沸鑊余身實在鑊蓋上右旁巨石間一穴尤大登石瞰之穴中毒氣撲人急退見左旁一溪磬如倒峽即沸泉所出也尋舊路返衣染硫氣累日不散

居無何諸給役者十病八九庖人亦病執爨無人王君水底餘生復染危痢晝夜七八十行水漿不入余一榻之側病者環繞呻吟之聲若唱和深山大澤瘴癘所積炎日蒸人海風撼屋蛇鳴猿嘯

在在怖膽隔水有漁舍一夜矢從外入穿枕上布二十八札漁者倘未甦一矢再入貫臂急呼同侶逐之不獲視其矢則逐鹿物也又有社人被殺於途皆數日間事余草盧在無人之徑時見茂草中番人出入恆有戒心兼以社棍暗撓內地犯法姦民逃匿番地或謀充夥長通事熟悉番情番語播弄社務利番人之不識不知攫奪惟意且或誘而陷之是非爲之顛倒法令爲之阻礙味離不解辦公亦大不易

七月十五日炎暑漸退新涼襲人有役夫十二人自省中來越日病者七人旋且盡病爨烟遽絕

七月十九至二十一日大風拔木三晝夜草屋二十餘間圮過半上漏下溼終夜不能交睫

七月二十二日風雨益甚屋前草亭飛舞空中余屋三楹兩柱俱折冒雨自伐六樹支棟方憊甚而萬山奔流並下急呼三板渡諸病夫已往屋後深草中避水益至沒脛沒膝以及於胷不暇計屋中所有涉水行三四里勉得山巖番室暫避暮無從得食解身衣向番兒易隻雞充餒

七月二十三日風雨俱息棹莽葛登海船敝衣就日曝乾所居草廬已成平地余倖生存且居舟中

七月二十五日水落出港至張大所有病者殯舟中爲藁葬山足以屍骨無渡海事也旋張大爲余再治屋

七月二十九日大風雨四晝夜洪水又至走二靈山避之驚怖有

甚於前幸早避得免涉水然在空山中竟一日夜不得食

八月初四日雨止風息再返張大所

八月初八日有一船入港來言初五日三船同自省中發半渡遭風一船已碎一船不知所往顧君敷公在焉因念甚切自此旦旦在海上望之

八月十五日中秋節番兒報舊址茅屋又成午後張大攜肴核至與余就沙際飲抵暮而返夜惟孤影四面猿啼鬼嘯一夕甫就枕帳前有火光如盌碧色去地三尺許知其燐也久之乃滅

八月二十五日顧君敷公海船至驚喜相慰云陳某一船已觸岸爲虀粉歸泊定海鎮山下舟中器具悉敗需補製余前遣歸一船

亦於是至知前病者歸去則死過半矣計兩船來匠役又六十人明日再修釜突煎硫如舊一夕寢未寐視屋外火光如箕赤色耀目余見慣不怪顧君等遽起欲出戶火光漸滅又一夕有鳴鏑過枕畔出戶視亦無一物

十月初一日硫事既竣理歸棹命衆役夫向山刈薪

十月初四日復至張大所與別遂登舟歸途海道不循原路以淡水港口與福州五虎門相近也

十月初七日未刻值風便與顧君兩船同出海北風勁浪巨如山舟檣欲折有聲隨風蕩漾夜憂不能寐

十月初八日風稍息晨光初動紅日一輪三躍而昇海波盡赤將

午遥見遠山卽省城官塘山也夜半抵官塘孤島不連內地

十月初九日自官塘趁定海鎮同舟有先至者望山上兩城對峙登岸周覽見沿海市肆碁布漁艇有大於海船者登舟又行大海五十里至五虎門兩山夾峙勢甚雄險閩省門戶也門外風濤鼓蕩既入門靜淥淵渟與外迥別至亭頭則暮矣

十月十二日進省諸同人相迓甚歡半載異域幸無恙如再生焉

附土番竹枝詞

生來曾不識衣衫裸體年年耐歲寒犢鼻也知難免俗烏青三尺是圍闌烏青黑布也

文身舊俗是雕青背上盤旋鳥翼形一變又爲文豹韓蛇神牛

鬼共猙獰

胷背斕斑直到腰爭誇錯錦勝鮫綃氷肌玉腕都文徧只有雙蛾不解描番婦臂股文繡而頭面蓬垢不知修飾

番兒大耳是奇觀少小都將兩耳鑽截竹塞輪輪漸大如錢如椀復如盤番人以耳大爲豪不辭痛楚

丫髻三叉似幼童髮根偏愛繫紅絨出門又插文禽尾陌上飄飄各鬬風

覆額齊眉繞亂莎不分男女似頭陀晚來女伴臨溪浴一隊鸕鷀蕩綠波

鑪貝雕螺各盡攻陸離斑駁碧兼紅番兒項下重重繞客至疑

過繡嶺宮

銅箍鉄鐲儼刑人鬬怪爭奇事事新多少丹青摹變相畫圖那

得似生成

老翁似女女如男男女無分總一般口角有髭皆拔盡鬚眉都

作婦人顏

腰下人人插短刀朝朝磨利可吹毛殺人屠狗般般用纔罷樵

薪又索綯

耕田鑿井自艱辛緩急何曾叩比隣搆屋斲輪還結網百工俱

備一人身番人不知交易借貸畢世所需皆自爲而用之

輕身矯捷似猿猱編竹爲箍束細腰等得吹簫尋鳳侶從今割

斷伴妖嬈番兒自幼以竹箍束腰長大遂跣足追奔馬結褵之夕斷之

女兒待字早離娘有子成童任遠颺不重生男重生女家園原

不與兒郎番俗以婿紹瓜瓞有子不承父業

女兒才到破瓜時阿母忙為構屋居吹得鼻簫能合調任教自

擇可人兒

只須嬌女得歡心那見堂開孔雀屏既得歡心纔挽手更加鑿

齒締姻盟

亂髮鬖鬖不作綰常將兩手自搔爬飛蓬畢竟無膏沐一樣綢

繆是室家番婦亂髮如蓬蟣蝨繞走其上見之可憎

誰道番姬巧解釀口將生米嚼成漿竹筒為甕床頭掛客至開

筒勸客嘗

夫攜弓矢婦鋤耰無褐無衣不解愁番厲一圍聊蔽體雨來還有鹿皮兜

竹弓楛矢赴鹿場射得鹿來付社商家家婦子門前盼飽惟餘瀝是頭臚番人射鹿供賦頭臚留下與妻孥一家人共飽鹿飼草未化者名百草膏必爭食之

莽葛原來是小舠刳將獨木似浮瓢月明海澨歌如沸知是番兒夜弄潮

種秫秋來甫入場舉家爲計一年糧餘皆釀酒呼羣飲共罄平原十日觴

梨園傚服已蒙茸男女無分只尚紅或曳朱襦或半臂土官氣

象已從容土官購戲衣爲公服但尙紅紫不問男女

土番舌語掉都盧對酒歡呼打剌酥聞道金亡避元難颶風吹

到始謀居番語呼酒曰打剌酥鳴烟曰篤木固

深山負險聚游魂一種名爲傀儡番博得頭顱當戶列髑髏多

處是豪門深山野番種不一舉傀儡以槩其餘

番境補遺

玉山在萬山中如雪如銀可望不可即

銀山有礦產銀又有積鏹如山皆大錠尋得取之即迷失道後人

亦不能復入矣以上兩事不可盡信姑錄之以存其說

哆羅滿產金淘沙出之與雲南瓜子金等近有攜至雞籠淡水者

水沙廉雖在山中實輸貢賦四面高山中爲大湖湖中復起一山番人聚居山上非舟莫及自柴里社轉小徑過斗六門崎嶇而入阻大溪三重水深險無橋梁老藤橫跨溪上往來從藤上行外人股慄難登番人不怖也其番染五色狗毛雜樹皮織罽毯陸離如錯錦且細密四方人欲購之常不可得番婦亦妍好白晳勤稼穡人皆饒裕

斗尾龍岸番皆偉岸多力文身文面狀極窮奇善焚掠殺人土番聞其出皆號哭遠避鄭經曾統三千兵往勦互有殺傷不能滅僅燬其巢而歸至今崩山大甲半線等社慮其出擾猶甚患之

阿蘭番近斗尾龍岸狀貌亦相似

又有山內野番性稍馴常與外通其出入之路有山中阻樹木深蔚不見天日積敗葉陰溼徧生水蛭（即螞蟥）人過則緣樹者墜頭頸在地者上脛股競吮人血聞者胆裂

葛雅蘭近雞籠

金包里（是淡水小社）亦產硫人性差巧知會計社人不能欺

臺地荒土多未闢一望草深多藏巨蛇鄭經勦斗尾番忽見草中巨蛇口啣生鹿角礙吻揚其首吞吐再三荷戈三千莫敢近蛇亦不畏余行茂草二十餘日恒有戒心幸不相值在淡水夜聞蛇鳴閣閣聲甚厲庖人嚴采夜遇大蛇身巨如甕社人言不足怪也

鹿生三歲始角角一歲即解猶人之毀齒也番人世世射鹿未見

鹿角七歧以上者牡鹿有角善鳴五月角解至八九月肥腯鳴聲甚壯求牝也十月鳴聲漸殺瘠極而瘠也行則成羣以數十百計角者前行牝者隨之牝鹿以四月乳未乳極肥腹中胎鹿皮毛鮮澤文采可愛

熊有豬熊狗熊馬熊人熊之別各肖其形惟馬熊最大而勇鷙獨推人熊人立而走捷於奔馬逐人無得脫者凡獸後足曲向前熊則向後如人猿與象亦然　足五爪並利能緣木升高人以計取之無生致者腹中多脂可啖掌爲八珍之一膾炙人口然不易熟庖人取其汁烹他物爲羹助其鮮美一掌可供數十烹若爲屠門之嚼貽笑知味矣

山豬野豕也耳與尾略小身巨如牛力能拒虎行疾如風獵者不敢射又有豪豬箭毛如猬行則有聲毛能射人然不出尋丈外

蕭脹木大者數圍性極堅重入土千年不朽深山中野番盤據不能取或爲洪水漂出實美材也

烏木紫檀花梨鉄栗諸木皆產南海近於淡水山中見有黑色樹其質與烏木不異人多未知

雞脚番足指如雞距能緣木往來跳躍如猿猱其巢在雞籠山常至海濱漁獵留其跡於沙間

海上紀略

海吼（俗稱海吼）小吼如擊花腔鼓點點作撒豆聲乍遠乍近若斷若續

臨流聽之有成連鼓瑟之致大吼如萬馬奔騰惟錢塘八月怒潮差可彷彿余嘗濡足海岸俯瞰溟渤曾無波瀾不知聲之何自出蓋雨徵也若冬月吼常不雨多主風

媽祖卽天妃相傳神爲莆邑湄州東螺村林氏女自童時已具神異至長不嫁沒後靈顯人爲立廟祀之凡海船危急有禱必應有目覩神兵維持援救者海船例設媽祖棍凡大魚怪物近船則以棍擊之

木龍凡船中必有一蛇名木龍平日不克見若見其去則舟必敗水仙王亦洋中之神莫詳姓氏海舶在洋惟恃檣舵完固始可乘波御風若遇颶舵折檣傾智力俱無所施惟有叩禱媽祖稽首水

仙以冀神佑爰有划水仙（前記）之例屢昭靈異多藉以免
糠洋葦洋皆水沫所成風濤鼓蕩不淆不徙浙閩往日本必過
大崑崙在西南大洋中凡七嶼七港山多犀兕野馬巨鷹異蛇平
川沃壤椰樹馴生冬瓜蔓延蒼藤徑寸然船欲樵蘇非百人不敢
近蓋其地四時皆春百穀果木不種自備惟龍出無時屋宇人物
倏忽攝去舟亦傾蕩難泊故屢有欲據之者而皆不逭也
琉球國在閩省正東洋中小弱且貧無有謀侵奪者其朝貢各國
惟硫磺皮紙而已若螺蚌殼鑲帶紙扇煙筒皆陋劣也
日本倭夷爲海外强國其國事將軍主之國君垂拱而已治尚刑
酷有灌水懸腸活燒倒懸等法較世傳地獄尤慘故其民畏法道

不拾遺其先西洋人以天主教惑之事露悉被誅夷今商船至彼必查有無天主教人有其一卽盡納舟人於艎底焚之故西洋人與貨物並無至彼者其與各國貿易處曰長崎島上有大唐街中國人所居也

荷蘭卽紅毛善貨殖無遠弗至其船最大用板兩層製極堅厚中國目為夾板船帆如蛛網盤旋八面受風無往不順其恃船大帆巧於檣巔架千里鏡四面審視商船雖在百里外轉舵逐之無得脫者恃其所長一切易視嘗侵交趾交趾以軋船長僅三丈艌出水面僅尺兩頭尖銳彷彿端陽競渡龍舟以二十四人操檝飛行進退惟意船中首尾各架紅衣巨砲附水施放攻其船底底損船

沈至今紅毛船過廣南見軋船卽膽落去前曾有紅毛船遭風候過半線洋遇淺舟膠彼知無復去理乃以布圍蔽其舟卽於舟中另造小舟三日而成鄭氏視爲釜魚方集戰艦攻之彼已悉登小船楊帆去良久機發大船全燬其機智不易及也

呂宋在臺灣南洋中閩人有逐利至其國歸者謂呂宋近爲西洋所據分其地爲二十四郡置西洋化人操其柄禁民不得畫作必使晝寢夜興又寢室不容閉戶夫婦共寢榻上邏者時至榻前偵視有女及笄父母不得主婚配必俟巴黎西洋僧也按選其稍有姿色者悉爲所留色衰放歸始得擇配父母死人子不得殮埋巴黎假度亡之其屍置萬人坑中積久坑溢揚灰棄之民人有貲歲與中

分四歲之後十不存一矣其禁書作者防民叛也分其資者貧其民使不得有爲也死者不令瘞埋恐山川毓秀復生英傑與爭國也未知果有其事否

西洋在西海外去中國極遠其人㘭目隆準最多心計推測象緯歷數下逮器用小物莫不盡其奇奧其先世多慧人入中國得六書之學又有利馬豆者能過目成誦終身不忘明季來中國徧交海內文士多市典籍歸教其國人通文義創爲七克等書所言亦孝悌忠信其實似是而非又雜載彼國事實以濟其天主教之說中國人士多歸其教者謂之化人京師天主堂屋宇宏麗垣墻周複製爲風琴自鳴鐘刻漏渾天儀諸器皆神鏤鬼斧巧奪天工不

易及也

臺灣使槎錄　節錄北平黃叔璥原本

海中島嶼最險要而紆廻者莫如澎湖其沙周圍數百里口險不得方舟內溪可容千艘方輿紀要

臺灣以鹿耳門一港爲門戸乃天險也沙綫環抱七起七伏名七鯤身第一鯤身上建安平鎭城方圓一里 潮長水深丈四五尺潮退水深不及一尺七鯤身可行而通鯤身北卽鹿耳門與北綫尾相對抱其門闊僅里許水中皆沙石淺淤名鐵板沙舟觸之立碎其一綫可入僅容三舟南礁樹白旗北礁樹黑旗名曰盪纓亦日標子使認而行使出入無悞 門內轉大然須依水綫行數十里橫渡至赤嵌其城名紅毛樓方圓半里在海邊 乃爲水師

戰艦商民舟楫止宿停泊之所

臺灣府無城鳳山諸羅各築土堡西南二十里有紅毛城即赤嵌鄭成功僭竊時宮殿在焉今設副將一員統三千兵駐之

臺灣之可泊大舟者鹿耳門外南路有打狗港東港北路有上淡水而上淡水可容多船也其小港可通小舟者南路有蟯港北路有鹹水港八掌港笨港其港并有小港可通鹿耳門內即名馬沙溝是也海翁港鹿仔港大甲西港二林港中港竹塹港蓬山港凡十二處總之以鹿耳門為用武必爭之地

[illegible]郡治[illegible]郡治自猴洞口入山崇岡複嶺多不知名

[illegible]環列對峙[illegible]過大[illegible]蘆竹坑咬狗坑

□□南大經土□山壁平如削上則猴跳擲虞人張羅以捕稍前
爲□□崎出茅□埔度雁門關嶺回望郡治海天一色去關口里
餘中爲深□可數十丈緣崖路狹不堪旋馬一失足便墮深淵五
里至石頭坑四里至長潭清瑩可鑑潭發源於分水山後由羅漢
門坑入崗山溪同注於海自番仔寮迤邐至小烏山後入羅漢內
門峯廻路轉眼界頓開沃野平疇極目數十里東則南仔仙山東
方木山隔淡水大溪爲旗尾山西卽小烏山南爲銀錠山北爲分
水山目猫薇山層巒疊巘蒼翠欲滴瞑色尤堪入畫民莊凡三外
埔中埔內埔居民約二百餘口內埔汛兵五十名分防猴洞口狗
匀崑諸地則寥寥三十餘人而已先是由長潭東南行至夏尾藍

賦另寄轉北至外埔莊後以逆黨黃殿潛踪內埔而襲莘苓鼓壇坑尤為奸匪出沒之所禁止往來外埔東南由觀音亭東寮崙番仔路頭至大崎越嶺即為外門去大傑巓社十一里中有居民為施里莊北勢莊盡番地往年代納社餉招佃墾耕繼以逵社生番乘閒殺人委而去之今則荊草不可除矣自社尾莊剌蘭坡嶺可赴南路由木崗社卓猴可赴北路外此羊腸鳥道觸處皆通嶔巖深谷叢奸最易土人運炭蓄稻牛車往來徑路逼狹不容並軌惟約晝則自內而外夜則自外而內因以無阻夏秋水漲坑塹皆平則迷津莫渡與諸羅聲息隔絕議者謂宜歸臺邑良然

上淡水則諸羅極北中有崇山大川深林曠野南連南崁北接雞

籠西通大海東倚層巒計一隅可二百餘里洵扼要險區也外為淡水港八里坌山在港南圭柔(一作雞柔)山在港北兩山對峙夾束中流南北有二河南河源出武勝灣行四十餘里北河源出楓仔嶼行百餘里俱至大浪泵合流出肩脰(一作干豆)門入淡水港曲折委宛五十餘里而歸於海圭柔山麓為圭柔社由山西下數里有紅毛小城高三丈圍二十餘丈今圮城西至海口極平衍名虎尾今淡水營所駐也兩山南北重岡複嶺灌莽叢翳南則武勝灣里末擺接秀朗諸社北則麻少翁外北投內北投大浪泵麻里即吼楓仔嶼諸社磺山在內北投濱河山僅數仞寸草不生自淡水經楓仔嶼嶺上下十里過港至雞籠山高多石山下即雞籠社稍進為雞

龍港港道狹隘港口有紅毛石城非圓非方圍五十餘丈高二丈遠望爲小雞籠嶼番不之居惟時於此採捕循此而上至山朝社又上至蛤仔難諸社深箐鳥道至者鮮矣南路界盡沙馬崎頭相傳地脈接連呂宋凡舟赴呂宋必由此東放大洋有澳名龜那禿北風時大船可泊沙馬崎頭之南行四更至紅頭嶼皆生番聚處不入版圖地産銅所用什物俱銅器

由大旦門放洋海水深碧或翠色如靛紅水溝色稍赤黑水溝色黑如墨驚濤鼎沸險冠諸海順流而往爲弱水也落漈泛海不見飛鳥則漸至大洋若近島嶼則先有白鳥飛翔

同安金門厦門初一十六子午潮臺則初一十六巳亥潮自鹿耳門南至

打狗港潮汐較內地早四刻水長五六尺自打狗港至瑯璚潮汐又早四刻水長三四尺若北至淡水則潮汐與內地同水長丈餘淡水在硫黃山下日出硫氣上騰東風嘘拂人感觸易致疾病雨則硫水入河人食之往往得病以死

康熙五十三年繪臺地全圖勘丈里數自臺灣縣府治南至二贊行溪鳳山縣界二十一里又南六十五里至鳳山縣城又南二百一十里至沙馬崎頭止自府治北至蔦松溪諸羅縣界一十五里又北一百一里諸羅縣後乾隆五十三年改嘉義縣又北六百五里至大雞籠南北延袤共一千一十七里而道里遠近乃定臺灣郡志云南北延袤二千八百六十里實誤

臺地十畝之地名一甲分別上中下納粮內地之田二百四十弓

為一畝木尺六尺為一弓臺地之田東西南北各二十五戈每戈長一丈二尺五寸為一甲計一甲為內地田十一畝三分一釐零內地田一畝約徵銀五六分至一錢一二分通計十一畝有零田賦不過徵銀一兩三錢有零臺地一甲田徵穀八石八斗即穀價最賤每石銀三錢已至二兩六錢四分有零

澎湖居民以海為田以魚為糧若稻穀雖升斗必仰給臺地以地皆沙磧海風又厲惟植高粱麻豆亦不足用也

臺地氣候與漳泉相似熱多於寒故花則經歲常開葉則經冬不落春燠獨先夏熱倍酷秋多烈日冬鮮淒風若諸羅自半線以南氣候同於府治自半線以北山深土瘠烟瘴愈厲易致疾病居民

鮮至一郡之中又南北不同如此

鹿耳門至澎湖五更（每更約六十里）又七更至厦門

厦門至寍波三十七更又十更至上海

登厝澳從西北放小洋四更至（一作槎）浦海邊俱石岸

崇明北五條沙轉西三十四更入膠州口五條沙對北三十二更至成山頭又向東北十一更至旅順口由山邊至童子溝島向東沿山七里至蓋州向北七更至錦州府

獨坐舩際水波不動夜靜星光相映上下二天合如圓器若黑夜一物不見以竹木擊水則水光頓起飛濺水粒熒熒如十斛明珠良久乃滅亦奇觀也

海船桅木值數百金云出自外域任重當風不稍屈曲長可八丈通身無節名打馬木柁用鉄栗木產廣南今用鹽木柁亦產廣南亦值數十金

臺地三縣每歲出蔗糖約六十餘萬簍每簍一百七八十觔烏糖百觔價銀八九錢白糖百觔價銀一兩三四錢全臺仰望資生莫此爲甚

居士評曰臺灣在康熙時一府三縣尙云無城後雍正元年增設彰化一縣淡水一廳共五城鳳山縣城是道光四年許尙事平後築費銀十一萬臺灣鹿耳門北有鹿港亦海口險要離彰化縣城二十里趙雲崧翼謂宜鎭以文武大員與鹿耳門互爲關鍵應是通論

海島逸志　節錄漳州王大海原本 加評

噶喇吧（音交留巴土人稱椰曰噶喇吧其地多椰因以名焉）

噶喇吧在中國西南洋中從厦島揚帆西過廣東外七洲洋至安南港口轉南經崑崙茶盤（即地盆山）至萬古屢山又轉西經麻六甲三笠南過嶼城而至其地商舶每於冬至後放洋二十日可達計程二百八十更每更五十里約共一萬四千里（其地遠近各島統名西洋）其國面北沿海沃土一綫略如臺灣其同在一島所屬之地西曰萬丹（吧國港口）東曰井裏汶曰直葛曰北膠浪曰三寶壠曰二把糁曰觜森曰竭力石曰四里貓曰外南旺旱路可通共三四十站皆在島北面

沿海一綫門戸堅固城池嚴峻地里雄闊街衢方廣貨物充盈百夷聚集如一大都會也其南面叢山峻嶺人跡不到內有火焰山其外則南洋也若隔海各島屬於吧者萬丹港口以外浮嶼大小星羅統曰嶼城（舊爲三佛齊國）其東曰望加錫曰安汶曰萬瀾曰澗仔底其東北曰馬辰其西曰把東其西北曰麻六甲柔佛（兩國旱路通暹羅廣南直聯中土）等處未能悉舉

吧地卑下四季皆夏炎風暴厲觸之致疾幸河水清涼浴之卻病每歲春雨夏旱以爲常土田肥沃雖歲祗一收而耕種便易米價平賤人民富庶若一切貨物多各島輻湊者也

吧國遠近各島之人本皆爪亞一種俗尚質朴性愚蠢怯弱順治

十八年荷蘭失臺灣遂儘力來據吧地設計籠絡盤據海邊立法森嚴徵稅周密爪亞遠近無不懾服役屬如奴隸其所置吧地官職鎮守各土者曰大王曰二王曰雙柄曰伽頭曰山海美色曰葛內外曰淡扳公曰杯突公曰勃壠以地之大小授職之尊卑荷蘭稱其本國曰祖家與大呂宋（即呂宋祖家）大西洋等國遠在西北海十餘萬里之外其官職皆稟命於祖家國主焉　爪亞之魁在三寶壠稱巡欄（猶曰君長也）處山中地名覽內（猶曰國都也）其餘各地所主者俱稱史丹（猶曰郡守也）其官職曰二把智曰淡扳公曰把底各有副其陞降黜陟皆聽命於荷蘭焉其主僕之分嚴明諸爪亞見其主必合掌屈膝　其家計生產皆婦人主之貴生女贅人於室生男則出

贅於人也　其室如亭四面開窗無椅榻席地而坐房中地鋪席施帷幄牀矮枕疊如塔大小六七級坐褥茵軟坐則盤膝趺坐見客以握手爲禮俗重檳榔客至則捧以爲敬所盛之器富者金銀爲之常人則用銅唾壺大如花瓶用以吐檳榔之汁亦銅爲之男女雜坐無禁忌也　食不設筯以手掬之不食犬猪以牛爲享女子腳不纏面不脂粉首不簪花衣不加領裙而不袴男子則衣有領鬢簪花身有袴可謂顛倒反背矣　種植暢茂一穗數百粒其米粒長而糯內地不及也　百花四季不凋菓皆美於閩廣然其地異物性亦殊黃梨黃瓜之類性本溼熱西洋竟以爲清涼之品凡感冒風暑者咸宜食之蔬菜貴于雞彘以米糧平賤人皆灌種

不力也　其俗以風爲鬼人感風熱則病故雖甚暑不敢露體扇風臥必密室樓房屋宇多用玻璃以障戶牖惟病者浴於河則愈產婦及小兒出痘皆然故以水爲藥也　不紀年歲以十二月爲一歲見月之日爲初一其字蹟如蛇蚓語音則各處有同異

華人自明三寶太監下西洋至今四百餘載閩廣之人爲商留寓者生齒日繁奚止十萬衣其衣食其食讀其書與爪亞同風俗而下視爪亞自稱曰息坌（音納）其爲富商大賈因而納賄荷蘭勾其推舉而爲其地甲必丹（華人頭目之稱有大雷珍蘭武等諸名號然統稱甲必丹）者華人有口角鬭毆等事皆質之甲必丹長揖不跪自稱晚生其是非曲直無不立斷或拘或打無容三思至犯大罪并嫁娶生死俱申報荷蘭定

奪人命不問鄰佑而重見證見證必審訊斬雞發誓方敢花押定案所以殺人或棄之道路溝洫置而不問者無敢作證也嗟乎人命至重竟如此憒憒乎　凡推華人爲甲必丹者必申詳其祖家甲必丹擇吉招集其親友門客至期荷蘭一人捧字而來甲必丹偕衆迎荷蘭入門止庭中開字捧讀上指天下指地云此人俊秀聰明通曉事理推爲甲必丹汝等鄉耆以爲何如諸人齊聲曰甚美甚善荷蘭與諸人握手爲禮畢諸人退方與甲必丹攜手升階至中堂繾綣敘賓主禮其籠絡人類如是也　至於荷蘭風俗上賊其下肆行貪酷非仁也夫妻反目聽其改醮夫死未週月由他再嫁非義也長幼無序男女混雜非禮也窮奢極欲以終其身不

省燕翼詒謀之道非智也惟信一字或庶幾乎

吧城地勢平坦人居稠密出鑒光城市以外皆荷蘭園地樓閣亭臺橋梁花樹聯絡數十里曲盡精美其窮工極巧非人力所及每七日一禮拜於巳刻入禮拜寺講念經咒其拱聽者皆低首垂淚似能感發人心也者喧半時許各自散去入園林優宴盡一日之歡不理事以供游玩車塵馬跡相望不絕亦一勝事也

余謂西洋之地天氣不寒頻年如夏百花暢茂四季俱開俗尚斯文風雅喜逢迎善褒獎人窮困相投未有拒卻或通譜或瓜葛皆無異視童子見客揖讓爲禮婢僕見主屈膝知敬地土肥沃日用平易斗米二三十文雞鳧賤於菜蔬緡錢便可納婢其景物人情

均足愛慕然無諸子百家以資博覽無知已良朋以抒情懷無幽巖古刹以肆游玩是爲可惜耳　余居吧未週歲輒遷於三寶壠復之北膠浪吧中風土人情未能盡悉爰述數言云爾

三寶壠

三寶壠吧之所屬地方寥闊物產繁多買帆湊集甲於東南諸島北膠浪脊森其左右翼也嘮呐哞其倉廩也堤竵二胞縮其門户也領轄上下數千里田土肥沃人民殷富其天氣清涼勝於吧國人少疾痛風俗惇朴法度嚴峻夜户不閉其所鎮之荷蘭職名鵞蠻律又有杯突大寫財副新蟯咞嗹等屬分司其事不相混也吧中之甲必丹權分而利不專三寶壠之甲必丹權專而利獨歸

煑海爲鹽丈田爲租皆其所有得膺其職富逾百萬矣　風俗贅壻重華人吧產不屑也蠟燭壹雙即以爲聘便易可愛也婢僕百十各執一事有專責主僕之分頗嚴妻曰孌（音雅平聲）人多懼內家事必由主裁婢妾必由管束防閑謹密其鋒不可犯也至於有命者則又怡怡和悅矣夫婦無顧忌攜手而行並肩而坐甚至攬臂狎抱而婢妾持傘障日羽葆扇風執帨捧盒服事於左右者類如是也　西洋惟食與臥最重雖有急事必俟食畢臥起乃通報禮拜寺樓至高鐘聲四遠皆聞日夜敲打子午爲一點鐘至十二點而止午後爲二點鐘則家家閉戶臥路無行人（戌又起丑又臥辰又起）是一日如兩日一世如兩世矣

余謂西洋爲極樂之地然必須家無父母終鮮兄弟方可終爲極樂之人中土之樂有禮義範圍西洋不知禮義爲何物窮奢極慾無忌憚也

蓺園雅集記 歲在辛亥乾隆五十六年十月初旬梁峯黃先生搆蓺園之樓落成設宴羣季俊秀莫不咸集盍二十餘人焉園中綠樹扶疏迴廊掩映清流一曲斜抱長隄遠黛蛾眉當門挹翠登斯樓也遥望汶山插天高聳西盼丹國沃野千里其南背負溟海上國星槎絡繹從北方而至俯仰之間皆足以游目騁懷信可樂也酒肴既備絲竹雜陳察伯友饋羔羊而佐酒陳鶴郎獻女優而侑觴有善歌成卿者舒皓齒啟朱櫻聲如鶯簧梁速生者柳敬亭之流也

擊胡板以相和淸歌激揚響徹雲霄舉座莫不傾倒於時韓君若孚素稱道學亦如陳白沙之擅風流焉長生君斜盼垂青肖山翁頻浮大白黃季子存物外之思凭闌遠眺蔡錫公忘車笠之分避席遨遊延陵舊子弟車馬翩翩寧遺世而獨立潁水新大夫衣裳楚楚自顧影而無儔永居士文質彬彬純舍人意氣揚揚其餘或葛巾羽扇而飄搖或竹杖芒鞋而躑躅而梁峯先生賓從獻酬終宴不疲孔北海何以過焉淡齋蔡生向余言曰今日之會足堪千古子其誌之以彰盛事昔摩詰作輞川圖子安賦滕王閣羲之作蘭亭序皆君家韻事也向使三人而不爲之摛華掞藻則地之勝辰之良皆湮沒於荒煙蔓草中矣余謝曰余不敏念自癸卯四十八年

文戰不勝抑鬱無聊流連島上每憶吳粵勝游耿耿不忘於心況今日者庭開三徑鯖合五侯珠履盈庭妙鬟唱曲雖海外風光傳之中華未必不以爲盛事也因搦管披毫而爲之記

東皋林有孚識云王君碧卿在三寶壠贅於甲必丹家衣食華美侍婢數十後因家有老母拂袖而歸甘桑梓之藜藿依然舌耕度日前事作南柯一夢云乾隆五十九年

居士評曰甲必丹富且貴乃爲女招婿輕於受聘蓋其俗視大婚爲甚輕從一之義固不講也王大海入贅多年一切瑣事似皆諱言豈不以言之傷雅故耶至歸省之後竟不再往可知其配耦直同萍水也若緡錢即可納婢則閭閻之窮困必多矣大

海所游乃豪富家所與游皆豪放士焉知草野情形況荷蘭愚弄土人苛求賦稅人有犯荷蘭者罰重典則荷蘭之橫何如園林廣大樓閣精美則荷蘭之奢又何如而且炎蒸之地人多病而無上壽皆君子所不欲居安得以西洋爲樂土哉

北膠浪

北膠浪爲吧國東南之區列屋而居者五六十家南北限以柵華人息居其中俗呼爲八芝蘭（街衢也）廈屋連綿西向者爲甲必丹第有園亭樹林陰翳百卉時放由八芝蘭以北有澤海真人祠（姓郭名六官經商帆海舟番竊其貨萌惡念真人赴海以行瞞息不見風大作番衆盡沒華人謚爲澤海真人祀焉）柵外餉館徵稅之所也五里至海口有聖墓極靈舟楫香火不絕由八芝蘭

南三十里猶冬三十里曾閭又五十里至海坡碧海漫漫白雲無際坡盡入林萬山中行旅必操戈結伴經藤橋由八芝蘭以西過竹筏之渡二十里至囉呐哰地沃土肥三寶瓏之倉廩也六百里至井裡汶又十日至吧　浪地山僻若夕陽在山漁歌互答河水清淺菱芡縱橫有似楚江吳地之景象焉

萬丹

萬丹在吧之西田肥土沃所產經紋幼蓆爲西洋最荷蘭納其稅國主史丹處山中王府壯麗受荷蘭挾制畏敬遵循史丹歿諸子非荷蘭命不得立然統計四處爪亞之衆荷蘭千不及一也

火煙山煙或作焰

火煙山在吧城西南六百餘里其山極高人跡罕到峯頂如竈上之突晴明則煙少減風雨晦暝則煙愈熾或有時如鳴巨砲則天雨灰氣味如硫磺

磁石洋

在南旺之東山谷及岸悉皆有磁石性引鐵其地船釘用竹來往海船戒不敢近或有遭風驅迫而近者被磁引制不能脫矣

三寶洞

明宣宗好寶玩（評實爲踪跡建文君）命內監王三保鄭和（評實鄭和乳名三寶）等至西洋採辦止於萬丹實未至吧而三寶壠有三寶洞云是星槎遺跡極靈應每朔望士女雲集拜禱

孝烈兩婦

漳東門外有蘇某者經商西洋娶婦數載歸卒於家婦聞訃知其家貧親老子幼乃子身帆海來漳孝養老母教子成人　又連捷公之妻遭吧亂夫死權貴羨其美妻佯許而請祭其夫於江盡禮而後投於水此兩婦誠令人肅然起敬惜未詳其姓氏也

高雅之士

連木生字性惇居聖墓之蕉園謝絕時務工草書喜管絃能詩善奕每禮拜日賓朋滿座有孔北海風園中花菓叢茂垂楊拂水栢樹參天竹林魚池幽雅曲折有得月樓與月橋人淡如菊矣陳豹卿漳之石美人性機警能知人其堂兄映為三寶壠甲必丹

卒豹卿襲其職賈帆數十所販利倍蓄歌童教舞女食前方丈侍妾滿前余始至壠見番官淡扳公往謁隊馬整肅入門膝行而前豹卿危坐欠身而已異鄉顯貴至於是甚爲華人生色也吧中有大第一區名三寶壠土庫（猶會館也）唐帆到吧有欲往三寶壠者則居土庫有船護送至壠或投奔或瓜葛豹卿因材委任故隴地貨物充盈甲於西洋迨豹卿歿後壠中遂爲之寂寞

許芳良亦漳郡人性開擴有雅量爲吧甲必丹覓得椶梨兩枚（漳之佳菓吧地至貴枚至百金）將貢於王門下客不知剖而供之芳良徐曰此故鄉佳菓人罕得嘗因呼衆共嘗之不以爲意又有丁香油每瓶價亦百金門下悞碎其瓶香聞遠近油遂狠籍芳良曰成毀有數亦不

較又宴客用玻璃器每副價至二百金婢僕盡碎之長跪請死芳良以己任而免之又有許姓落魄爲傭芳良以其時吧中諸許皆顯貴乃爲之寬解曰諒亦子姪行錄用亦至巨富人並稱之

黃井公亦漳人性朴訥詩酒自豪爲三寶壠甲必丹不受約束遂遭譴又未淸課項竟至囹圄或謀代爲之償井公不願以巳累人衆高其義竟歛金出之其子綿光奮志經營頗小康奉井公歸養吧中築園於淸猗之沼與二三游侶嘯詠其中高厚之士也

僧佛賓

佛賓三寶壠觀音亭住持僧漳之漳浦人也滑稽能書畫公然娶婦育子女各一蓄婢僕西洋不足異也余戲贈以絕句曰聞道金

仙在此間禪家世事竟安閒袈裟自繡閨房裏待客烹茶與小鬟

以上皆吧島事也

各島

無來由其種類甚多散處於麻六甲馬辰等各島性狡獪多在洋

刦掠內地謂之艇匪

貓里在外南旺東狀類爪亞男女皆耳穿大洞女子有顏色性勤

儉不屬荷蘭統轄浮嶼羅布土產燕窩海菜海參魚翅翠羽

武吃氏其魁居望加錫山中女子極美而其族强悍皆武藝高强

揚帆海上賊船遇之莫不辟易不受荷蘭節制土產𭾏布海參二

者爲西洋最

武敦在望加錫南狀貌醜黑性强悍不亞武吃氏亦不受荷蘭統
轄土產長藤蘇木海參鶴頂龍涎香
知汶番語東也在尾陳極東地方墾瘠人物粗蠢不屬荷蘭統管土產
香木丁香木香蘇木海參海菜
安汶在吧島東南息坐無來由雜處其地土產海參丁香荖葽鸚
哥霧烏花油盒蜜
萬瀾在吧島極東土產丁香荖葽海參玳瑁其屬國有五
淵仔低在吧島極東南地土產海參玳瑁沙金珍珠其屬國有七
把實在馬辰東風土畧同土產燕窩長藤沙金
里貓柔居馬辰西偏身剌秀耳穿大洞土產沙金長藤鹿肉又產

銓石大者無價佩之辟凶邪
色仔哖華人呼爲烏鬼其年歲字蹟言語飲食宮室衣服俱遵荷
蘭人物清秀女子惟與荷蘭爲婚他不屑也
里罵在望加錫東風俗貪暴土產良馬
暴暴居安汶東身黑狀如夜义手足便捷上樹如飛木處穴居多
不火食血如濃墨性嗜酒荷蘭喜畜之爲僕土產文煙血結香木
蘇木海菜西國米
西蘭鄰於暴暴風俗亦同亦稱烏鬼巢樹上疾同猿猱不火食見
一切蟲豸皆喜而食之土產香木蘇木魚翅玳瑁羽毛
吉寧鄰於西蘭風俗亦同土產香木蘇木海菜龍涎香人短小而

黑余有一婢頗端好西洋飲食服役羣婢列於左右余每見則揮去之內人戲曰此古銅如意也何拒之甚耶

鑿齒馬辰之別種俗尚經教不食豬犬人死則拔鬚去齒赤體以葬云生不帶來死不帶歸

穆迦俗曰佛地濱於南海眞修者持齋受戒數年而出稱老君

鴿荷蘭歸其祖家至此為半途必停泊更換水手添裝伙食然後再駛在船有華人或傭僱在舟者必令暫處於鴿別配船轉不令往其祖家相傳來三三月也去五五月也來則風水順去則風水逆也又云將至祖家有暗洋不見日月舟行二三日始出

壠音郎在西北大海中一大聚會之區華人未之到

西壠在西北海地極廣大土產金銀寶石五色俱備地屬荷蘭華人吧人犯罪者悉置於此

竈靜在西北海與西壠及壠鼎峙荷蘭聚居不亞吧國

明絞胃在望久里西四夷雲集土產大哖羽毛嗶叽

高奢在西海其人高大魁梧多鬚髯衣花錦襖白練裙以白布纏首土產西洋幼布上者每疋百餘金袈裟精緻薄如蟬翼

荷蘭西即佛郎机海錄又名佛蘭西與荷蘭紅毛爲鄰國大人衆甚强悍荷蘭受紅毛欺則倚以爲助

紅毛嘆咭唎凡大西洋各國統以紅毛稱之鄰近荷蘭制作精巧其刀鎗器皿爲諸國冠荷蘭待之甚厚無敢有失但苛刻寡恩華人在其地者皆

遷徙他處焉

荷蘭居西北海其人赤髮隆準面白眼綠（至吧生者髮不紅而瞳亦黑）其立國稱一千八百餘年其佔據吧國乘其愚蠢無謀襲破萬丹併取吧地盟巡欄（爪亞之君）歲納租稅武備嚴謹創立美色近厝（俗名病厝）以收養貧病鰥寡之徒凡人臨危無至親者則喚梁礁（荷蘭書也）代作字一如病人之意鐵案不移付美色甘（荷蘭門也）衙收貯俟其親人來領財產園宅并欠賬婢僕分文不苟稍有違約立致囹圄此有公勃些里（荷蘭官）專管若山上各處地方有沈萬達專管海洋關口事例有內外淡扳公分治城內外華人并各種番人皆設甲必丹使自申其約束惟大罪及命案皆送付荷蘭究治法度嚴明所以能久遠也

荷蘭云其國嚴寒九月則見霜雪草木凋零人多百歲若吧地蒸
熱頻年沐浴元氣時洩人至五六十已爲上壽
千絲臘又名咬哱嘈華人呼爲宋仔海錄稱大呂宋在西北海其狀貌頗類華人衣狹
袖帽高角飲食器用畧同荷蘭國富產金銀所鑄圓銀餅肖其國
主之面貌大小俱備閩廣貿易者便之
呂宋在吧地東數千里爲西北海千絲臘佔據計其地南北東西
各千餘里形勢負東面西內外中三湖各廣三百餘里土番數萬
戶口金珠玳瑁冰片燕窩海參烏木紅木魚鹽之利甲於海外其
俗重番僧設巴禮番僧之稱院行禮拜之教不祀先祖所奉惟咈氏令
人自誓其身爲咈氏所出頂滴濂水以巴禮王之尸煎爲膏每七日至院乞

巴禮改罪男女老幼咸信而行之巴禮王見院主必以鼻味其手常人見之味其足例如是也　干絲臘所造甲板船極大帆檣甚固鎗砲畢備洋寇不敢近往來呂宋用量天尺照水鏡淺石沉礁無不洞悉其來計程行三月迨其船回本國須五月水性不同也乾隆閒紅毛鷹黎番猝造甲板船十餘欲據呂宋化人巴禮納幣請解乃返

西洋澤國紆迴聯絡窮極無際其或木處而穴居茹毛而飲血露體文身奇形異狀俱無可悉考惟荷蘭欲胥西洋之地開擴州府以甲板船四各持三載粮望南尋覓不見島嶼經一年餘至昏黑之處雲霧繞船不辨天海毒魚怪鳥窺人不避日月無光晝短只

二三時則爲長夜矣駭懼而返及吧船僅存其二焉

居士評曰諸書所載海外島國除數大島共知共見外其餘所述皆各各不同或因地同而名異或因音相近而字異極之遐荒絕域更難論矣王大海身處西洋已歷多年其書自可作準然彼亦多得之傳聞姑錄存之以備攷訂可也

山海拾遺

地在西南氣候與中土迥異春雨夏旱歲以爲常風則朝南暮北來往乘之不置閏故朔望不常四時八節皆同而以冬至後十日爲一歲首

大海之中遇風雨晝晦龍在黑雲中如鍼下垂則水爲之瀠洄湧

湃遠者無妨近則燒雞羽放花爆而水桶水櫃皆當用綿被衣服遮蓋不然盡被吸去矣海水味鹹騰而上者則淡

海上之虹遠者不異近者竟如環無端

吉里門之電青而不條余嘗往馬辰經其地果見不紅而深青其光散漫無條緒

海燕千百爲羣巢於海濱崖岸食海菜吐而成窩自吧及各島產燕窩者不悉數皆荷蘭掌握逐年稅息大者數千金小者數百金富商大賈納其稅以採取冬夏只兩收猶取蜂蜜數則敗矣每採必結廬其處擇吉刑牲演唱弄迎番八百十以竹梯繫布囊於竹竿之末而取焉逢其盛利無數也遇其衰亦有虧折者矣

猴墟在蜴力石之南深林亂壑中猴產甚盛人猴雜處而無猜忌猴分兩洞時相格鬬各有魁者大如嬰孩其類擁之如官長然

海馬產望加錫常登海岸逐牝馬爲人所牢毛純黑柔膩尾長掃地其陸行與凡馬無異甚馴日可行千里但浴於河則舊性復起不可復制矣

海人產南海之濱身長三四尺形體與人無少異色黃其臍有帶長數十丈蒂於海底石中每產必男女相因無鰥寡焉荷蘭欲竄覽博物利漁人購得之根斷則死浸火酒而進焉荷蘭每聞有奇形異狀之物不惜工費以致之用玻璃器貯以火酒藏貯怪禽異獸毒蛇惡魚無所不有焉

墨猴長四五寸目如瑪瑙毛純黑滑膩柔軟如絨喜食濃墨甚乖

覺或置之硯頭圖章匣中俟人作字畢乃飲其餘墨不事跳舞恒
叉手趺坐

霧鳥產萬瀾安汶間狀類錦雞棲雲霄飲霧餐霞未嘗至地死乃
墜落其羽輕鬆柔媚兩翅有修翎長尺餘其尾如燕搖曳輕盈若
欲乘風飄去然

鹿鳥產安汶山中形如巨鶴皮毛如鹿尾短無翼足三趾無後距
聲如雄鴨飲食甚豪樹葉果殼皆食之

港口多象用以禦敵有老象為蛇斃象奴跡之懸大澤中樹上蛇
繞腹數匝刃刃不能傷有老樵識之曰此吊象蛇也暹之山有之
不意在此然懼火因燒之節節自斷續而量之可三十餘丈焉

犀牛大過於牛皮如荔殼而紋大如錢背皮如馬鞍以覆其項足臃腫如象頭如鼠嘴如黿好行荆棘中喜食籐刺頭一角在鼻梁世所繪其角在額者悮也此余所目覩其行林中觸樹多折

四足蛇狀如壁虎尾三稜而長皮類錦蛇見人則避不敢爲害大者長數尺水陸並處如獺性解毒熬其油藏之敷瘡疥立愈

蛤蚧狀如壁虎頭大尾闊長及尺色似銅緑斑紋鮮紅如火餤狀醜惡棲梁棟或破壁間夜出就燈火食飛蟲云嚙人不救然不聞傷人每鳴則人數其聲以卜吉凶以單數五七九爲吉也

蝘蜓狀似蜥蜴長五六寸身高脊騰尾長鱗細行甚捷棲緑葉上則身青行於灰則身白行於炭則身黑隨物變幻不可解也

㬥㬥雞大等鴿身高五六寸而冠上羽毛高至徑尺色青藍柔膩見人則展以相迎如孔雀之屏然云可以辟凶邪卻火災絕白蟻

凡園囿必羅致畜養焉

玳瑁狀如黿鼊背負十二葉取之須倒懸其身背淬以醋用火炙之片片自落名曰頭瑁其價昂放之海越年更生綱得再炙則薄而軟名曰二瑁其價賤以黑斑少爲佳純白最貴亦罕有也

海參海底蟲也形如長枕長尺餘柔軟如絮煮礬水曬之使乾只二三寸水愈深則海參愈多而美名狀至多以刺參烏綿爲最

印魚狀如鱷頷似豬嘴釣起放船上則頷貼於板著人則貼手足俱難脫也割取其頷云可治難產又有小魚二依於其腮如蝦依

海蚱雖釣上不肯離並獲不脫

沙魚大小不一其類有狗母沙者腹大而臍洞開小沙魚群游出入似以母腹爲窩不亦奇乎

燕魚狀似燕皮黑如墨無鱗有翅大徑尺尾兩條如燕剪長亦尺飛掠水面不能高每風浪作則逆風而飛疾如箭

鱷魚狀如壁虎大者長一二丈頭如豕有口無舌脊騰目閃尾尖爪利上岸不波入水無痕每食人則請老君本地道士念經咒沈紗線於河而引其端少頃鱷魚身纏於線而出焉評道士焉能至此姑照錄以存其說

飛頭名絲罽蠻安南爲多吧地絕少耳其名深山土番之婦也目無瞳夜能飛入人家食人腸胃惟忌酸以酸柑汁洒之不敢近

海和尚形如人口闊至耳見人嘻笑大海中見之爲不祥狂風颶颶且立至焉

尿婆形如婦人有翼飛集船桅之上則水涺涺下可以滿艙急令阿班（登桅安置帆索者）赤體上桅罵以穢語乃去安南港口六崑柔拂之地恆有之

有尾番居深山中醜惡文身有尾長五六寸其末有毫數莖長一二寸常傭爲舟工至吧人或識之則走匿欲迫而觀則仇矣

山客如猩猩產深山面略似人身如猴猻高二三尺毛長一二寸腹大如鼓不事跳舞坦腹仰臥見人則手掩其私似亦知恥然

蝙蝠大至數觔其目晝昏夕陽西下則羣飛其翅戾空自下望之

皆紅多巢於椰樹食椰肉及百菓爪如鉤落地不能飛必登樹墜下乃能飛番僕去其翅足煑食味同田鼠

海島聞見

量天尺形似紙箑能開闔有一横尺一斜尺尺有分寸俱書荷蘭字每量必於午刻日中之際其横尺定均平斜尺觀道塗之遠近故荷蘭行舟不重指南車又能按圖知海中沙石泥淺之處毫無差謬

察天筒以玻璃筒二式如筆管長一尺餘內實水銀置匣中旁書荷蘭字其水銀自能升降大約晴明則水銀下沈陰晦則上浮沈浮有高低觀旁字以察風雨晦明未嘗不驗

定時鐘以一日分十二時鐘分十二點子時一點巳末十二點午時又一點亥末又十二點鐘小者盈寸大者高數尺鐘鳴之後又有小鐘十餘事鏗鏘可聽名曰鬧鐘

天船短小如亭可容十人內置風櫃精巧如渾天儀數人極力鼓之便能飛騰揚帆以量天尺量之至其處收帆墜下評此必無之事

風銃狀與銃相似有索可挽用時實子引索放之聲不甚響亦能傷人荷蘭法度森嚴民閒遊禁有之則究莫敢置者

指南車不用鍼荷蘭以鐵一片兩頭尖如梭中心一小凹下立一銳承之式如雨傘面書荷蘭字分十六方向洋帆所向用之

番戲曰濃迎番婦有色者帶虬髮纏錦幔插金花搖紙箑裸衣赤

腳歌番歌舞番舞搖頭閃目鶴立鷺行演唱雜劇備諸醜態或兩婦對舞或三四婦共跳舞間人亦可入其中與之對舞名曰弄迎畢則酬以金清夜遠聽其音悽切悲楚所謂異方之樂祇令人悲也有帶鬼臉演唱者略同濃迎但多淫褻不堪之詞番社喜之日夜演唱華人所居之地不許入焉又有花英者所演唱皆爪亞上古故事人未全形如稗官所載諸詭誕不經之事鄙俚極矣

荷蘭宴會設長席可坐數十人絲竹雜陳男女相對舞其俗女子字人聽其自擇兩相愛悅則舞以定匹偶其樂有長如瑟者音清朗有高如人者立而彈之音高曠有形如琴者其音鏗鏘可聽頗有大雅之風樂具精工巧妙其最者每副價值千金

西洋凡過渡之處類用竹筏籬竹數十片編爲筏不用撐篙只用大藤一條長數十丈橫繫兩岸又有小藤數條環繫大藤之上渡者手挽大藤而過焉

兩山相向中隔一溪又有藤橋以大藤懸掛兩山樹石上乃編竹筏連綿斜結以成橋闊七八尺長十餘丈憑空搖曳乍見駭人番衆過之如履平地余自巃至涙出之惴惴躡足目不敢下視至半搖蕩股慄伏而坐俟搖定乃又徐行而過

甲板船荷蘭在吧海口甲板嶼所造定限二十五年則拆毀其船板可用者用之否則焚而取其釘鐵船板厚尺橫木駕隔兩旁夾鐵板船板上復用銅鉛板連片徧鋪桅三節帆用布帆大小凡四十

八片其旁絍縴絆悉用銅鐵造成堅固牢實鮮有悞事其船艕如女牆安置大砲數十大船砲兩層小者一層水手每人各司一事雖黑夜暴雨狂風不敢少懈法度嚴峻重者立斬船主主之洋寇不敢近也其視唐帆烏合直兒戲耳

千里鏡能觀遠常製也有屈曲管者能覩其室之偏隅及房戶幽隱之處無不畢見佳者每管值千金用以禦敵可照敵營虛實誠鬼工之奇器也

荷蘭用天砲克敵紅毛更精巧每砲尺寸幾何能及遠幾何量天尺量敵營遠近舉砲所中不踰尺寸砲向上舉放到其處鎗子墮落旋滾而周偏焉故以天砲名焉

賭棚甲必丹主之年納荷蘭稅餉征什一之利日日演戲甲必丹及富人蓄買番婢聘漳泉樂工教之作錢樹子有官音亂彈泉腔下南三部其服色樂器悉內地運至者也歲臘無停所以賭徒雲集燈籠大書國課二字賭場帷幄皆書天下最樂不如賭博或寫樂在其中巡者數十來往稽察遺漏其入場者雖父兄不得管束甲必丹云教訓子弟當在家中此地國課所關浮言惑衆以亂人心即有立致囹圄之禍荒服之悖謬類如此

鱷魚性淫雌雄交媾遺精隨水而流浴河之婦不自知而成孕產鱷無敢加害必送於河安南極多吧地不常有也

猴傷於獵自採草藥以治愈而成疤再爲人獲疤中有物如石子圓潤光潔名曰猴棗入藥清凉解毒

寄生產海濱是小蟹潛隱死螺殼中久之生尾帶殼而走可玩而不可食俗呼寄生評海灘生成有是物並非蟹入螺殼王大海不諳物理識爲俗悞

海鵞之大數倍於鵞卵大五六寸重一二觔殼堅墮地不破有自西洋攜歸二枚詭云馬卵

吧中雄雞往往生卵小如白果剖之純白無黃

銈石產里猫柔性最堅磨之光耀可鑒毛髮閃豔奪目入火不傷磨之光彩依舊大者無價小者用米粒兒之以米十六粒爲一葛力每葛力價二三十金荷蘭不貴珠玉而貴銈石鈕扣領袖皆用爲飾評此與海錄金剛鑽近似或即金剛鑽也

車四輪者駕兩馬兩輪者駕一馬四輪者前輪小而後輪大用木

爲之外鑲以鐵式如小亭大者可坐三四人雕花繪彩每輛數百金王坐鑲金者各官及甲必丹皆坐彩繪者平人坐漆顏色者哔絨爲座褥奢僭不顧也

製造一切皆奇巧如風鋸水鋸風磨水磨弔橋城門弔橋重數千觔早晚開闔一人可挽千觔秤式如筒以鐵爲之中用螺銓一人可銓雖廈屋巨舟銓之斜者即正顯微鏡自鳴鐘飛禽走獸自能鳴動木偶如生不可畢舉也

番字荷蘭用鵞毛管削尖作筆濡墨横書自左而右爪亞無來由息坐用竹片削尖横書則自右而左武吃等國則又各別

大魚骨嘗於番社中見其脊骨如臼石臼能容五斗

邪術名酣顛習而成者銅身鐵骨刀兵莫能傷評即金鐘罩之術也惟忌猪

犬以猪油犬血塗刀砍之飲刃矣

各種赤脚番西北荷蘭之屬皆著襪履戴毡笠名曰三角帽東南爪亞之屬皆不冠不履名曰赤脚番皆能製毒於山僻用毒蛇惡獸脂膏合藥塗刀鎗久則毒愈烈傷人及禽獸見血立斃登時潰爛只存皮骨焉

暴暴地頗大其所焚之煙至毒於上風焚之則舉船之人皆斃故雖物產繁多商船莫敢往必自運出與人交易

荷蘭醫最精王珠生疽發於背懼刀割郤荷蘭醫後不能堪始用之一見歎曰胡不早告急用一豕先以所帶藥酒飲珠生則身麻出銀刀割瘡腐肉大如盤生割豕肉亦如盤操藥敷之時許棄豕肉已臭不堪毒爲拔矣如是者三曰可矣乃貼膏藥囑戒房事節

酒食匝月耳三日後漸平復我華人莫及也
荷蘭製圓餅銀文肖番人騎馬持劒名曰馬劒有半者名曰中劒
有小而厚者鑄荷蘭字名曰帽盾有半者名小盾有小而薄者文
肖甲板船曰搭里又有黃金鑄者文肖番人持劒而立名金鈁其
馬劒中劒大小帽盾皆有金鑄者以兩爲觔每圓當十六圓之用
又有紅銅鑄者文肖雌虎名鐳以當錢文之用紅毛國貧不產金
銀𣑽所鑄荷蘭西鑄圓餅銀文肖雙鷹卽名雙鷹亦有半者有小
者文肖獅子亦名搭里有小而薄者中鑄番字曰鈁以當十文之
用于絲臘國最富多產金銀鑄圓餅銀文肖其國主之面名洋錢
有二當一者有四當一者有八當一十六當一三十二當一者文

背一朶花亦稀見矣亦有金鑄者大小悉如之又有紅銅鑄者文作十字形名曰瓜以爲錢文也

武藝西洋皆習而武吃氏最尚剛勇藝精者鄉里榮之尊之曰牛實地（華言好漢也）所以不論男女十歲以上皆事演習刀鎗跳舞有教師秘傳余一婢名掌珠隨往馬辰中途遇賊余不知所爲婢曰無恐持鎗出待賊登舟擁至婢鎗揮立傷數人賊識武吃氏鎗法懼而披靡

各島花果

山丹有深紅淺紅白色者能香枝柔垂地葉尖而軟皆四時不絕

余於十二月廈島揚帆次歲正月初到吧見諸處園林芙蓉花

雲南莿蜀葵茉莉鳳仙珠蘭並開乍見駭異而其地常如是也
薔薇有白者香濃濁不如中華清百卉之香類是地土使然
千日紅亦有白者
夾竹桃本紅而亦有白
指甲花本白而亦有紅淺紅淡黃均四季並茂
樹蘭花凡園林悉用爲檻裁翦使中規制望之如垣
夷花有尖指甲者樹大如榕花如木筆而小色黃其香濁
又有未觜知者樹如梨花白狀如含蕋之素心其香溢
又有君壠夢者樹如柏花黃如夜合而長其香鹽
又有倒冒者產西壠俗呼西壠桂花 樹如枇杷花生葉下狀如樹蘭略似荔

奴花貫串成穗香清遠當爲夷花之最焉

椰當地稱噶喇吧樹如棕而大葉如葵扇而長皮可打索又可爲鞋底實可作黍可熬油可釀酒中有水盈升青者爲佳味如蔗漿食之消渴解暑殼曰椰瓢用掬水輕便渾身無棄物焉

檨甘美遠勝閩廣而粉簺無鬚其種十餘有長徑尺者有瘦而長圓而短者有簺如藕香如木瓜者

蕉實長者至尺短者只寸有形方有形圓有紅皮有白皮有鵞黃皮甘飴香美蕉中之上品也大約二三十種

柑橘柚並名日落華人各據其實稱焉有香柑甜柑酸柑虎柑種不悉數四季花實無間余有句曰芙蓉江上無殘歇橘柚園中不

斷收記其實也
蔗種甚多紅者白者烏者靑者有絲紋如七絃竹者花如蘆荻一望無際
夷果有染霧樹如桑實於八九月間其形如瓣壁上尖下圓其竅方中或有子或無子或大如桃細如豆色深紅淺紅或白味淸甘洵夷中佳品但種多未能悉攷
又有紅毛丹樹如楓柏實如草蔴子紅如鮮荔亦有白者黃者味皆如荔枝
又有阿齊（果地囙名）者其實核能離肉是夷果之最佳者
又有喃喃者樹如羊棗實附樹身根際狀如桃而匾斑紋凹凸色

黃味酸甚醒酒婦人尤深嗜焉
又有望吃者樹如山茶實如石榴皮黑肉白味甜多漿消渴殼可染布
又有絲里嗜者樹如奈校實如松蕾肉白而多漿核如黑豆其甘勝鼎鑊之飴夷果中稱劣品余獨以爲佳也
又有些六者樹如蕨而大梗多刺葉如棕實於根際一穗數十枚形如桃皮赤黑如蛇皮肉黃有核味澀不足爲佳荷蘭嗜之
又有流連者樹如羊桃實大如柚剖之肉顆顆形如雞蛋色白有核其香濃濁不堪婦人嗜之華人且掩鼻而過焉
又有阿答者樹如梹榔花實纍纍下垂如柳絲葉似椰而闊可代

茅茨覆屋用頗廣纍中有子以糖煑之果中珍品也

又有絲連者樹如椰其心如蕉花下垂割之承以竹筒隔宿而水滿其中煑之成糖曰爪亞糖

又有霧欅音鬼者樹如枇杷實如梅子大如指色黃味甘誠一佳果也實纍纍如葡萄然

又有弄蝨者樹亦如枇杷實赤而小味絕酸不可口土番嗜焉

百果如葡萄枇杷圓眼羊棗黃梨婆羅蜜黃瓜西瓜之類味皆美於閩廣以無所奇異故不悉錄

居士評曰荔枝爲南海必多之物乃竟脫漏而不之及則其餘脫漏者應尚多也

噶喇吧後記　王大海　回漳廿餘年補記

嗚呼天道循環無往不復原夫荷蘭夷衆之據有吧地也以厚幣甜言與爪亞土番暫稅其牛皮大之曠地以爲貿易詭計而得之數百年於茲矣堅固其城池嚴立其酷法遠近島嶼之番莫敢抗衡悉歸其賦其謂富强之邦矣爪亞愚蠢既貪其利漸受籠絡奈何又設阿片黑煙以誑誘之使其衆必服食此物爲快暗令自致疲弱至於絕滅且使無志與復土地不生報怨之心而爪亞本屬無識蠢類果中其毒無復致慮我中土之人亦受其朦一服此物遂忘故鄉之苦不以父母妻子爲念遺害不可勝言夫阿片煙之物乃屬春方之意其性歛攝人之服此者蓋藉其火力以取快樂

於一時不知其能致元陽潛消貽害於日後蓋人身之元陽元陰猶日月之光明萬物得其陰陽和氣藉以健運生長阿片煙之火如野火之燒山草木各物當之莫不焦枯腐爛耳凡服之深者則其人必瘦削軟弱振作無志容色青闇元陽元陰爲之散失不能生育縱有生者旋致病死服之既久則欲罷不能破家蕩產蟲生髓枯痊病種種醫藥無功比比皆然荷蘭卻自禁其衆不得竊服犯者立置重典何吾人之不悟同於爪亞甘墜其術中耶荷蘭之計將謂萬年不拔之基矣乃安不思危漸以剝削爲事我華人遠販於此向來皆就所售貨銀或置貨或將銀帶回各從其便今則嚴禁不許寄銀出口必令將銀轉置貨物方許揚帆而其貨物又

皆產於他處未到吧地以致唐船守候日久風汛過時年年不能抵厦甚至遭及夏秋風颶人船俱沒數十年如是邊海之人業此者莫不咨嗟長歎國課亦因之減額惟付之莫可如何已耳豈意噶黎紅毛番久伺其利欲圖之已久及嘉慶十四年秋遂與其甲板舟師數十往攻不克退回其國越年夏秋之間仍備舟師再往以天𡚁環攻而克荷蘭不敢與敵逃回祖家今之吧地悉屬紅毛統轄除去荷蘭酷法招商如故人皆悅服遠近商賈莫不交通紅毛之勢可謂雄矣信夫詭計之不足恃而機心之無益損人以利已竟爲造化所不容此其尤大彰明較著者矣故備錄之以爲後人之稽考云爾

附解救斷阿片煙方

每日用赤猪肉四兩切碎放鍋中炒熟加入黃砂糖一二兩同炒乾放盆中如思片煙難過時取肉食之則可挨過日日如是喫過七日則煙可斷以後雖思煙不可再犯若再犯之則無藥可救矣即再用此方亦不靈矣切戒切戒

又解阿片煙藥丸方

上洋參五分　化州橘紅五分　沈水香五分　肉桂五分淨

白荳蔻五分　川貝母五分去心　胡椒粒三分　阿煙膏三錢

硃砂五分爲衣

先將七味研細末和煙膏合杵爲丸硃砂爲衣如桐子大每服

四五丸或七丸視症之輕重以爲加減凡服此丸未能一時卽斷而漸服漸減卽可除根

右二方用之無不效驗故傳之救世蓋阿煙之害甚於酖鴆一經入飲欲罷不能傷財受病促壽變形飲食日減甚至不能生育子女爲害匪細奉勸世人如犯此者依方製服半月之後卽能強飯肥胖切勿再惑來者可追也戒之戒之

又解阿煙藥酒秘方服者無不神驗

全歸五錢　熟地五錢　白芍四錢　川芎二錢

洋參四錢桂圓肉湯拌蒸　白朮二錢炒　兔絲餅四錢鹽水炒　炙耆四錢

京桂四錢淨　甘枸杞四錢　炙甘草二錢　伽南香二錢研

阿片膏三錢　川貝母三錢　鹿耳末四錢炙鳥　虎骨四錢酥炙搗碎

右各藥併貯紗袋用上好高粱燒酒六觔浸甕瓶封固隔水煮一炷香取放待用

每飲酒一小杯另用白酒一小杯和服酒完可以斷根如嫌𤐰重加燒酒二三觔亦可

海錄　　節錄　嘉應楊炳南

嘉應有謝清高者走海遭風拯於番船因隨之徧歷洋中島國所至輒習其語言記其風俗物產險阻阨要十四年而返粵後盲於目流寓澳門爲通譯自給嘉慶十五年伊同鄉楊炳南游澳與談洋事歎其閱歷之廣博因著海錄一卷傳之余細爲繙閱知較之海國聞見與海島逸志兩書其言更確實可信且多兩書所未逮者不得不節其要錄之以廣同志者之見聞可也

萬山在廣東海口外（山有二東山在新安縣界西山在香山縣界）凡海舶必由此出（東往南澳閩海東南出長沙門直南穿萬里長沙中港西南出七洲洋西至瓊雷廉海）若西南行過七洲洋四

五日過越南界見其外之呫嗶囉山又南行二三日到新州（許新州府乃舊柔佛至此當七八日此必原文有悞）又南行三四日過龍柰（即陸賴）又日餘至本底國

本底國在越南西南（許原擬占城余以爲東埔寨也）國小而介于越南暹羅二大之間　土產鉛錫象牙孔雀翡翠箭翎斑魚脯　西南行海道五六日至暹羅港口

暹羅國在本底西縱横數千里國大而民富庶入港千餘里至國都林木蓊蘢樓臺上下田疇互錯猿鳥號鳴王衣文彩飛金貼身首陸乘象輦水乘龍舟王居用瓦民皆板屋播種收穫家室盈阜稱爲樂土　商賈多中國人其釀酒販鴉片煙開賭場三者榷稅

甚重（南海各國所同）俗尊佛教僧沿門托鉢必以精飯餚蔬拜獻出家爲僧謂之學禮富貴子弟亦多爲之弱冠後又聽其反俗　王尊中國文字聞有能詩文者羅致之而供其飲食　土産金銀鐵錫魚翅海參鰒魚瑇瑁白糖落花生檳榔胡椒油蔻沙仁木蘭椰速香沈香降香伽楠香象牙犀角孔雀翡翠象熊鹿水鹿山馬

水鹿　形似鹿而無角色青其大者如牛

山馬　形似鹿而大商賈常取其角假充鹿茸

犀角　有二種色黑而大者爲鼠角價賤極大者重二三觔小者亦重觔餘其色稍白而旁有一潤直上者爲天曹角其潤直上至項者亦不貴若項上二三分無潤圓滿色潤而微紅者則貴矣

椰　木如椶直幹無枝其大合抱高者五六丈種七八年結子每歲止開花四枝花莖傍葉長數尺花極細碎每枝止結椰子

數顆四花分四季採之欲釀酒者則於花莖長定而花未及開時用蕉葉裹其莖勿令花開再以繩密束之砍莖末數寸取瓦罐承之其液滴於罐中每日清晨及午酉亥三時則收其液清晨所收味清酣日出後則微酸俱微有酒味再釀之則成酒矣所砍處稍乾則又削之花莖盡而止椰肉可以搾油殼可爲器衣可爲船纜故番人多種之歲以土物充貢

宋卡郎宋腳在暹羅南水程五六日可到疆域數百里地曠民稀俗不食豬同回回娶妻無限多寡女年十三四便能生產俗以生女爲喜以可贅壻養老也生男則出贅不獲同居矣凡無來由皆然死無棺槨葬椰樹下不封土不墓祭　王傳位重嫡子庶子不得立　民見長上俯而進至前蹲踞合掌於額而言不敢立略同暹羅　土產孔雀翡翠瑇瑁象牙胡椒檳榔椰子銀鐵沈香降香速香伽楠香海參魚翅歲貢於暹羅

太呢國在宋卡東南水程日餘可到疆域亦數百里風俗土産略同宋卡山頂産金華人多到此淘金者歳貢暹羅金三十觔

咭嘛丹國在太呢東南水程日餘可到亦無來由族類爲暹羅屬國種竻竹爲城政簡易爭訟者但俯捧蠟燭一對進王見而宣質成片言立决若必是非難辨則令没水分曲直（兩造各執道路童子一以一竹竿令兩童各持一頭同没水中倩番僧在岸咒之視童子先浮者爲曲無敢復爭童子父母習慣亦不以爲異也）又其甚者有採油鍋法（盛油滿鍋燒之極熱番僧旁咒取鐵塊長數寸寬寸餘厚二三分者投鍋中令兩造手取而出之謂理直者手入沸油無傷）非自反無愧鮮不臨鍋服罪　土番居埔頭者捕魚爲生每日上午乘南風出港下午則乘北風返從不變易居山中者耕種採樵困窮特甚取樹皮蔽體巢居穴處　土番善飛鎗能殺

人於數十步外便輒行刦山谷僻處鮮有行人　俗淫亂而禁婦女嫁中華人　國有大慶王先示令擇地爲場至期于場中飲酒演戲受國人貢獻賜之飲食華夷雜沓姦賭無禁越月始散　俗重右手而輕左手飲食不用箸以右手抓取若以左手取物相贈遺則怒以爲大不敬云　地多瘴癘中華人至其地受風熱卽病必日浴溪中以水自頂淋之日三四次卽已致疾亦必如是可瘳無庸藥石土番亦然凡南洋各國皆然（居久可少減）　山頂產金客至納洋銀一枚居者歲又納丁口銀一枚欲回中國者須納黃金一兩老憊減半實貧呷唦丹（華人頭目）知而爲之請則免歲貢暹羅金三十觔平壞種胡椒　土產金檳榔胡椒　洋船到埔頭榷稅（量船大小）

輕重納洋銀二三百枚至五六百枚　當地釀酒販鴉片開賭場稅特重賭欠則追捕甚力各國類如是也

丁咖囉又名丁機宜國在咭嘛丹東南海行日餘可到風俗與上數國略同而富強過之　土產胡椒檳榔椰沙藤冰片燕窩魚翅海參油魚鮑魚螺頭帶子紫菜孔雀翡翠速香降香伽楠香象牙

胡椒土產最佳甲於諸番歲貢暹羅安南及鎮守噶喇吧之荷蘭

帶子角帶也形若江瑤柱

象各國王俱喜養象聞山中有野象則令砍大木於十里外環柵圍之旬日漸移而近象不得食而羸弱乃放馴象與鬭伏則隨馴象出聽象奴驅還

邦項亨郎彭在丁咖囉南陸路二日可到風俗與上亦同　土產金

胡椒冰片沙穀米

金麻姑所產爲最

胡椒藤本初種時長尺餘次年長至數尺捲成圈土掩之俟再生然後開花結子十餘年藤漸弱則取其旁舊土雜霉敗木葉糞之復茂不可用他物糞至三十餘年則不復結子須擇地另種舊地非百年後不能復種也子熟採而乾之色黑而縐極熟則雖乾而圓滿去其皮是爲白胡椒性更烈自安南至麻倫呢諸國皆產惟丁咖囉所產爲最佳

冰片木液也周流木內晝則下於樹根夜則上於樹杪土番夜聽其樹而知其上下老嫩俟其老時四鼓潛往以刀剖其根數處如中國之取松脂然天明其液從砍處流出落地滴滴成片若未老則出水而已

沙穀米其木大者合抱砍伐舂成屑水浸去滓取下凝之粉暴乾復以水漬之則纍纍如珠煑食之可以療飢

舊柔佛在邦項後陸路四五日海程一二日疆域亦數百里風俗同上本柔佛所都後遷去故名舊柔佛嘉慶間嘆咭利招集民商在此耕種貿

易而且薄其賦稅數年來商賈雲集樓閣連亘閩廣人謂之新州府　土產胡椒檳榔膏（即甘瀝可入藥）沙藤紫菜

麻六呷在舊柔佛西北（東北與邦項後山毗連）水陸皆通一二日可到民情兇惡風俗詭異自新州府盛而此地寖衰矣　土產錫（閩廣人在此採錫貿易者衆）金冰片沙藤胡椒沙穀米檳榔燕窩犀角水鹿瑇瑁翡翠降香速香伽楠香

沙喇我國在麻六呷西北（後山與丁咖囉咕嚨丹相聯）海程二三日（經海中紅毛淺）所轄有土番名貉子裸體跣足鳩形鵠面無來由不與爲婚姻　土產蜜蠟沙藤沈香速香降香犀角山馬鹿脯虎皮錫冰片椰

新埠海中一嶼也（一名布路檳榔又名檳榔士）暎人於乾隆閒開闢在沙喇我

北周約百里由紅毛淺評紅毛船底最深到此防淺順東南風三日可至番本無來由自嘆咭利招集商賈地漸富庶衣服飲食房屋輿馬俱極華麗閩廣來種胡椒者萬餘人每歲釀酒販鴉片開賭榷稅銀十餘萬兩　有果曰流連子形似波羅蜜而多刺肉極香甜又曰茫姑生形如柿而有殼味亦清甜

吉德國在新埠西北海行日餘可到後山與宋卡相聯土產錫胡椒椰閩廣人至此貿易

蓬呀亦暹羅所轄無來由兇暴出入懷花鐵短刀持以相鬭

海馬出麻沙密紀綣毛烏鬼國形似牛而腳短居水中偶上岸喫草曝沙番用計標以倒鉤鎗死則剖而食之味美其牙用以鑲刀柄

烏土評疑即南掌國在暹羅蓬牙西北疆域較暹羅更大由蓬牙海程二日至佗歪烏土屬邑又五百餘里至姑備鄉中有孔明城周圍女牆相傳武侯南征時所築入內河行四十日方至國都北與雲南緬甸接壤衣服飲食與暹羅略同而樸實仁厚有太古風民居多板屋國法尚寬無盜賊夜戶不閉　土產玉寶石銀燕窩魚翅犀角泥油紫景兒茶　自安南沿海至此俱有鱷魚　由姑備西北沿海數千里無居人重山複嶺多古木奇花奇禽怪獸出沒叫號行半月方盡過此而西皆小西洋白頭國也

寶石藍者為貴以其難得也

泥油出土中可以燃燈

紫景亦土中所出其色紫土人用代印色

鱷魚形似壁虎實亦可吞鉤繫網俗傳食人則番僧咒而得之

柔佛國舊柔佛隔海一嶼也周數百里無來由兇暴刦掠爲常

土產檳榔膏沙藤椰冰片

霤哩國在柔佛西南別一島嶼此島周數千里霤哩錫哩大小亞齊蘇蘇叭當茫咕嚕三佛齊龍牙九國環繞其邊海程日餘可到疆域數百里風俗土產略同

錫哩國在霤哩西北風俗亦同買小舟沿海四日可到麻六甲在東北紅毛淺在西北 土產魚脯冰片椰胡椒

大亞齊國在錫哩西北沿海日餘可到 土產金冰片沙藤椰香木海菜 風俗亦同

小亞齊國由大亞齊西北行經山盡處轉東南日餘可到風俗亦

同　土產金沙藤胡椒椰冰片

蘇蘇國在小亞齊南海行二日可到

叭當國在蘇蘇東南海行二日可到

茫咕嚕在叭當東海行五六日可到沿海都邑近爲嘆咭利奪據國王移居山內　土產海參丁香豆蔻胡椒椰檳榔

三佛齊又名舊港由茫咕嚕東南行三四日轉北入噶喇吧峽行半日出峽峽東西皆舊港疆土峽西大山小島廣產錫閩廣人在此採錫者甚衆嘆咭利權稅有鎮守者國王所都在峽西行小港四五日方至頗稱富庶國王聽政體制嚴肅而民性兇惡多爲盜賊不知尊中土而畏荷蘭嘆咭利如虎凡有誅求無敢抗違無來由皆然不獨此

也　土產金錫沙藤速香降香胡椒椰檳榔冰片水鹿

龍牙國在舊港北由峽口水路三日到此由此北行日餘至柔佛西北行日餘則至噶喱此國山多大木中華洋船到此多換桅柁

土產黑燕窩速香降香雞骨香檳榔椰海菜各國略同

呢是國一島在叭當蘇蘇二國之西好擄掠販賣出入必持標鎗爲備　番人不食五穀年老則子孫抱置樹杪環搖之使跌死

呢咕吧拉一島由亞齊海行北帶西十餘日可至野番淳良食椰子熟魚不食五穀　土產海參龍涎香

牛頭馬面山野番人身馬面食人海舶不敢近常見其山雲氣屯積晴明時遙見山頂似有火焰自此北行旬日可到明牙喇海口

若西北行六七日可到[illegible]喇薩

噶喇吧（在麻六甲柔佛東南海中）爲荷蘭所轄地由廣東往者出萬山西南過七洲洋轉南過崑崙地盆山（即盤茶）萬里長沙在其東若走外溝則出萬山南行過東沙西沙（即萬里長沙中有路可通外洋舟若近沙膠淺不能脫人立沙上亦即掩沒必用木板浮沙面人臥板上數日內如有海舶經過可冀放三板拯救）轉向西經紅毛淺（其極淺處止深四丈五尺）過淺又行三四日到草鞋石又向西南四五日到地盆山（合）路萬里長沙在其西從此南行約一日至峽出峽又南行過三洲洋約三日到頭次山（即噶喇吧邊境也）又到海次山（有六七島一以居中華之木工一以居瘋疾如粵麻瘋院一爲罪人絞死之所餘島皆國積貨物所居）木工能爲風鋸過此則至噶喇吧縱橫千里南海中一大都會也本荷蘭所轄後暎咭利侵而奪之荷蘭

行戚仍命管理而收其貢稅俗尚奢靡宮室衣服器用俱極華麗奉天主教人死則葬於廟荷蘭死則葬墳園用法嚴峻中華人毆荷蘭者法斬手戲其婦女者絞　土產落花生白糖丁香咖嗟子蔗燕窩帶子冰片麝香沈香其地北極出地六度

風鋸取大木爲軸裝八帆又製鐵鋸裝軸上石壓之帆乘風轉鋸亦隨轉則木自開矣

萬丹國在噶喇吧南陸路三四日可到風俗略同　土產珍珠佳文蓆　其國南臨大海海中層巒疊巘時有火焰俗呼火焰山因風飄忽入夏尤盛嘗有船至此攀危躡險上山探望遙見山番穴處而食生魚覺人窺伺噪而相逐羣趨而逃後者已爲所殺爭生食之僅十六人得掛帆遁自此無敢復至者以上廣東至西南洋各國

小呂宋在臺灣南出沙馬崎頭門四五日可至（由萬山直南日餘過東西沙五六日可至）周圍數千里爲大呂宋（大西洋千絲臘）所據地宜五穀中華人貿易於此各寓一方不能逾境欲通往來必請路票歲輸丁口銀甚重土產金烏木蘇木海參　千里石塘在是國西萬里長沙在石塘北舟行不戒或遭颶犯之均至敗壞

蘇祿在呂宋南隔海息力大山之東北（息力大山周數千里各國環之）　土產燕窩冰片沙藤胡椒

文來在蘇祿南少東行小港七八日可至風俗土產同

咕達國在息力大山西北面臨海與尖筆蘭（番語九也）山相對峙　土產金　東聯蘇祿不遠然山隔野番海多亂石水陸並須遠繞

吧薩國在咕達東南沿海日餘可到　土產沙藤最佳

崑甸在吧薩東南沿海日餘到港口小舟入港分南北北行一日至萬喇港口其東北皆淘金之所　乾隆時有粵人羅方伯貿易於此其人豪俠土番竊發方伯率衆平之又鱷魚爲暴王不能制方伯陳列犧牲祭於海取韓昌黎祭文宣讀焚之鱷魚遁去華夷敬畏尊爲客長死而祀之到今血食不衰也

萬喇在崑甸東山中舟入港八九日可至山多鑽石亦有荷蘭鎮守

戴燕國在崑甸東南由崑甸內河七八日至國都乾隆末國人奉粵人吳元盛爲主元盛死子幼妻襲其位今猶存

卸敖國在戴燕東南行內河七八日可至

新當國在卸敖南南行內河五六日程間由此再上至息力大山頂野番鳥首人身　山頂產金鑽石閩粵人多到此淘取輸稅荷蘭洋船凳頭金亦荷蘭征收國王不敢私征也　國築禮拜亭七日一禮拜王及酋長咸集念經終日不食豬肉其教然也　民亦無來由居板屋三層約束女子甚嚴十三四歲贅婿女以貞重女無嫁中華人恐亂其教也　中華人到彼始以猓女爲妻其後生齒日繁始自相婚配無有以猓女爲妻者猓性兇暴懸人首級於門以多爲能　土產氷片燕窩沙藤香木胡椒椰藤蓆

馬神在崑甸南少東崑甸沿海行二日經戴燕境又行二三日到此風土略同　土產鑽石金藤蓆極佳香木豆蔻氷片海參佳紋蓆

猩猩

鑽石即金剛沙產此山者色多白產亞咩哩隔者色具五采大者雖黑夜置密室光能透徹諸番皆寶之雖竭資購之不惜也小者用治玉石玻璃無不克獨畏羚羊角云

蔣哩悶即吉里門在馬神東南沿海二日可到風俗土產略同

三巴郎國在蔣哩悶南少東沿海二三日可到　土產沉香沙藤冰片菸蜜蠟燕窩海參以上三國皆荷蘭所轄

麻黎國在三巴郎東南沿海四五日可至土番名耀亞窮困而勤儉風俗淳厚　每歲迎神賽會舉國若狂翦紙爲儀仗送至水濱盡棄之急趨而散　妻皆童養夫死不嫁　土產珍珠燕窩海參魚翅沙藤胡椒沉香冰片

茫咖薩在麻黎東南沿海四五日可到亦耀亞種風俗土產略同麻黎二國俱用中國錢歷代制錢俱有存者

細利窪在茫咖薩東南海行二三日可到土番沿海爲無來由內山爲耀亞風俗各從其類皆歸荷蘭管轄三國近噶喇吧貨物多往售賣自咕達至此同在息力大山西南半面由此而東南海中多亂山大小不一多有番據則有一種名舞吉子貧則爲刦盜富則攜眷經商所至卽安無故土之思

唵悶國卽細利窪東南海中亂山之一萬丹南火焰山在此之西北番無來由性稍善良亦荷蘭鎮守　土產丁香豆蔻

唵門國亦亂山之一原屬荷蘭近爲嘆咭利所奪

地問在唵門東南海中別一大島周數千里地問在島西南故邦在島東北山中分六國均不知其名天氣炎熱（評近赤道下）男女俱裹圍水幔風俗淳厚不稻粱而食包粟閩粵人亦有至者　土產檀香蠟蜂蜜（以上南洋各國）

徹第缸在烏土大山之北數年來暎咭利開闢（此下皆小西洋白頭番國）

明牙喇暎咭利所轄在徹第缸西渡海二日夜可到國周數千里西南諸番一大都會也港外深淺不測土番以泡（斷木浮水面下繫以繩）志之方可行舟入港三四日至咕哩噶噠暎咭利官軍住此小城鎮之（商民環城外）城外有市曰漲浪居樓閣連雲園亭綺布爲一國勝地暎咭利居此者萬餘人土兵五六萬酋長有三國有大政大訟大

獄則會議其統屬文武總理糧餉一人謂之辣衣當胸繡八卦紋出入儀仗前後左右十餘人俱穿大紅衣凡鞫獄酋長上坐客長客商之長十八人旁坐其獄必僉曰是然後定讞然怙奢尚利徒事文飾無財不可以爲也土番數種或食牛不食豬或食豬不食牛富者奢麗相尚貧者以幅布掩下體謂之水幔　俗以螺殼有文彩者爲貨貝交易俱用之　妻皆童養夫死不再嫁鬄髮而居番各種不相爲婚姻偶有夫死而妻願殉者親戚勸阻堅不從則聽其先置夫屍于柴上而火之妻則罄所有金銀珠寶繞火行哭親戚亦隨哭妻隨舉金寶分贈所厚而跳入火衆嘖嘖稱羨　每三四歲則賽神懸各種時果空中人以鐵鉤鉤背脊上取分撒得果者歸

以奉家長及病者稱天神所賜云　自此以西天氣漸寒自此以東及南洋天氣和暖　土產鴉片煙硝牛黃白糖棉花海參瑇瑁訶子檀香

鴉片有二種一爲公班皮色黑最上一名叭第咕喇皮色稍赤次之皆中華人所謂烏土也出於明牙喇屬邑地名叭旦拿其出曼噠喇薩者亦有二種一名金花紅爲上一名油紅次之　出嗎喇他及盎叭哩者名鴉屎紅皆中華人所謂紅皮也　出孟買及鄭肚者則爲白皮近時入中華最多　其木似罌粟葉如蘼青子如茄每根僅結子二三顆熟時夜以刀劃其皮膏液流出淩晨收之而浸諸水數刻取出以器盛之再取其葉曝乾末之雜揉其中視葉末多少以定其成色葉末半則得膏半捏爲團以葉裹之子出膏盡則拔其根次年再種近來閩粵亦有傳其種者其流毒未知何底也　評陳倫炯海國聞見並未述及鴉片煙可知鴉片煙實後起之事

曼噠喇薩在明牙西少南海行五六日可到嘆咭利所轄地至此

別一都會土番名雪那哩風俗與明呀里略同客商多阿哩敏番即來粤東帶三角帽者是也　土產珊瑚珍珠鑽石銀銅棉花訶子乳香沒藥鴉片魚翅猳㹅豞金邊洋布

㹅豞形如小洋狗

金邊洋布價極貴一疋有值洋銀八十枚者

笨支里在曼噠喇薩西南海行日餘即到爲佛郎機所轄　土產海參魚翅訶子棉花猳㹅豞

呢咕叭當在笨支里西嶺中疆域甚小土番耀亞

西嶺又名咕嚕慕在笨支里少北海行六七日可到爲荷蘭所轄土番名高車子風俗與民呀同　土產海參魚翅棉花蘇合油

海參生海中石上其下有肉盤盤中生短蒂蒂末即生海參或黑或赤各肖其盤之色竪立海水中隨潮搖動盤邊三面生三鬚各長數尺浮沉水面採者以鉤斷其蒂撈起剖之去其穢煮熟然後以火焙乾鄰近各國俱有惟大西洋諸國不產

打冷莽柯國在西嶺西北海行二三日可到國小民貧然性淳良風俗略同　土產海參魚翅龍涎香訶子

亞英咖在打冷莽柯西北海行五六日可到爲嘆咭利所轄　土產棉花燕窩椰訶子

固貞在亞英咖西北海行日餘可到爲荷蘭所轄土番回回　土產乳香沒藥魚翅棉花椰蘇合油血竭砂仁訶子大楓子

隔瀝骨底國在固貞北少西水行二日程　土產胡椒椰棉花

馬英在隔瀝骨底北少西海行二日程爲佛郎[illegible]同

打拉者國在馬英西北　土產哈（？）海參魚翅沙（？）
菜
嗎喇他國在打拉者西疆北　沿海地分三國小西洋孟婆囉麻倫呢
回種類　土產棉花胡椒魚片
小西洋在嗎喇他東南沿海疆域數百里土番奉蛇爲神每年五
月男女俱下河洗浴延番僧念咒　土產檀香魚翅珊瑚犀角象
牙鰮魚　此地有陸路可通大西洋不遠海道則繞南而西北路甚遠也
孟婆囉國在小西洋北水路日餘可至　土產檀香犀角
麻倫呢國在孟婆囉北水路日餘可至風俗略同　土產海參魚
翅鮑魚

盎叽哩在麻倫呢北少西海程一二日可至土番不食豬牛羊犬唯食雞鴨魚蝦自曼噠喇薩至卽肚所同　土產洋葱瑪瑙棉花鴉片
洋葱其頭寸餘熟食味極清甜

孟買在盎叽哩北少西相去數十里土番名叭史性極淳良家多饒裕噗咭利所轄　土産瑪瑙大葱棉花阿魏乳香沒藥魚膏魚翅鴉片番硯

蘇辣在孟買北水路三日程亦噗咭利所轄土產同

淡項在蘇辣北水路一日程爲大西洋所轄風土同

唧肚國在淡項北水路二日程自明牙喇至此土人謂之戈什塔多以白布纏頭所謂白頭鬼也統名之小西洋其來中土俱附噗咭利船

其船從不來中國船亦從無去者　內山爲金眼回回其疆域甚大風俗土産俱未攷詳據海國聞見言之此地皆包社大白頭內山回回意即東西多爾其陸地西聯大西洋海道則近而不通當即是此地小西洋各國止此

妙哩士西南海中一島也佛郎機所轄番皆佛郎機及所用烏鬼奴　土産烏木　凡大西洋各國自中土回者必南經噶喇吧至地問轉西行一月可到此山由此向北少西行半月有奇至一峽過峽一路風日晦暝波濤洶怒六月寒雪尚飄舟人戰栗過去有一島曰峽山荷蘭所轄天復炎熱但海濶風狂舟必待風和乃行土産梨牛黃　有大鳥卵大數寸　由此北行少西七八日至一島名散爹哩泊船取水之地有嘆咭利兵鎭守

大西洋國氣候嚴寒甚於閩粵由散爹哩北行二旬可到海口砲臺儲大銅砲四五百架多兵守凡海艘回國必先查驗在艘有無出痘瘡者有則不許入港須待平愈　國有市鎮七處如中國七府皆人煙稠密舟車輻輳凡入中國爲欽天監及至澳門爲大和尚者皆其金吧喇一鎮人文官有五等武官有九等番好潔居必樓屋器用俱極精巧色尚白男子上衣短衣下穿褲皆極窄僅可束身有事則加一衣前短後長如蟬翅然女子上衣亦短窄下無褲圍以裙多至八九重貧者以布富者以絲手中多弄珠串男女俱穿皮鞋　國王至於庶民均無二妻妻死可再娶夫死亦可再嫁婚禮不許同姓　俗奉天主教所在立廟廟中大和尚爲教主

凡事必請命教主人死俱葬廟中有後來者堀棄先葬遺骸每年以冬至後七日爲歲始　女子出家爲尼別爲一廟居之飲食衣服由竇進終身不復出有女爲尼家俱食祿於王　凡軍民見王及官長門外去帽入門趨進撫其足而嘬之然後垂手屈身拖腿退數步立而言子見父母久別者亦去帽抱父腰拍背嘴相親數四子乃垂手屈身拖腿如前兄弟親戚相好久別相見相抱垂手屈身不悉錄　俗貴富賤貧富豪者雖兄弟叔姪不敢入其室不敢與同食云　土產金銀銅鐵白鐵珊瑚硇砂鼻煙柴魚蒲桃酒番覷哆囉哦羽紗嗶嘰鐘表

大呂宋又名意細班惹呢又名干絲臘是班牙　由大西洋西北行八九日到海口國

勢相等亦奉天主教　土產金銀銅鐵哆囉絨羽紗嗶嘰蒲桃酒
玻璃番鹼鐘表　凡中國所用番銀俱大呂宋鑄各國通用
佛郎機又名佛蘭西又名荷蘭西在大呂宋北少西疆域更大沿海舟行四十
日方盡心計奇巧風俗土產略同而產酒愈佳亦奉天主教
荷蘭在佛郎機西北人物風土略同惟富家將死所有家產欲給
誰何必先呈明官長死後依所呈分授雖親戚朋友亦聽若不預
呈則籍沒雖子孫不得守也　前國王絕嗣羣臣奉王女爲主世
以所生女繼今又絕國政四大臣辦理所屬各鎮雖在萬里外悉
遵號令其法度詳明可知亦奉天主教以天主紀年　國鑄銀錢
人形畸[illegible]與劍亦有用紙鈔者　土產金銀銅鐵玻璃哆囉呢羽

紗嗶嘰番梘酒鐘表

伊宣國由荷蘭北行七八日程疆域稍狹風俗土產略同

盈蘭你是國由伊宣西行旬餘可到疆域風土略同伊宣

亞哩披華國（與佛郎機毗連）由盈蘭你是北行數日可到人頗豪富男衣較大西洋稍長女以巾裹頭插花額圍珠翠爲稱異也

淫跛鞏國在亞哩披華東北疆域風土略同

祕古國在大西洋大呂宋佛郎機之後（在內地也）港口在伊宣各國之北本回回種類不與各國往來國强而大西洋人稱大國惟中華及祕古爲然

雙鷹國在祕古港口西北與單鷹國爲兄弟患難相恤均奉天主

教番舶來廣東見白旗上畫一烏雙頭者是
單鷹國在雙鷹西北一切並同番舶見白旗畫一鷹者是
埔魯寫國在單鷹北風俗同回回自亞哩披華至此天氣益寒自
此以北則不知其所極矣
暎咭利國亦紅毛番（大西洋各國悉稱紅毛）在佛郎機西南隔海對峙由散
爹哩北帶西行經大西洋各國兩月方到房屋重樓疊閣以海舶
商賈爲生涯海中有利之區咸爭之以明牙喇曼達喇薩爲外府
民十五以上則供役於王六十以上始止又養烏鬼爲卒伍强兵
十萬島國咸畏之入其港百餘里有一大鎮名論倫樓閣聯亘林
木葱鬱居民富庶匹於國都水極清甘爲法輪激水上行接注街

巷而收[illegible]稅　國多娼妓姦生子亦必育之　男女俱穿白衣凶
服用黑武弁穿紅婦女衣長曳地腰以帶束若吉慶燕飲則年輕
而美麗者盛服歌舞和之以樂宛轉輕捷謂之跳戲富貴家女無
不自幼習之俗所喜也　軍法以五人爲伍伍各有長二十人爲
一隊號令嚴肅無敢退縮然惟以連環鎗爲主而已　其海船出
口遇有覆溺必放三板拯之資其盤費俾返其國此善政也　其
餘風俗與大西洋各國略用　土產金銀銅錫鉛鐵白鐵藤哆囉
絨嗶嘰羽紗鐘表玻璃呀囒米酒　無虎豹麋鹿
綏亦咕國在嘆咕利西少北由荷蘭往約旬餘嘆咕利往六七日疆域風土略同來
廣貿易其船藍旗畫白十字者是也

盈黎嗎祿咖國與綏亦咕同一海島在西北面來廣黃旗船是也

咩哩干國在嘆咭利西由散爹哩向西少北行約兩月由嘆咭利西行約旬日原是嘆咭利分封今自爲一國來廣卽花旗船是也其國多用火輪船外裝輪軸中置火盆火盛衝船內機關而輪從外轉撥水船行迅駛其製巧妙諸國多效之矣

自大西洋至此統謂之大西洋俱尙奇技淫巧以海船貿易爲正務其來中國皆南行過峽評此路亦通於後前則遠繞外洋其程且十餘萬里轉東經地問至噶喇吧置辦雜貨北過噶喇吧峽經茶盤卽地盆山東過紅毛淺評紅毛不敢由七洲洋爲避廣南灣刦殺也其船底獨深至此防淺故其處稱紅毛淺轉北過東西沙中港收萬山內口而至粵若至地問不經噶喇吧而經馬神崑甸亦可至茶盤九月以後北風常急則至地問借風評謂使橫逆風至細里達行小港

來粵必候南三面風回去必守北三面風小港不能借風數日出經文萊蘇祿小呂宋東西沙萬山入粵其從中國回去兼欲至小西洋者則由噶喇吧向西北經蘇蘇之西呢是之東又西北經呢咕吧拉而到白頭諸國僅在小西洋來中國則東南經亞齊之東北麻六甲之西南過白石口轉至茶盤若遇北風則由白石口東南行至細里淺行小港此其海程之大略也　其國自王至庶人均無二妻者　山多奇禽怪獸莫知其名亦無虎豹麋鹿　土產金銀銅鐵鉛錫白鐵玻璃沙藤洋參鼻煙呀囒米洋酒哆囉絨羽紗嗶嘰　風俗與暎咭利同

順毛烏鬼國在暎山正西約行一月程可到番性淳良疆域極大分國數十各有土王不相統屬總名亞咩哩隔天氣炎熱同南洋

諸國　中有一山名沿你路周較西洋國爲大近年西洋王移都於此舊都命太子監守　由沿你路西行十餘日至埋衣哪亦爲西洋所轄又西行十餘日至彼咕嚏哩則爲唊咭利所轄其餘各國亦多爲荷蘭呂宋佛郎機所侵佔　人至此者鄙多生蝨其形如蝨須常洗濯挑剔始已　土産五穀鑽石金銅蔗白糖又有一木可爲粉土番多食之　由此東北行亦通花旗各國

綣毛烏鬼國在妙哩士正西約行一月可到疆域不知所極大小百有餘國民人蠢愚色黑如漆髮皆綣生其數國已爲西洋所奪又嘗掠其民販賣各國爲奴婢　土産五穀象牙犀角海馬牙橙西瓜西洋之地以上皆大

東洋八島（哇大 哇希 匪支 嚕格是 那韋吧 亞哆歪 唵你 干你）由地問正東行約兩月到此八島甚小周圍皆不過十餘里各有土番數百居住其地多豬西洋船經此以鐵釘四枚即換豬一頭可三四十觔　番性渾麗地氣炎熱終日在水中無布帛取鳥羽樹皮圍下體亦有娼妓見海船來俱赤身落水取大木一段承其頷浮游水面海船人招呼即至聽人調謔與之鐵釘二枚則喜躍而去不知其何所用也

亞哆歪有花旗番寓居採辦貨物　無五穀亦無牛馬雞鴨與鹽有果不知其名形似柚而小熟時土人以火煨而食之味如饅頭　由此再東行二三月海中有三山（西洋人呼其一爲努玉 一爲彩裏一爲亞喇得）

反　並無居人但有鳥獸聞過此以東則南鍼不定（往南鍼或反向 譯過大郎山以）

北番舶不敢復往云評琉球以東水皆東注有落漈焉此遠出落漈之外若日本紅毛之禁極嚴故不能至開於在東北海由哇夫島北行三月始到評約在混同江口外極東之島嶼也謝清高云伊昔隨西洋海舶至此採買海虎灰鼠狐貍各皮天氣凝寒雪花徧地船初至海口有冰塊流出大者尋丈未敢輕進嗚大礮有土番搖獨木舟來評寍古塔紀畧亦有之船中有通其語者得與交易問其地名似是開於二音番人稀少而形似中國每日見太陽在南方高僅數丈一二時即落評北極出地想已在六十五六度而未甚昏暗尚可見人惟戌亥二時始晦每月惟望前後數日可見月光星光則未見也初到時手足凍裂而土番無恙見其手中攜大木葉二坐則以足踏之知其必有取也亦效之果愈評寍古塔紀畧烏臘草實相似土番極喜中國

皮箱見則以皮交易而去偶上岸步行至一土窟適土番外出見藏皮箱十餘開視皆貯人頭二二顆怖而返由此復北行二十餘日至一海港鳴礮不見有人出遂不敢復進聞其北爲氷海云北極之下